DISCOURS

DE

M. SAINCTELETTE,

MINISTRE DES TRAVAUX PUBLICS,

SUR

LA QUESTION DES CHEMINS DE FER.

BRUXELLES,

F. HAYEZ, IMPRIMEUR DE L'ACADÉMIE ROYALE DE BELGIQUE,

rue de Louvain, 108.

1881

DISCOURS

DE

M. SAINCTELETTE,

MINISTRE DES TRAVAUX PUBLICS,

SUR

LA QUESTION DES CHEMINS DE FER.

DISCOURS

DE

M. SAINCTELETTE,

MINISTRE DES TRAVAUX PUBLICS,

SUR

LA QUESTION DES CHEMINS DE FER.

BRUXELLES,

F. HAYEZ, IMPRIMEUR DE L'ACADÉMIE ROYALE DE BELGIQUE.

rue de Louvain, 108.

—

1881

DISCOURS

DE

M. SAINCTELETTE,

MINISTRE DES TRAVAUX PUBLICS,

SUR

LA QUESTION DES CHEMINS DE FER.

Séance de la Chambre des Représentants du 13 avril 1880.

MESSIEURS,

Je désire donner aujourd'hui à la Chambre quelques explications sur le résultat de l'exploitation des chemins de fer pendant l'année qui vient de finir.

La recette brute faite par l'État dans l'exploitation du réseau, y compris les lignes rachetées dans les Flandres, mais non compris les lignes exploitées pour compte de tiers, s'est élevée, en 1878, à 95 millions. Elle a atteint, en 1879, 99,400,000 francs.

L'accroissement de la recette brute est donc de 4,400,000 francs. La dépense de l'exploitation ne s'est accrue que de 1,300,000 francs. Il y a donc un bénéfice net de 3,100,000 francs.

Le tantième d'exploitation était, en 1878, de 60 p. c.; il est descendu, en 1879, à 58.50 p. c. Il s'était élevé, en 1873, à 72 p. c.

Certes, si l'on se borne à comparer les grandes exploitations de chemin de fer, au point de vue du tantième d'exploitation, en ne considérant que les chiffres qui l'expriment, le résultat que je viens d'indiquer peut paraître médiocrement satisfaisant. Mais il ne faut pas perdre de vue que le tantième d'exploitation n'est qu'un rapport sans valeur intrinsèque et dont le mérite dépend de l'importance des deux termes mis en relation.

Comparer les divers chemins de fer du continent au point de vue du tantième d'exploitation, c'est-à-dire du rapport de la dépense et de la recette brute, c'est peut-être un procédé propre à donner sommairement la mesure du rendement des capitaux employés dans ces entreprises, mais c'est, à coup sûr, un très-mauvais moyen d'apprécier le mérite relatif des divers systèmes d'exploitation.

Si c'est ce dernier but que l'on poursuit, ce n'est pas le rapport de la dépense à la recette qu'il faut considérer, mais ce sont les éléments de la dépense et de la recette.

Il n'y aurait aucune justice à comparer, au point de vue de la dépense, des exploitations qui doivent tirer le combustible de pays lointains à celles qui l'ont à leur portée. Il ne saurait de même être équitable de mettre en parallèle la recette des lignes qui traversent des pays déserts et celle des chemins de fer qui desservent les contrées les plus peuplées.

Enfin, quand on compare le tantième d'exploitation du réseau de l'État belge à celui des grandes compagnies étrangères, il faut se souvenir qu'en Belgique les pouvoirs publics ont voulu que les tarifs fussent très-modérés, tandis que ceux de toutes les compagnies sont plus élevés; que les parcours moyens sont en Belgique plus restreints que dans la plupart des autres pays, qu'enfin nulle part il n'est accordé sur les prix normaux de plus importantes réductions de tarif qu'en Belgique, si bien que le produit moyen du voyageur transporté et le produit moyen de la tonne embarquée sont inférieurs à ce qu'ils sont presque partout ailleurs.

Il faut se souvenir que le produit moyen du voyageur belge a été, en 1878, de 76 centimes seulement, quand il a été sur le Nord français, de fr. 2.11 c⁵, sur l'Est français de fr. 1.85 c⁵, sur le Paris-Lyon-Méditerranée de fr. 2.95 c⁵, sur le Paris-Orléans de fr. 2.99 c⁵, sur l'État prussien de fr. 5.20 c⁵, sur le réseau d'exploitation de la Société néerlandaise de fr. 2.03 c⁵.

Et cette même différence énorme que je viens de constater, je la retrouve dans le produit de la tonne embarquée.

Celle-ci a rapporté, en 1878, à l'État belge fr. 3.52 c⁵, quand elle donnait au Nord français fr. 5.85 c⁵, à l'Est français fr. 6.84 c⁵, au Paris-Lyon-Méditerranée fr. 8.69 c⁵, au Paris-Orléans fr. 12.19 c⁵, à l'État prussien fr. 9.59 c⁵, et à la Société d'exploitation néerlandaise fr. 4.52 c⁵.

Tels sont les résultats directs de l'exploitation.

Si maintenant on envisage les résultats de tous les comptes de la gestion du réseau, voici les chiffres qui expriment la situation : la recette totale est montée de 96,400,000 francs, en 1878, à 100,300,000 francs en 1879. Il y a donc un progrès de 3,900,000 francs.

La dépense totale s'est élevée de 61,400,000 francs à 62,900,000 francs; la différence est donc de 1,500,000 francs. L'excédent de la recette totale sur la dépense totale s'est élevé de 55,000,000 de francs à 37,600,000 francs; il a donc grandi de 2,600,000 francs.

Mais les charges d'intérêts et d'amortissement, qui n'étaient que de 38,900,000 francs en 1878, se sont, en raison de la construction des lignes nouvelles et de la reprise de lignes dans les Flandres, accrues jusqu'à concurrence du chiffre de 40,700,000 francs, soit une différence de 1,800,000 francs.

En résumé, l'excédent des recettes brutes sur les dépenses d'exploitation était, en 1878, de 34,995,000 francs, tandis que les charges s'élevaient à 38,890,000 francs, d'où un mali de 3,900,000 francs environ. En 1879, l'excédent de la recette brute sur la dépense d'exploitation est de 57,600,000 francs, tandis que les charges sont de 40,700,000 francs, d'où un mali de 3,100,000 francs.

Le mali qui, en 1873, était de 8,800,000 francs, se trouve donc réduit, au 31 décembre 1879, à 3,100,000 francs; mais il ne faut pas se le dissimuler, il y a un mali. Et qu'on ne dise pas qu'il n'y a de mali que parce que, parmi les charges, nous comptons l'amortissement. Non. Si vous voulez qu'on ne compte pas l'amortissement, c'est-à-dire la somme de 2,700,000 francs qui l'exprime pour 1879, il n'y en aura pas moins un mali.

Le mali sera de 400,000 francs au lieu de 3,100,000 francs.

Il sera moindre ; mais c'est toujours en mali que le compte de l'exercice 1879 soldera, et, malgré tous les progrès qui ont été réalisés dans cet exercice, il restera vrai de dire que le chemin de fer ne paye pas l'intérêt à 4 p. c. de son capital de premier établissement.

Cette situation ne date pas d'hier.

La Chambre s'en convaincra facilement en lisant les considérations exposées et les tableaux dressés par la Commission que les deux Départements des Finances et des Travaux publics ont chargée de vérifier et de redresser les comptes financiers du chemin de fer.

Jusqu'en 1879, on ne considérait comme avances faites par le Trésor au chemin de fer que celles qui provenaient de l'emprunt. Le chemin de fer n'était chargé ni de l'intérêt ni de l'amortissement des avances faites sur les ressources ordinaires du Trésor, sous le prétexte que le Trésor lui-même n'avait, à ce sujet, ni intérêts à payer, ni amortissement à faire. Argument qui ne pourrait avoir de valeur, même de ce point de vue, que si le Trésor, pour remplacer les fonds ainsi avancés, n'avait point depuis contracté d'emprunt. Argument d'ailleurs étranger à la question de savoir si le chemin de fer produit l'intérêt et l'amortissement de ce qu'il a coûté. En 1879 on a donc, pour la première fois, chargé le compte de premier établissement du chemin de fer du montant, soit 90,000,000 de francs, des avances que le Trésor lui a faites en deniers non empruntés.

En 1879, pour la première fois aussi, on a établi la charge de l'amortissement non pas d'après la somme qui y était affectée en fait, mais d'après la somme qui, en exécution des contrats d'emprunt, devait y être affectée.

Jusqu'en 1879, on débitait le chemin de fer de la dépense faite par la Trésorerie en titres de rente rachetés pour son compte, que cette dépense fût inférieure ou qu'elle fût supérieure à la part pour laquelle il avait souscrit à l'emprunt et devait concourir à l'amortissement contractuel. De telle sorte que, selon que le Trésor avait affecté à l'amortissement la somme stipulée ou qu'il n'en avait affecté qu'une partie, ou qu'il ne lui avait pas donné la destination convenue, les résultats nets de l'exploitation du réseau national s'abaissaient ou se relevaient. En 1869, on débitait le chemin de fer de 6,400,000 francs pour intérêts, et de 8,500,000 francs pour amortissement. — En 1873 et en 1874, alors que les intérêts s'élevaient à plus de 12,400,000 francs, la somme consacrée à l'amortissement n'était plus que de 140,000 francs.

Avec de semblables errements, il était impossible de mesurer exactement les résultats financiers de l'entreprise.

J'ai donc insisté pour que, désormais, on débitât chaque année le chemin de fer de la charge de l'amortissement telle qu'elle résultait des contrats d'emprunts.

Mais alors vint cette observation très-juste que, si l'on voulait pouvoir se rendre compte, non pas seulement à un point de vue absolu, mais encore à un point de vue relatif, des résultats financiers d'exercices différents, il fallait les rendre comparables, les dégager de toute influence étrangère à l'exploitation, les ramener à un même dénominateur.

Selon les conditions du marché des capitaux, les divers emprunts contractés par la Trésorerie l'ont été à des taux plus ou moins élevés, pour des termes plus ou moins longs, avec des dotations d'amortissement plus ou moins considérables.

Si l'on veut arriver à connaître exactement la vraie production, le rendement effectif du chemin de fer aux diverses périodes de son existence, il faut donc éliminer de ses comptes l'influence de cette diversité des conditions d'emprunt et il faut supposer tous ceux dont le chemin de fer est partenaire, contractés au même taux, pour le même terme, avec la même dotation d'amortissement.

C'est ce qui a été fait. Tous les emprunts ont été supposés conclus à 4 p. c. pour quatre-vingt-dix ans avec un amortissement de 0.120,775 francs.

Rectifié selon cette méthode nouvelle, le compte général de l'exercice solde en boni jusqu'en 1872.

Mais, à partir de 1873, il est en mali et de sommes importantes : 8 millions 8 en 1873 ; 6 millions en 1874 ; 5 millions 2 en 1875 ; 2 millions 9 en 1876 ; 5 millions 5 en 1877 ; 5 millions 3 en 1878 ; 5 millions en 1879.

Le boni acquis au 31 décembre 1872 était de 73 millions 2. Le mali subi du 1er janvier 1873 au 31 décembre 1879 est de 34 millions 9. Le solde définitif est donc un boni de 58 millions 5.

Si donc on considère l'ensemble de la gestion du réseau, de 1855 à fin 1879, on peut dire qu'elle a servi l'intérêt à 4 p. c. de son capital de premier établissement, fourni la dotation de l'amortissement et remboursé en outre, par anticipation, 58 millions 5.

Mais si l'on songe à l'avenir, si des faits plus récents on cherche à déduire les probabilités prochaines, les chiffres sont inquiétants.

Depuis sept ans, les charges d'intérêt et d'amortissement se sont élevées de 12 millions en 1872, à 20 millions en 1873, à 26 millions en 1876, à 37 millions en 1877, à 40 millions en 1879. Depuis sept ans, le chemin de fer ne suffit plus à produire l'intérêt à 4 p. c. de son capital de construction et d'acquisition. Depuis sept ans, il faut, chaque année, demander à l'impôt un complément de ressources.

Cela est-il juste?

Est-il juste de faire couvrir par l'impôt le mali des opérations industrielles faites par l'État? Est-il juste de faire payer, par ceux des contribuables qui n'usent point du chemin de fer, l'insuffisance des recettes du chemin de fer? Est-il juste d'y faire contribuer ceux-là mêmes des Belges qui usent du chemin de fer, en raison de leur fortune territoriale, plutôt qu'en raison de l'usage qu'ils font du chemin de fer?

Si demain l'État belge venait à faire fabriquer des cigares et qu'il y perdît de l'argent, serait-il juste de faire supporter la perte par les gens qui ne fument pas, serait-il juste, en mettant ce mali à la charge des gens qui fument, de le répartir entre eux, non pas au prorata de leur consommation, mais au prorata de leur fortune immobilière (¹)?

On ne pose pas de semblables questions.

Il est trop évident qu'il faut que le chemin de fer se nourrisse lui-même, se suffise à lui-même et que, de l'une ou de l'autre façon, par l'augmentation de la recette ou par la diminution de la dépense, il arrive à recouvrer l'équilibre.

La diminution de la dépense, on y travaille constamment. Le rapport de la dépense à la recette brute était en 1873, de 72.02. Il a été, en 1879, de 58.80.

C'est d'ailleurs un élément dont on n'est pas absolument maître. Les exercices 1873, 1874 et 1875 l'ont assez prouvé.

Mais, dit-on, que ne supprimez-vous l'amortissement?

Pourquoi amortir? C'est un double emploi. Pourquoi laisser aux

---

(¹) Extrait de la brochure : *Dix lettres sur les chemins de fer de l'État belge*, par M. Malou :

« Si tous les Belges jouissaient des chemins de fer de l'État d'une manière rigoureusement proportionnelle à la somme d'impôts qu'ils acquittent, ou, en d'autres termes, à la part de la dette commune dont ils sont débiteurs ou garants, on pourrait, sans inconvénient, donner à tous des billets de libre parcours et transporter les marchandises au prix de revient courant seulement les dépenses. C'est là une pure utopie; le chemin de fer de l'État, très-complet, très-utile pour quelques provinces, en effleure à peine d'autres : plus des deux tiers de la population, sous le régime des abaissements désordonnés des tarifs, sont contraints, par une injustice criante, à payer leur part des faveurs que l'autre tiers reçoit.

» L'industrie des transports est une industrie comme toutes les autres. Lorsqu'il plaît à l'État de l'exercer, elle ne change pas de nature par ce fait. Devenu industriel, l'État doit accepter et remplir les conditions inhérentes à ce rôle nouveau pour lui.

» En s'écartant de ces conditions, il se place fatalement en dehors de toute idée de justice et même de logique. Il n'est pas juste d'effectuer, aux frais et dépens de tous, une faible partie des transports que le mouvement des transactions et des besoins nécessite; l'État doit le même bienfait à tous pour tous les transports, ou il ne peut donner de faveur exclusive à personne. Il n'est, d'ailleurs, pas logique de s'arrêter au premier pas. Pour accomplir sa mission ainsi comprise, l'État ne devrait point se borner à procurer, aux frais de tous, le bon marché du transport de certaines choses, mais bien le bon marché de toutes choses. Que dirait-on si le Gouvernement proposait d'ériger, aux frais de l'État, des manufactures ou des usines pour fournir, avec une baisse défiant toute concurrence, des draps ou des fers? Ce serait incontestablement répandre de grands bienfaits. »

générations futures ce beau domaine que l'on appelle le chemin de fer de l'État et le leur laisser quitte et libre de toutes charges?

Je pourrais objecter que l'argument ne touche pas, puisque la question n'est pas de savoir s'il faut que le chemin de fer fasse la dotation annuelle de l'amortissement, mais bien de savoir s'il doit faire l'intérêt de sa dette et que présentement il ne le fait point.

Mais je veux aller au delà, discuter l'argument à fond. Admettons donc que le chemin de fer ait produit l'an dernier, produise cette année, doive produire pendant dix ans de suite l'intérêt intégral de sa dette et davantage, serait-ce une raison pour cesser d'amortir?

A mon sens, on ne peut cesser d'amortir que si l'on a la certitude que le revenu net de l'immeuble sera toujours égal à l'intérêt de la charge.

Quand un père de famille, d'une part, emprunte un million, d'autre part, achète une terre d'un million, à quelle date peut-il affirmer qu'il laissera à ses enfants un cadeau plutôt qu'un fardeau?

A la date seulement où il peut se dire, en toute sûreté, que le revenu dépassera toujours de beaucoup l'intérêt de la charge.

En sommes-nous là, et à supposer qu'en 1880, la recette brute couvre, en sus des frais, toute la charge de l'intérêt, qui oserait dire que cette situation se prolongera quelques années?

D'une part, la construction de lignes nouvelles, la reprise de lignes concédées vont ajouter grandement et rapidement à l'importance de la charge.

D'autre part, qui oserait affirmer que la recette gardera quelque temps son niveau actuel?

Il faut donc, autant que possible, continuer à amortir, ou plutôt amortir tant que cela sera possible.

Dès lors, si l'on veut maintenir l'équilibre entre la recette d'une part, la dépense et la charge de l'autre, il faut bien examiner si l'on peut, et dans quelle mesure, augmenter la recette.

Cette augmentation ne se peut obtenir que de deux façons : la hausse des prix, quand on a un trafic acquis, et la création de nouvelles relations pour se procurer un trafic supplémentaire.

De trafic acquis, certain, nous n'en avons qu'un seul, celui des voyageurs à l'intérieur du pays. C'est celui qui subit le moins de fluctuations.

Le trafic international, voyageurs et marchandises, nous est vivement contesté par plusieurs réseaux concurrents.

Ainsi, nous venons de passer quatre années de suite arrêtés au chiffre de 24 millions pour la recette de voyageurs en service intérieur, 1875, 24 millions 2; 1876, 24 millions 6; 1877, 24 millions 3; 1878, 24 millions 5.

Quant au trafic des marchandises à l'intérieur, nous avons là, comme concurrents, pour les petits parcours, le roulage, pour les parcours moyens, les chemins concédés et la navigation intérieure. Surtout nous avons à garder à notre agriculture, à notre commerce, à nos industries des conditions qui leur permettent de soutenir la lutte contre les agricultures, les industries, les commerces de l'étranger.

Aussi, lors des discussions de la loi de 28 juillet 1879 sur les mesures financières destinées à subvenir aux besoins du Trésor, personne n'a-t-il recommandé un relèvement quelconque des tarifs de marchandises.

Si nous avons relevé les prix de transport des voyageurs, ce n'est donc pas, il importe que le pays le sache, de gaieté de cœur, c'est par nécessité.

Ce n'est pas pour pouvoir augmenter la dotation de l'instruction publique, c'est pour faire face à l'intérêt et à l'amortissement de la dette du chemin de fer.

Nous ne nous sommes pas dissimulé, et moi moins qu'aucun autre, la contrariété que le public en éprouverait et les ennuis que cela nous vaudrait; mais il a fallu le faire, et, maintenant que nous l'avons fait, vous ne le déferez pas. Et si les élections du 8 juin vous donnaient le pouvoir, vous garderiez nos tarifs.

Appliqués depuis le 1er janvier seulement, les nouveaux tarifs nous ont valu :

Pour le mois de janvier une augmentation de 228,000 francs.

—   février   —   316,000 —

Aucun Ministre des Finances, qu'il soit catholique ou qu'il soit libéral, ne fera fi de pareil supplément.

Sans doute, Messieurs, on continuera à faire de ce léger relèvement un thème à polémique, on continuera à en user pour chercher à nous discréditer dans l'esprit des masses, on s'amusera de quelques anomalies échappées aux commis chargés de faire cette révision de je ne sais combien de milliers de prix, mais on ne rendra pas l'argent.

Ceci dit, et sauf à revenir sur ce sujet, pour répondre aux observations de détail, je reprends l'analyse des résultats de l'exercice 1879.

La recette faite du chef du transport des voyageurs, tous services réunis, était :

En 1878, de . . . . fr. 29,880,000
Elle a été, en 1879, de 50,476,000

Soit une augmentation de fr. 596,000

Et il faut tenir compte de cette circonstance que 1878 était l'année de l'Exposition universelle, des fêtes des Noces d'argent.

Le progrès de la recette est dû, pour la plus grande partie, à la reprise des lignes dans les Flandres, à l'ouverture de lignes nouvelles, etc.

Quoi qu'il en soit, l'écart d'une année à l'autre est loin d'être, quant aux voyageurs, tel qu'il s'est produit quant aux marchandises.

Le trafic des grosses marchandises nous avait donné :

En 1877, un mouvement de 14,324,700 tonnes et une recette de fr. 50,858,582
En 1878, — 15,581,516 — 55,715,840
En 1879, — 16,885,841 — 58,492,615

Ainsi, en deux ans, le progrès est de 2,559,141 tonnes, et de 7,654,133 francs.

Le mouvement et la recette des grosses marchandises, en service intérieur et mixtes, ont montés de 9,546,855 tonnes . . . . fr. 53,285,091 en 1877
à 10,177,191 — . . . . . . 34,996,826 en 1878
à 11,110,312 — . . . . . . 57,840,270 en 1879

En deux ans, le progrès est de 1,763,479 tonnes et de 4,555,179 francs.

La recette des grosses marchandises, en service international, a suivi la progression que voici :

	Mouvement.	Recette.	Augmentation en 2 ans.
En 1877	4,977,867 =	17,573,490	815,725 tonnes.
En 1878	5,404,584 =	18,717,013	3,078,955 francs.
En 1879	5,791,592 =	20,652,345	

Le progrès de notre recette brute, en service international, est dû surtout au développement de nos exportations qui n'y contribuent pas pour moins de 4 p. c.

Les augmentations les plus considérables relevées en 1878 proviennent des transports de houilles et de cokes de la Belgique vers la France, le Grand-Duché, la Lorraine et même l'Alsace, de pierrailles et de macadam vers le nord de la France, de pavés en destination de Berlin, etc.

L'augmentation de 1,955,000 francs, constatée en 1879, provient de l'ouverture de nouvelles relations avec le Jura-Berne et l'Est français et de progrès dans les trafics suivants : houilles belges vers l'Est français, houilles belges vers le Prince-Henri, minerais du Prince-Henri vers la Belgique, expéditions de la Belgique vers le Nord français, trafic de la Belgique avec le Sud-Ouest allemand.

Pour les deux premiers mois de cette année, le progrès de la recette des marchandises a été :

En janvier, de 900,000 francs;
En février, de 1,140,000 francs, dont 750,000 pour l'intérieur.

Permettez-moi maintenant de vous dire quelques mots des améliorations apportées dans le régime et le service des transports de marchandises.

Et d'abord des petits paquets.

Il y avait là autrefois, si j'en crois mes souvenirs, quelques questions difficiles, puisqu'elles revenaient périodiquement dans les discussions du Budget.

Aujourd'hui qu'elles sont toutes résolues, et résolues à la satisfaction générale, ce ne sont plus que de *petites choses*, et j'ai perdu mon temps dans les petites choses.

Je dois pourtant constater qu'aujourd'hui, dans nos relations intérieures comme dans nos relations internationales, rien n'est plus simple que la transmission d'un paquet de 5 kilogrammes.

Grâce au concours de tous les chemins concédés et de la poste, on peut, du moindre hameau de la Belgique, expédier ou recevoir un petit paquet.

Grâce aux conventions que nous avons faites avec la poste allemande, avec les compagnies françaises, avec la Société d'exploitation néerlandaise, avec le Lloyd autrichien, avec les messageries maritimes, avec l'Agence continentale anglaise, avec nos services maritimes à vapeur vers New-York et Philadelphie, vers le Brésil et la Plata, le commerce et l'industrie belges ont aujourd'hui, pour l'envoi de tout objet pesant moins de 5 kilogrammes, des relations directes avec le monde entier, à des prix certains, connus d'avance, très-réduits; par exemple, d'une livre sterling à 5 francs.

Ces tarifs ont été envoyés à nos consuls avec prière de les étudier, de nous faire part de leurs observations et de les vulgariser dans leurs ressorts.

Je ne crois pas qu'aucun pays du monde dispose d'un instrument plus commode et moins coûteux pour faire connaître ses produits à l'étranger.

L'Allemagne elle-même n'a pas aussi bien.

J'ai la conviction que, quand ces tarifs auront commencé à être mis en pratique par nos commerçants et nos industriels, on verra en eux un moyen facile et sûr d'étendre le cercle de nos relations extérieures, de pénétrer dans l'intérieur des pays, de faire connaître les produits de nos industries aux grandes masses populaires et qu'ainsi il m'aura été donné de contribuer à accroître le mouvement d'affaires et la prospérité des maisons de négoce ou d'industrie qui ont entrepris dans notre pays des fabrications spéciales ou des commerces nouveaux.

Je ne me laisserai pas décourager par quelques persifflages et je ferai de mon mieux pour donner à cette classe si sympathique, dont je viens de parler, de nouvelles preuves de l'intérêt que lui porte le Gouvernement.

En ce qui concerne les grosses marchandises, j'ai étendu le tarif des petits parcours (50 c⁵ de frais fixes et 6 c⁵ de frais variables) aux distances de 21 à 24 kilomètres, et je l'ai appliqué à toutes les marchandises de la 4ᵉ classe.

J'ai introduit un tarif spécial pour le transport, avec le matériel de l'administration, des grosses marchandises d'une station à un établissement raccordé ou inversement ou d'une usine raccordée à une autre usine raccordée par la même station.

Depuis le 1ᵉʳ janvier, les expéditions faites ou les arrivages reçus par les gares privées sont tarifés d'après la distance réelle, et non pas, comme antérieurement, d'après la distance comprise entre le point d'expédition ou de réception et la plus éloignée des deux gares publiques entre lesquelles se trouvait la gare privée.

On étudie les moyens de convertir en gares privées, au point de vue de la tarification, les carraux des fosses.

Plusieurs des honorables préopinants, et, entre autres, l'honorable M. de Vrints, en termes qui, pour être très-gracieux, ne manquaient pas d'énergie, ont appelé mon attention sur le concours que le Département des Travaux publics peut et doit donner à nos industries agricoles, aujourd'hui en souffrance.

Messieurs, je me permettrai de rappeler à la Chambre ce qui a été fait sous ce rapport et je tiens à démontrer que nous n'avons pas été indifférents aux souffrances de ce que je considère comme la première industrie du pays.

Tous les engrais chimiques sont aujourd'hui rangés dans la 4ᵉ classe. Ils sont par conséquent tarifés au taux le plus réduit et jouissent des tarifs des petits parcours, comme les matières industrielles proprement dites.

La chaux, ce puissant agent de l'amendement des terres, est rangée dans la 4ᵉ classe, c'est-à-dire dans celle qui s'applique aux matières les plus favorisées.

J'ai fait faire la comparaison des prix de transport de la chaux jusqu'à la distance de 200 kilomètres sur les lignes de l'État belge, du Nord français, de l'Est français, de l'Alsace-Lorraine, du Rhin, et il en résulte que notre tarif est incontestablement le plus favorable à l'agriculture :

	Belgique.	Nord français.	Est français.	Alsace.	Rhénan.
10 kilomètres . .	1.10	1.40	1.40	1.375	1.375
20 id. . .	1.70	2.10	1.90	1.75	1.75
30 id. . .	2.20	2.80	1.90	2.375	2.25
40 id. . .	2.60	3.50	2.40	2.625	2.75
50 id. . .	3.	4.20	2.90	3. »	3.25
60 id. . .	3.40	4.90	3.40	3.375	3.50
70 id. . .	3.80	5.60	3.90	3.625	3.875
80 id. . .	4.10	6.10	4.40	4. »	4.125
90 id. . .	4.50	6.60	4.90	4.375	4.50
100 id. . .	4.50	7.10	5.40	4.625	4.75
125 id. . .	4.75	8.40	6.65	5.50	5.50
150 id. . .	5. »	9.60	7.90	6.375	6.375
175 id. . .	5.25	10.70	9.15	7.25	7.25
200 id. . .	5.50	11.70	9.40	8. »	7.875

Pendant le premier semestre de 1879, le réseau a transporté 113,000 tonnes de chaux, dont 71,000 destinées à la bâtisse et seulement 42,000 pour l'amendement de terres.

Et parmi ces 42,000 tonnes destinées à l'amendement des terres, 19,000 seulement ont été adressées directement aux cultivateurs et 23,000 avaient été demandées par des industriels. Le Gouvernement n'a aucune raison de réduire les tarifs en faveur des chaux destinées à la bâtisse. C'est là une industrie comme une autre, très-prospère dans notre pays, et il n'y a aucun motif de lui faire un traitement de faveur.

Le Département ne se refuserait pourtant pas à accorder un nouveau dégrèvement, si l'on trouvait un moyen commode de dénaturer la chaux, avant l'expédition, de façon à la rendre impropre aux travaux de bâtisse. Je ferai examiner ce point.

J'ai accordé quelque facilité quant au mode de taxation du transport des instruments d'agriculture, opéré le déclassement d'un certain nombre de ces produits, et, en outre, de ceux énumérés dans la note communiquée à la section centrale, fait passer de la 2ᵉ à la 3ᵉ classe les lins et les chanvres bruts en paille.

Enfin, j'ai fait organiser le transport des produits des jardins, des vergers, des basses-cours, de telle sorte que nos paysans, même du Condroz, de la Famenne et des Ardennes, puissent prendre part à l'alimentation de nos grandes villes, de nos ports de mer et de Londres.

Je crois que si l'on veut venir efficacement en aide à l'agriculture, il faut l'inciter et l'encourager à faire une plus grande part à la culture maraîchère. Il faut apprendre à nos paysans qu'ils ne sont qu'à quelques heures de Londres, c'est-à-dire d'un marché de quatre millions et demi d'habitants et qu'ils sont aux portes de quatre grandes villes dont la population croît chaque jour en nombre et en aisance.

Nous ne faisons pas avec Londres les affaires que comporte notre situation géographique.

Supposez-nous reliés à Londres par la terre ferme : que de trains express et de trains omnibus, que de trains de voyageurs et de trains de marchandises, trains ordinaires et trains spéciaux !

Le bras de mer qui sépare la Belgique du midi de l'Angleterre ne peut plus être, à la fin du XIXᵉ siècle, un obstacle au libre essor des relations commerciales.

Et cependant nous n'avons d'autre service quotidien sur Londres que nos malles, qui, lorsqu'elles embarquent 8 tonnes de marchandises, sont difficiles à gouverner.

D'Anvers, nous n'avons pas un seul service quotidien.

Je m'efforce de modifier cette situation. Depuis le 15 mars nous avons un quatrième départ sur Harwich, mais c'est encore bien peu de chose.

Nous laissons le Cotentin et la Basse-Normandie conquérir presque exclusivement cet important marché.

J'ai fait relever, d'après les documents de la douane, les quantités expédiées de Belgique en Angleterre, en beurre, fruits et légumes.

Eh bien, en Angleterre, en 1878, nous avons expédié 5 millions de kilogrammes de beurre.

Supposez que tout ce beurre ait été à Londres, cela ne fait pas un kilogramme par tête d'habitant par an.

Nous ne vendons pas un kilogramme de beurre par habitant, par an !

Les fruits? Nous expédions en Angleterre 57 millions de kilogrammes de fruits pour une population qui en fait une consommation énorme.

Les légumes? Un chiffre ridicule! A peine 15 millions de kilogrammes.

Cela est bien loin de représenter une quantité quelque peu importante de la consommation réelle.

Je termine ce que j'ai à dire des efforts de mon Département, que je suis décidé à encourager pour favoriser l'agriculture, en déclarant qu'à mon sens il n'y a aucune raison de distinguer entre l'agriculture et l'industrie, que toutes les facilités qui sont accordées à celle-ci pour le transport de ses matières premières, de ses instruments, de ses produits, doivent être accordées aux industries agricoles pour le même transport. C'est à ceux qui portent intérêt à l'agriculture à démontrer aux paysans qu'ils ne peuvent pas tout attendre du Gouvernement, qu'ils doivent s'aider beaucoup eux-mêmes et chercher à acquérir la connaissance des marchés. J'espère que, dans quelques années, on ne constatera plus ce fait que nous avons remarqué l'an dernier, qu'un grand nombre de cultivateurs du pays ne savent même pas qu'il y a à Bruxelles des halles où l'on vend des produits de la terre à la criée, et que ces halles sont accessibles au premier venu ; ils se croient encore obligés de recourir à des intermédiaires douteux, et je vous laisse à penser par combien de mains passe encore, malgré la rapidité, la facilité de nos communications, un kilogramme de beurre ou de fruits arrivant de Belgique en Angleterre.

La sollicitude de mon Département n'est pas seulement acquise à l'agriculture, nous nous sommes aussi préoccupé de l'extension du trafic de la pêche. Le chargement du poisson de mer se fait aujourd'hui à Ostende dans d'excellentes conditions, et, de la minque même, le poisson frais est transporté à grande vitesse et avec tous les soins nécessaires jusqu'en Suisse et jusqu'en Wurtemberg.

Je fais étudier l'installation à Bruxelles d'une grande gare à bestiaux, de façon à avoir ici un marché au bétail organisé dans d'aussi bonnes conditions que celui de La Villette.

En service international, j'ai renouvelé nos tarifs avec le Sud-Ouest allemand à des prix qui, jusqu'à présent, n'ont influé sur cet important trafic que d'une façon avantageuse pour les deux parties.

J'ai fait un tarif commun avec la Compagnie de l'Est afin d'établir des relations directes entre les stations belges et les stations françaises situées dans toute la région de l'Est, jusques et y compris le département de la Côte-d'Or.

J'ai fait étendre à toutes les stations belges les tarifs qui, auparavant, n'étaient appliqués qu'aux stations ports de mer.

Antérieurement, les voitures roulant sur essieux étaient tarifées comme si elles avaient été transportées sur truc.

Aujourd'hui il y a une distinction entre le matériel monté sur truc et le matériel roulant sur essieux.

L'encombrement de l'ordre du jour de la Chambre ne permettant pas d'espérer qu'on pût aborder la discussion du projet de loi sur le contrat de transport, j'ai modifié certaines des conditions réglementaires.

Ainsi, les frais de chargement et de déchargement étaient obligatoires, même quand ces opérations étaient faites par le destinataire. Il m'a paru qu'il y avait là une sorte d'impôt, puisque le service n'est pas rendu, et j'ai supprimé cette surtaxe.

Ainsi encore, les colis vides en retour et les plantes vivantes ont été exonérés de l'augmentation de 50 p. c. qu'ils avaient à payer.

Quant à l'exportation maritime, en présence des craintes qu'inspiraient, en 1878, aux meilleurs esprits, les bruits de révision des tarifs douaniers, entre autres, en Allemagne, j'ai considéré comme un devoir de continuer à augmenter le nombre des tarifs spéciaux et à en étendre l'action, en faveur du mouvement maritime. Je me permettrai de faire connaître à la Chambre quelques-uns des résultats obtenus.

L'exportation maritime de nos houilles s'est élevée de 26,000 à 38,000 tonnes C'est peu de chose encore, quoique cela se chiffre en définitive par 45 p. c. Mais c'est un premier pas dans cette voie où j'espère bien que nos houilles continueront à marcher.

L'exportation maritime de nos fers fendus et en barres s'est élevée de 29,000 tonnes à 59,000 tonnes par le port d'Anvers et de 11,000 tonnes à 21,000 tonnes par le port de Gand.

Je sais que certains journaux me reprochent à la fois de trop m'occuper des « petites choses » et du mouvement commercial européen. Vous m'excuserez, Messieurs, en considérant que nos transports en service international rapportent aujourd'hui à l'État près de 21 millions et que le produit de la tonne embarquée qui, à l'intérieur, en cinq ans, n'a grandi que de 22 centimes (de fr. 3.17 c^s à fr. 3.39 c^s); est, en service international, monté de fr. 2.42 c^s à fr. 3.57 c^s.

Séance de la Chambre des Représentants du 21 avril 1880.

Messieurs,

Je ne reviendrai pas sur les considérations présentées hier par l'honorable Ministre des Finances avec autant de force que d'éclat.

Je ne saurais démontrer, mieux qu'il l'a fait, que le produit des impôts ne doit être affecté qu'à la dépense des services publics nécessaires à toute société, que c'est à la clientèle de l'État industriel à payer le prix exact des services privés rendus par lui, que le Trésor doit être non le caissier mais le banquier des entreprises industrielles faites par l'État.

Je ne rappellerai pas que la résolution prise par le Gouvernement lui a été, non pas inspirée par le vain désir de donner satisfaction à quelque opinion théorique, mais dictée par la nécessité de parer par des moyens pratiques à une situation pressante.

Entre les recettes et les dépenses du Budget général, on constate un défaut d'équilibre. Ce défaut d'équilibre, on le reconnaît, provient de l'accroissement de la Dette publique; cet accroissement, on ne peut le contester, est imputable, pour une très-grande partie, à l'extension et à l'achèvement du réseau des chemins de fer.

Cette extension et cet achèvement doivent se continuer. Longtemps encore il faudra construire des lignes nouvelles, reprendre des lignes concédées, agrandir les installations, les pourvoir d'agrès perfectionnés, augmenter le matériel roulant. On n'entrevoit pas l'époque de la clôture du compte de premier établissement.

N'est-il pas naturel de vouloir que la dette contractée de ces divers chefs soit la dette propre du chemin de fer et non celle de l'État?

Il s'agit donc de faire produire au chemin de fer ce qu'il coûte, et la question n'est plus que de dégager ce chiffre.

Le problème est simple, il se réduit à ceci : dresser le compte du chemin de fer comme si celui-ci n'avait pas derrière lui le Trésor public, comme s'il était exploité par une compagnie. C'est ce qu'a fait la Commission de fonctionnaires du Département des Finances et de celui des Travaux publics qu'avaient instituée nos honorables prédécesseurs et à laquelle nous avons continué le mandat qu'ils lui avaient donné. Ce n'est ni M. le Ministre des Finances ni moi qui avons établi les chiffres cités et critiqués par l'honorable M. Beernaert. Ce sont ces fonctionnaires spéciaux et capables, qu'on ne soupçonnera certes pas d'avoir voulu assombrir la situation financière du chemin de fer. Ils ont agi spontanément, librement, sans injonction, sans suggestion.

Tous ces chiffres ont leur raison d'être, dans cette idée mère que le Trésor ne doit être que le banquier du chemin de fer. Ainsi, par exemple, on n'a plus admis de distinction entre les fonds venant directement et immédiatement de l'emprunt et les fonds provenant des excédents de Budgets. Les uns comme les autres sont des avances faites par le banquier à son client, l'industriel. Qu'importe que les uns soient des deniers propres au banquier et que les autres lui viennent de ses prêteurs ? Quand fait-on semblable distinction dans les comptes de banque ? Je sais bien qu'il est des capitalistes qui prennent dans une affaire des actions et des obligations et qu'il leur arrive de recevoir l'intérêt de leurs obligations sans toucher l'intérêt de leurs actions. Mais c'est précisément ce que l'on a voulu éviter. On ne veut pas que le Trésor soit l'associé du chemin de fer. On veut qu'il n'en soit que le banquier.

Quant à l'encaisse de l'exploitation, c'est-à-dire quant à la somme de fr. 14,406,086.06 c⁵, elle a été déduite des avances faites par le Trésor de ses deniers propres, c'est-à-dire de la somme de fr. 89,851,045.61 c⁵, et c'est seulement l'intérêt et l'amortissement de la différence que l'on porte au débit du chemin de fer. L'annexe XLIII du Compte rendu de 1878 a été dressée en conséquence.

La Commission n'a pas admis qu'on pût porter au crédit du chemin de fer la valeur des transports faits par lui pour compte des autres administrations, comme le réclamait hier M. Beernaert, parce que cette valeur ne se traduit pas en mouvements de fonds du chemin de fer au Trésor. Et d'ailleurs, on peut considérer les services que l'administration du chemin de fer rend gratuitement aux autres administrations publiques comme l'équivalent des impôts que ne manquerait pas de payer, de plusieurs chefs, toute entreprise privée.

On n'a du reste rien voulu cacher, puisque l'on a publié dans le Compte rendu le tableau L et que l'exposé de la situation financière y renvoie expressément.

L'honorable M. Beernaert a dit encore qu'il faudrait dresser, entre le Trésor et le réseau, le compte courant et d'intérêts des sommes reçues et des sommes payées.

On a fait ce compte et on a constaté que s'il y aurait eu, à opérer de la sorte, avantage pour le réseau quand ses écritures soldaient par des bonis importants, aujourd'hui il y aurait entre les intérêts des recettes, les intérêts des frais et des charges, le même équilibre qu'entre les capitaux. Établir ces comptes d'intérêts, ce serait s'imposer un travail très-compliqué et qui n'aurait guère qu'un intérêt artistique.

L'honorable M. Beernaert croit enfin que chaque fois qu'un emprunt est contracté pour le réseau, on débite celui-ci de l'intérêt depuis la date du contrat, tandis qu'il se passe des années pendant lesquelles les capitaux restent, au moins en partie, sans emploi.

C'était là l'agissement ancien, mais tous les comptes ont été redressés sous ce rapport. Dans la comptabilité nouvelle, le Trésor ne porte en compte au chemin de fer les intérêts à 4 p. c. que des capitaux réellement *dépensés* pour le premier établissement.

Mais si le Trésor public ne doit être qu'un banquier, ne faut-il pas qu'il soit remboursé, et peut-il l'être autrement que par voie d'amortissement?

On veut que la gestion du réseau ne puisse, à aucun moment donné, influer sur la situation des finances publiques; on veut

soustraire celles-ci au contre-coup de l'action des crises industrielles, commerciales, politiques sur le mouvement et la recette
des transports. On veut, non pas seulement en vue d'éventualités
extrêmes, mais pour réserver l'avenir, pour laisser aux futures
générations la liberté de leurs allures, la libre disposition de leur
travail et de leurs ressources, dégrever le chemin de fer. Comment y arriver autrement que par le remboursement ?

L'honorable M. Beernaert nous disait hier : Pourquoi exiger du
chemin de fer qu'il paye les intérêts et l'amortissement de sa dette?
On ne l'a pas exigé des routes et des canaux. Mais je ne sache pas
que, jamais, nos routes ou nos canaux aient provoqué des emprunts
comparables à ceux qu'a nécessités le réseau.

Quand l'honorable M. Frère-Orban a supprimé le droit de
barrière, ce péage rapportait 1,500,000 francs au maxim um.

C'était tout au plus à 4 p. c. l'intérêt de 30 à 40 millions. Des
capitaux importants affectés à des canaux ont été amortis. Le canal
de Charleroi, le canal de Mons à Condé, la Sambre canalisée ont bien
certainement remboursé le coût de construction en principal et
intérêts...

M. Gillieaux. — Plus encore, trois fois.

M. Sainctelette, *Ministre des Travaux publics.* — ...et les
autres voies navigables étaient amorties depuis plusieurs générations.

L'honorable M. Beernaert nous a fait hier un tableau très-pom-
peux des œuvres de la génération présente. Mais qui lui garantit
que les générations futures n'auront pas à faire beaucoup de
choses et de plus grandes? Qui ne pressent qu'elles devront les
faire dans des conditions de plus en plus difficiles, parce
que l'existence même leur deviendra de plus en plus coûteuse?

C'est précisément parce que nous sommes dans un siècle de
grandes découvertes industrielles, parce que nous sommes à une
époque où l'audace de l'homme ne recule, dans la conquête du
monde, devant aucune difficulté, qu'il faut s'attendre à voir les
générations futures obligées de réaliser des œuvres plus impor-

tantes encore. Et qu'y a-t-il de plus injuste que cette prétention d'une génération de charger les générations à venir? Que dirait-on d'un père qui voudrait écraser son enfant sous le fardeau de la dette contractée par lui et à son profit?

La nécessité de rembourser, au moins en partie, la dette du chemin de fer n'est donc pas contestable. L'amortissement ne pourrait, on en conviendra, être calculé à un taux plus raisonnable et sur une durée plus longue, que ne l'a fait la Commission de fonctionnaires à laquelle je faisais allusion tout à l'heure.

L'honorable M. Beernaert ne s'est pas contenté de critiquer le mode d'établissement des comptes nouveaux. Il a contesté les chiffres que j'ai produits le 15 avril.

Comparant les résultats de l'exploitation en 1879 à ceux de l'exercice 1878 et voulant faire cette comparaison en des termes adéquates, j'ai ajouté aux chiffres inscrits dans le Compte rendu de 1878, comme attribuables à l'ancien réseau, ceux qui se rapportent aux lignes reprises dans les Flandres, afin de rapprocher les totaux des résultats qui, pour l'année 1879, m'étaient donnés en bloc.

Je voulais donner exactement la mesure du progrès du trafic; et, pour le faire, il fallait évidemment composer des mêmes éléments les résultats que j'entendais rapprocher. Autrement on n'eût pas manqué de m'objecter que les résultats par moi attribués aux tarifs, aux itinéraires directs, aux relations nouvelles ne provenaient que du plus grand développement kilométrique du réseau. Inutile de dire que je n'ai pas fait moi-même les chiffres et qu'ils m'ont été envoyés par le service chargé du Compte rendu.

Voici, du reste, l'explication du prétendu désaccord signalé par l'honorable M. Beernaert entre les chiffres cités dans le discours du 15 avril et ceux du Compte rendu « qui porte ma signature. »

Après avoir parlé des résultats de *l'exploitation proprement dite* (¹), résultats qui naissent du rapprochement de la recette

---

(¹) Page 822 des *Annales parlementaires*.

avec la dépense de l'exploitation, j'ai parlé *des résultats géné-raux* de la gestion du réseau (¹), résultats que donne le rappro-chement de *toutes* les recettes directes ou indirectes avec *toutes* les dépenses de la gestion, y compris les redevances dues aux compagnies dont l'État exploite les lignes, parmi partage de recettes.

J'ai dit que la recette totale était, en 1878, montée à 96,400,000 francs.

Cette recette totale se compose :

A. De la recette totale de l'ancien réseau (²). . . fr.   95,500,668 15
B. De la recette totale de 150 kilomètres exploités
dans les Flandres . . . .   890,506 »

Ce qui fait bien. . . . . fr.   96,391,174 15

Passant à la dépense, j'ai dit (³) que la dépense totale s'était élevée, en 1878, à 61,400,000 francs.

Cette dépense totale se compose :

A. De la dépense totale faite sur l'ancien ré-seau (⁴) .fr.   60,520,483 15
B. De la dépense totale faite sur les 150 kilo-mètres rachetés dans les Flandres . . . . . .   875,366 »

Fr.   61,395,849 15

Il en est de même pour les charges d'intérêts et d'amortissement. J'ai dit (⁵) qu'elles s'étaient, pour 1878, élevées à 58,900,000 fr.

Effectivement les charges de l'ancien réseau étant
de (⁶) .fr.   58,522,587 37
Celles des lignes rachetées dans les Flandres de . .   566,619 »

L'ensemble est de . . . . fr.   58,889,206 37

(¹) Page 823 des *Annales parlementaires.*
(²) Page 302 du Compte rendu de l'exercice 1878.
(³) Page 823 des *Annales parlementaires.*
(⁴) Page 303 du Compte rendu.
(⁵) Page 823 des *Annales parlementaires.*
(⁶) Page 304 du Compte rendu.

Les chiffres cités sont donc exacts et la signification n'en peut être raisonnablement contestée.

L'honorable M. Beernaert, comprenant qu'en fin de compte telle serait la conclusion du débat, et ne voulant en aucune façon d'une augmentation de recettes, soutient qu'il faut et qu'on peut réduire les dépenses.

« Le Budget du Département des Travaux publics s'est accru, depuis 1878, de 8 millions, tandis qu'auparavant il avait constamment diminué. »

Messieurs, j'ai fait rechercher les chiffres des différents Budgets et j'avoue que je ne puis parvenir à me trouver aussi prodigue que l'honorable membre a bien voulu me dépeindre.

De 1874 à 1878, et le Budget de 1878 a été présenté par mon honorable prédécesseur, la réduction est de 2,990,000 francs et de 1878 à 1880 l'augmentation est de 4,772,000 francs. Mais on oublie que, depuis le 1er janvier 1878, nous avons eu à exploiter 240 kilomètres de lignes reprises dans les Flandres et 180 kilomètres de lignes nouvelles; on oublie que ces extensions du réseau exigent des augmentations quasi-proportionnelles de chacun des articles du Budget. ·

J'ai, dit-on, créé beaucoup d'emplois et même divisé quelques fonctions supérieures.

Je dois l'avouer humblement, quand des fonctionnaires responsables envers moi de la conduite d'un service technique déclarent qu'une augmentation de personnel leur est indispensable pour en assurer la sécurité et la bonne marche, quand leurs affirmations sont appuyées par leurs supérieurs hiérarchiques, je ne veux pas prendre sur moi de dire : Non, vous n'aurez pas ce personnel, tirez-vous d'affaire comme vous le pourrez aux risques et périls du public, tant pis s'il survient des accidents, tant pis si le service est mal fait!

·J'ai, dit-on, divisé quelques fonctions supérieures. Cela est vrai. Le chemin de fer avait encore, il y a peu d'années, la même organisation qu'il avait en 1870, quand il comptait 800 kilomètres. Je suis d'avis que, dans toute grande affaire, le mieux est d'augmenter, non-seulement le nombre des bras, mais surtout le ·

nombre des hommes qui pensent, qui étudient, qui comparent, qui indiquent un progrès. Or, les chefs du chemin de fer sont accablés de travail, écrasés par la besogne courante. Ils plient sous le faix du détail.

Le nombre de ces hommes si utiles doit nécessairement être proportionné à l'importance de l'affaire.

Que l'on additionne toutes les créations d'emplois supérieurs faites depuis que je suis entré au Département des Travaux publics, on ne trouvera pas une augmentation de 100,000 francs de ce chef.

On m'accuse d'avoir organisé trop de trains dont beaucoup circuleraient à vide.

Avons-nous jamais douté que les lignes nouvelles et les lignes des Flandres demanderaient, le lendemain de l'ouverture ou de la reprise, le régime commun ? Nous sommes-nous jamais dissimulé qu'il faudrait là, par cela seul que l'exploitation est faite par l'État, organiser un nombre de trains à peu près égal à celui des trains qui circulent sur les autres lignes ?

Et ne sait-on pas que, pour les lignes nouvelles comme pour les lignes reprises dans les Flandres, le trafic n'a cependant pas la même intensité qu'ailleurs et surtout qu'il ne l'a pas à toutes les heures de la journée ?

Il se peut, je le crois bien, qu'à de certains moments de la journée, il y ait moins de monde dans les trains qu'à d'autres heures, mais on sait qu'il n'est pas possible de modifier, à chaque heure, la composition des trains, pour les mettre en harmonie avec le mouvement des voyageurs.

Au surplus, les résultats généraux sont-ils mauvais, le tantième d'exploitation s'est-il accru sous le ministère libéral ? Non, il est descendu de 61.24 p. c. en 1877, à 58.80 p. c. en 1878, c'est-à-dire à peu près de 2 ½ p. c.

Et cependant, en 1877, on n'avait pas compté dans les frais d'exploitation, comme on le fait à présent, la dépense du personnel de l'administration centrale qui n'est pas moindre de 900,000 fr.

La recette de l'ancien réseau n'a-t-elle pas, en 1878, augmenté de 4 millions, tandis que la dépense ne s'accroissait que de 900,000 francs; et, en 1879, la recette n'a-t-elle pas grandi de

5,900,000 francs et la dépense de 1,500,000 francs seulement?

Les augmentations de dépenses auxquelles on a consenti ont eu une large compensation.

Il n'y a donc pas à songer à réduire la dépense : le parti à prendre, c'est d'augmenter la recette, et cela étant, il ne s'agit plus que de trouver le mode et la mesure.

J'ai dit déjà, et je ne saurais trop le répéter, que si nous nous sommes adressés à un trafic spécial, à celui des voyageurs à l'intérieur, c'est parce que c'est le seul dont nous soyons à peu près maîtres.

Le trafic international tout entier, voyageurs et marchandises, nous est, tous les jours, disputé par divers itinéraires.

Quant au trafic des grosses marchandises à l'intérieur, nous avons, pour les longs parcours, à compter avec la navigation, concurrent très-sérieux; pour les petits parcours, avec le roulage.

Est-il injuste de demander au trafic des voyageurs à l'intérieur un surcroît de recette?

Et d'abord, il n'est pas sans intérêt de se rendre compte des ressources que trouvent dans le tarif des voyageurs les autres exploitations.

De ce point de vue, j'ai fait faire la comparaison des lignes de l'État belge avec les réseaux français, allemands, autrichiens, anglais et néerlandais.

	Kilom.	Mouvement.		Recettes.
État belge.	2,058	59,165,822	fr.	29,881,416
Lignes françaises	18,296	124,002,056		299,044,227
Lignes allemandes . . .	7,698	52,923,570		81,112,695
Lignes autrichiennes. .	3,416	9,667,865		55,581,948
Lignes anglaises	13,405	205,884,523		277,504,950
États néerlandais. . . .	1,006	4,156,662		8,585,511

L'État belge, avec un mouvement de 59 millions de voyageurs (je parle de 1878), fait 29 millions de recettes. Les lignes françaises ont un mouvement de 124 millions de voyageurs et font 299 millions de recettes, c'est-à-dire qu'avec un mouvement triple du nôtre, elles réalisent dix fois nos recettes.

Les lignes allemandes ont un mouvement de 55 millions de voyageurs et une recette de 81 millions, avec un trafic supérieur au nôtre de 40 p. c. elles font une recette presque triple.

Les lignes anglaises avec 205 millions de voyageurs, soit cinq fois notre mouvement, font 277 millions de recette, soit à peu près neuf fois la nôtre; et enfin, il n'est pas jusqu'à l'exploitation néerlandaise qui, avec 4 millions de voyageurs, ne fasse 8 millions de recettes.

Bien que le parcours moyen du voyageur embarqué soit, en Belgique, moindre que partout ailleurs (il n'est que de 20 kilomètres, tandis qu'en Allemagne il est de 31, en Hollande de 56, en France de 58, en Autriche de 56); nous ne demandons au voyageur, considéré sans distinction de classe, que le prix kilométrique le plus bas.

De ce point de vue, les lignes dont je viens de parler se classent dans l'ordre suivant :

Lignes belges . . . . : 0.037
Lignes allemandes 0.048
Lignes hollandaises. 0.055
Lignes autrichiennes : 0.061
Lignes françaises . . . . . . : 0.065

Voyons maintenant ce qui en est du tarif, considéré surtout au point de vue des voyageurs de la 3ᵉ classe.

J'ai dit tantôt qu'il était avant le 1ᵉʳ janvier 1880 et que, depuis, il est resté le plus bas, ou à peu près, de tous les tarifs européens.

Pour en juger, il faut évidemment comparer les divers tarifs dans leur taxe unitaire, c'est-à-dire kilométrique, car, dans beaucoup de pays, le kilomètre est aujourd'hui l'unité de distance.

Voyons d'abord la différence entre l'ancien et le nouveau tarif.

Le tarif du 1ᵉʳ novembre 1871 établissait les prix d'après les bases suivantes applicables par lieue :

1ʳᵉ classe . . . . fr. 0.56
2ᵉ classe 0.27
3ᵉ classe 0.18

Ramenées au kilomètre, ces bases reviennent à 0.072, 0.054, 0.036.

Elles sont aujourd'hui de :

<pre>
1re classe. . . . . fr. 0.0756
2e classe. 0.0567
3e classe. 0.0578
</pre>

Entre l'ancien tarif et le nouveau la différence dans le taux des taxes est donc, pour les voyageurs de la 3e classe, de fr. 0.0018, dix-huit dix millièmes !

Cette surcharge de fr. 0.0018 par kilomètre a-t-elle pu détruire la réputation de nos chemins de fer, quant au bon marché des transports ? Laissez-moi vous le faire remarquer en passant, les minima des perceptions sont, pour la 3e classe, restés ce qu'ils étaient depuis 1851. On ne les a augmentés de 5 centimes que pour la 1re et la 2e classe, ce qui les a ramenés au taux antérieur, de 1865 et 1871 (¹).

Faites d'abord la comparaison de nos prix nouveaux avec ceux de nos voisins et correspondants ; cherchez, par exemple, la taxe kilométrique de la 3e classe, en trains ordinaires, vous trouvez :

<pre>
Sur le réseau Prince Henri. 0.04
    —   État néerlandais. 0.055
    —   chemin de fer hollandais 0.055
    —   —   Rhénan-Néerlandais . . 0.055
    —   —   Alsace-Lorraine. 0.425
    —   —   Berg-Marche 0.05
    —   —   Nord français. 0.06776
    —   —   Est français. 0.06776
    —   —   État belge. 0.0578
</pre>

(¹)   TARIFS DE VOYAGEURS. — *Tableau des minima de perception.*

	1re classe.	2e classe.	3e classe.
1851	0.80	0.30	0.20
1865	0.40	0.30	0.20
1866	0.40	0.30	0.20
1871	0.35	0.25	0.20
1880	0.40	0.30	0.20

Il n'y a donc pas à le contester. La taxe kilométrique pour la 3ᵉ classe est, en Belgique, aujourd'hui encore, moins élevée, et de beaucoup, que partout ailleurs.

Je montrerai tantôt que les transports de la 4ᵉ classe des lignes rhénanes et de quelques autres chemins allemands correspondent à nos transports d'ouvriers par abonnement et ne sont nullement comparables à nos transports de la 3ᵉ classe.

Voici maintenant la comparaison avec les tarifs des divers chemins de fer de l'Europe.

Ici je me bornerai à citer un article très-intéressant de la *Zeitung des Vereins* des chemins de fer allemands, du 22 décembre 1879.

Cet article est conçu comme ceci :

« En présence des discussions excessivement animées qui ont eu lieu sur les tarifs des chemins de fer pour le transport des marchandises, il ne semble pas inopportun de jeter également un coup d'œil sur les différentes espèces de taxes perçues par les chemins de fer européens pour le transport des voyageurs. Si dans ce but, on convertit en kilomètres les longueurs de chaque pays (milles danois, anglais, suédois, norvégiens, autrichiens et les verstes) qui servent de base pour l'établissement des tarifs, et les espèces de monnaie (francs, centimes, réaux, reis, kreutzers autrichiens, cents hollandais, shillings, pence, kopecks, piastres, paras, drachmes et leptas) en monnaie allemande (pfennige), on obtient d'après nos calculs, abstraction faite du montant de l'agio, des frais de timbre, etc., le tableau suivant qui donne en *centimes* la taxe moyenne kilométrique pour les trois premières classes des trains ordinaires :

TRAINS ORDINAIRES.

	1ʳᵉ classe.	2ᵉ classe.	3ᵉ classe.
Portugal	10 $^5/_8$	8 $^1/_3$	5 $^5/_6$
Espagne	15 $^1/_8$	10	6 $^1/_4$
France	12 $^1/_2$	9 $^5/_8$	6 $^3/_4$
Grande-Bretagne	14 $^3/_8$	10 $^5/_{12}$	6 $^1/_4$
Pays-Bas	10 $^5/_8$	8 $^1/_2$	5 $^5/_{16}$

	1re classe.	2e classe.	3e classe.
Belgique	7 1/2	5 5/8	3 3/4
Suisse	10 5/8	7 1/2	5 5/12
Allemagne du Nord	10	7 1/2	5
— du Sud	10	6 2/3	4 1/4
Autriche-Hongrie	11 7/8	8 3/4	5 15/16
Italie	11 1/4	8	5 5/8
Danemark	9 3/4	7	4 1/4
Suède	10	7 1/12	4 1/2
Norwège	7 1/12	4 1/4	3 1/8
Russie	11 7/8	8 3/4	5
Roumanie	11 1/4	8 3/4	5 5/8
Turquie	19 5/8	14 1/4	9 7/8
Grèce	10	6	4 1/2

» L'augmentation pour des trains accélérés — des trains express — varie entre 10 et 50 p. c. des taxes unités ci-dessus.

» D'après ce tableau, la Turquie serait le pays où les voyages coûteraient relativement le plus cher, tandis que ce serait en Norwège où l'on voyagerait au meilleur compte. Abstraction faite de la Grèce, qui ne compte que quelques kilomètres de voies ferrées, l'Allemagne du Nord occuperait la sixième place parmi les pays où l'on voyage à bon marché. Néanmoins il faut, en ce qui concerne les chemins de fer du Nord de l'Allemagne, avoir égard aux points suivants :

» 1° L'introduction, dans la plupart des trains de voyageurs, de la 4e classe de wagons, qui ne coûte que 2 pfg. (2.5 centimes) par kilomètre;

» 2° Beaucoup de trains express, soit de jour, soit de nuit, contiennent des wagons de 3e classe;

» 3° La concession du transport gratuit de 25 kilogrammes de bagages;

» 4° La vente de billets aller et retour à des prix excessivement réduits et valables pour la plupart des trains express;

» 5° L'aménagement commode et élégant des wagons à voyageurs, que l'on ne rencontre certainement que dans très-peu de pays.

» Si l'on tient exactement compte de ces facteurs, on en arrivera à la conclusion que, dans toute l'Europe, les chemins de fer du Nord de l'Allemagne sont ceux qui, proportions gardées, transportent à meilleur marché le public voyageur. »

Considérons la 5ᵉ classe. Il n'y a qu'une seule taxe qui soit inférieure à la nôtre : c'est celle de la Norwège, 0.0325, la nôtre est de 0.0378.

Mais le Danemark et la Suisse, ces pays cependant si démocratiques, font payer 0.0425 et 0.0541 centimes.

Nos voisins, les Hollandais, gens qui savent compter, payent 0.055.

En Angleterre, dans ce pays d'où nous sont venues toutes les grandes réformes de tarifs, la taxe moyenne est de 0.0625, c'est-à-dire d'environ 2 ¹/₂ centimes de plus que chez nous.

Et sur ce prix plein, déjà si abaissé cependant de 0.0378, la Belgique fait des réductions dans une proportion plus forte que nulle part ailleurs. La proportion du nombre des voyageurs à prix réduits, c'est-à-dire avec coupons d'aller et retour, enfants, militaires, sociétaires, abonnés, est en Belgique de 65 p. c., tandis qu'en France elle est de 47 p. c., en Allemagne de 49 p. c. et dans les Pays-Bas de 55 p. c.

Si tantôt j'ai écarté toute comparaison entre notre 3ᵉ classe et la 4ᵉ classe admise sur quelques chemins de fer allemands ou autrichiens, c'est que les transports de cette 4ᵉ classe font l'objet de trains spéciaux, ne marchant qu'à des heures déterminées, souvent à de certains jours seulement, par exemple, les jours de marché. Parfois même on n'y affecte pas de matériel spécial. Les voyageurs sont obligés de se tenir debout dans des wagons à marchandises fermés et n'ont pour s'asseoir que les colis portés par eux. Si l'on voulait à toute force trouver dans notre organisation quelque chose de comparable à la 4ᵉ classe allemande, ce serait notre abonnement pour ouvriers. Or, tandis que la 4ᵉ classe a pour prix kilométrique le minimum de fr. 0.029125, et le minimum de fr. 0.125, notre abonnement pour ouvriers n'a pas de taxe supérieure à fr. 0.0175 et va sans cesse en décroissant, en raison des distances, si bien qu'à 20 kilomètres, les ouvriers abonnés ne payent plus que fr. 0.0077, c'est-à-dire moins du 5ᵉ de la taxe unitaire régulière de la 5ᵉ classe.

On ne peut sérieusement contester que l'augmentation de 5 p. c. des taxes unitaires ait laissé à notre réseau le rang qu'il occupait en tête de toutes les grandes exploitations classées sous le rapport du plus bas prix de transport des voyageurs.

La substitution du kilomètre à la lieue, comme unité de distance, n'a pas eu et ne pouvait pas avoir pour résultat de modifier le taux des taxes; elle n'a fait qu'en rectifier l'application, qu'en mieux graduer la progression.

Sous l'empire du tarif de 1871, vous le savez, la fraction de moins de 2,500 mètres était négligée, et la fraction de 2,500 mètres et plus était comptée pour la lieue entière.

Il y avait donc des voyageurs qui ne payaient pas entièrement le parcours effectué et d'autres qui payaient pour des parcours qu'ils n'effectuaient pas.

Cette première catégorie d'injustices en a amené d'autres, et de bien singulières; je vais vous en citer une.

De Bruxelles-Nord à Bruxelles (Quartier Léopold), il y a 7 kilomètres; de Bruxelles (Quartier Léopold) à Boitsfort, il y en a 6. Il y a donc de Bruxelles-Nord à Boitsfort 13 kilomètres.

Sous l'empire du tarif du 1ᵉʳ novembre 1871, 7 kilomètres payaient le prix de la lieue; 6 kilomètres payaient également le prix de la lieue; 13 kilomètres comptaient pour 3 lieues. Les voyageurs qui allaient de Bruxelles-Nord à Boitsfort avaient donc tout intérêt à descendre au Quartier Léopold et à y prendre un billet pour Boitsfort; ils scindaient leur parcours et ils payaient, de Bruxelles-Nord au Quartier Léopold 1 lieue, comme du Quartier Léopold à Boitsfort, c'est-à-dire 2 lieues au lieu de 3.

On a bientôt reconnu qu'il était impossible de maintenir un pareil système et l'on a délivré des coupons pour 2 lieues aux voyageurs qui de Bruxelles-Nord partaient directement pour Boitsfort. Qu'en résultait-il? C'est qu'il y avait entre Bruxelles-Nord et Boitsfort des voyageurs qui faisaient 13 kilomètres pour 2 lieues, tandis que, ailleurs dans le pays, les voyageurs qui parcouraient 13 kilomètres payaient 3 lieues.

Mais si la substitution, comme unité de distance, du kilomètre à la lieue n'a pu modifier que l'application des taxes, la règle que le kilomètre commencé et le demi-décime entamé sont acquis à la recette, a pu agir sur le taux des prix dans une mesure infime sans doute, mais enfin, je le veux bien, dans, une mesure appréciable.

Voyons ce qu'ont fait ces deux autres causes d'aggravation jointes au relèvement de 5 p. c. et ce que sont, relativement aux prix payés ailleurs, les prix nouveaux. On a dressé un tableau comparatif indiquant, pour les distances de 1 à 25 kilomètres, les prix perçus pour le transport des voyageurs sur les principaux réseaux. Je ne considérerai que la 5ᵉ classe et le prix du billet simple. Voici ce que je trouve :

A 5 KILOMÈTRES.		A 12 KILOMÈTRES.	
État belge . . . . fr.	0.20	État belge. . . . . fr.	0.50
Alsace-Lorraine	0.22	Alsace-Lorraine	0.51
Rhénan et Berg-Marche. . . .	0.25	Rhénan et Berg-Marche. . .	0.60
Exploitation néerlandaise. . .	0.27	Exploitation néerlandaise . .	0.64
Nord français	0.34	Nord français.	0.82

A 7 KILOMÈTRES.		A 17 KILOMÈTRES.	
État belge . . . . fr.	0.30	État belge. . . . . fr.	0.65
Alsace-Lorraine.	0.30	Alsace-Lorraine	0.73
Rhénan et Berg-Marche. . . .	0.35	Rhénan et Berg-Marche. . .	0.85
Exploitation néerlandaise. . .	0.38	Exploitation néerlandaise . .	0.91
Nord français	0.48	Nord français.	1.08

A 9 KILOMÈTRES.		A 25 KILOMÈTRES.	
État belge . . . . fr.	0.35	État belge. . . . . fr.	0.95
Alsace-Lorraine	0.39	Alsace-Lorraine	1.07
Rhénan et Berg-Marche. . . .	0.45	Rhénan et Berg-Marche. . .	1.25
Exploitation néerlandaise. . .	0.48	Exploitation néerlandaise. .	1.33
Nord français	0.61	Nord français.	1.70

Partout, vous le voyez, il y a un écart considérable entre les prix de l'État belge rectifiés par la substitution du kilomètre à la lieue, augmentés de 5 p. c. et les prix perçus sur les autres réseaux.

Qu'a-t-on fait du reste, si ce n'est tout simplement graduer par kilomètre les prix du tarif même du 1er novembre 1871 qui étaient gradués par lieue?

Que l'on compare les deux barêmes quant au prix des billets simples pour les voyageurs de troisième classe :

TARIF DES VOYAGEURS. — 3e *classe*. — *Billets simples.*

Distances en kilomètres.	Prix anciens.	Prix nouveaux.	Distances en kilomètres.	Prix anciens.	Prix nouveaux.
1	0.20	0.20	13	0.55	0.50
2	0.20	0.20	14	0.55	0.55
3	0.20	0.20	15	0.55	0.60
4	0.20	0.20	16	0.55	0.65
5	0.20	0.20	17	0.55	0.65
6	0.20	0.25	18	0.70	0.70
7	0.20	0.50	19	0.70	0.75
8	0.55	0.55	20	0.70	0.80
9	0.55	0.55	21	0.70	0.80
10	0.55	0.40	22	0.70	0.85
11	0.55	0.45	23	0.90	0.90
12	0.55	0.50			

Pour les kilomètres 1 à 5, 8 et 9, 14, 18, 23, les prix sont les mêmes des deux côtés. Ce ne sont que les prix des échelons intermédiaires qui ont été modifiés.

Celui qui parcourt 5 kilomètres payait, en décembre 1879, 20 centimes. Il a, en janvier 1880, payé 20 centimes.

Celui qui parcourt 8 kilomètres payait, en décembre 1879, 55 centimes. Il a, en janvier 1880, payé 55 centimes.

Mais celui qui parcourt 6 kilomètres ne payait, avec l'ancien tarif, que 20 centimes comme s'il n'avait fait que 5 kilomètres. Il en paye aujourd'hui 25.

Celui qui parcourt 7 kilomètres ne payait, avec l'ancien tarif, que 20 centimes, comme s'il n'avait fait que 5 kilomètres. Il en paye aujourd'hui 50.

Quoi de plus juste? et n'est-ce pas fausser le sens des mots que

de qualifier d'augmentations de semblables rectifications, j'allais
dire de semblables réparations.

Et il en est de même pour les autres chiffres du barème.

Les prix nouveaux du chemin de fer ont, comme les augmentations des impôts, été acceptés sans enthousiasme, mais sans
résistance. Il n'est personne qui ne se soit dit, en Belgique, que
le prix des choses, même les moins nécessaires à l'existence, a,
depuis 1870, augmenté dans une proportion bien autre que celle
des 5 p. c. imposés aux voyageurs sur les chemins de fer.

De çà, de là, sont venues quelques réclamations, mais, à voir
la forme même sous laquelle elles se sont produites, on sent combien il a fallu se battre les flancs pour trouver prétexte à grief.

C'est ainsi que, dans certaine partie du pays, on a parlé
d'augmentations de 60, 90 et même de 100 p. c.

Que c'est joliment imaginé!

Dire que, de Charleroi à Châtelineau, le prix du parcours en
3e classe est augmenté de 10 centimes, ou que, de Charleroi à
Fontaine-l'Évêque, on doit aujourd'hui donner 15 centimes de
plus qu'autrefois, cela ferait un piètre effet; mais dire que le
Gouvernement libéral a relevé les prix de 50 p. c. dans le premier
cas, de 45 p. c. dans le second, cela sonne aux oreilles d'une façon
bien autrement agréable. On a même parlé d'augmentations de 90
et de 100 p. c., oubliant d'ajouter que, pour trouver de semblables
relèvements, il avait fallu, dans tout le barème, aller chercher la
seule distance qui puisse fournir ces chiffres.

En voici l'explication :

Le voyageur qui va à 7,499 mètres payait, autrefois, pour une
lieue ou pour 5 kilomètres. Il paye, aujourd'hui, pour 8 kilomètres. Il débourse donc de ce chef 60 p. c. de plus qu'il ne faisait
autrefois. Il subit, comme tous les autres voyageurs, le relèvement
de 5 p. c. et a donc à débourser aujourd'hui 168 au lieu de 100;
différence, 68 p. c., et pour peu qu'il y ait arrondissement du
dernier demi-décime, 75 p. c. Il voyageait gratis sur 3 kilomètres.
On les lui fait payer aujourd'hui! Quelle exaction! Quelle mon-
struosité!

On a oublié aussi de faire remarquer, dans une discussion qui portait sur les prix payés par les maraîchers et les ouvriers, que les augmentations visées de 90 p. c. et de 100 p. c., ce sont les 1ᵉʳᵉ et les 2ᵉ classes qui les payent.

Mais l'honorable M. Wasseige a été plus ingénieux encore. Il veut — c'est son droit — chercher à dépopulariser l'opinion libérale et persuader à tous les petits — c'est son expression — que le Ministère libéral les grève, afin de favoriser les riches, les oisifs et les étrangers.

Il a donc entrepris de démontrer que la légère augmentation de tarifs qui nous occupe, pèsera bien plus lourdement sur les voyageurs de la 3ᵉ classe et sur ceux de la 1ʳᵉ zone, que sur les autres.

A cette fin, il opère sur les chiffres de l'exercice 1877 et il montre que l'augmentation se répartira, entre les trois classes, dans les proportions de 18.7, 22.3, et 59 p. c.; entre les trois zones, dans les proportions de 46.4, 30.2 et 23.4 p. c.

Mais ce calcul de répartition entre les classes et entre les zones, qu'il fait si bien sur les recettes, l'honorable M. Wasseige a oublié de le faire sur le mouvement. J'y ai songé pour lui.

Or, le mouvement est de 4.8, 13.1, 82.1 p. c., si on le distribue par classes, et de 85.5, 11.1 et 3.4 p. c., si on le distribue par zones.

Trouve-t-on étonnant que la 3ᵉ classe qui contribue pour 82.1 p. c. dans le mouvement, concourt à la recette et, par conséquent, à toute augmentation de la recette pour 59 p. c. et que les voyageurs de la 1ʳᵉ zone, qui comptent dans le mouvement pour plus de 85 p. c., contribuent à l'augmentation de la recette pour 46 p. c.?

Mais il me semble, à moi, que ceux que l'augmentation des taxes unitaires atteint le plus lourdement, ce sont les voyageurs de la 1ʳᵉ classe et de la troisième zone qui n'entrent dans le mouvement que pour 4.8 p. c. et 3.4 p. c. et qui payent 18.7 p. c. et 23.4 p. c. de la recette.

D'ailleurs, les riches, les oisifs, les étrangers, ne sont-ils pas assez surchargés? La faute en est à l'honorable auteur du tarif du 1ᵉʳ novembre 1871. C'est lui qui a frappé les voyageurs de la 3ᵉ classe de la quotité qu'ils ont à payer dans la recette (59 p. c.).

C'est lui encore qui a frappé les voyageurs de la première zone de la quotité (46 p. c.) qu'ils ont à acquitter. Que n'établissait-il une autre relation entre le mouvement et la recette?

Nous avons, pour les ouvriers et les élèves, des tarifs d'abonnement hebdomadaire à des prix très-réduits. Il n'existe rien d'analogue sur les autres réseaux. Quelques administrations : l'Alsace-Lorraine, l'Est français, le Paris-Lyon-Méditerranée ont, comme nous, des abonnements à prix réduits pour ouvriers.

Mais les compagnies du Nord, de l'Ouest, du Midi, d'Orléans, de l'Est prussien, de Berlin-Stettin, de la Basse-Silésie n'ont aucun tarif spécial applicable aux ouvriers.

Et, quant aux compagnies ou directions qui ont fait un pas dans cette voie, elles n'accordent d'abonnement que sous la condition d'un minimum : de trois mois, par exemple, au Paris-Lyon, d'un mois à l'Alsace-Lorraine, ou bien elles les restreignent, comme fait la compagnie de l'Est, à des parcours déterminés en très-petit nombre.

Les prix des tarifs d'abonnement pour les ouvriers et les élèves n'ont pas été augmentés.

Je l'ai toujours décidé; et, conformément à mes instructions, on n'a jamais appliqué aux prix en vigueur l'augmentation de 5 p. c.

Mais, dans le travail de substitution du kilomètre à la lieue comme unité de distance, on n'avait pas d'abord respecté pour toutes les distances cette interdiction d'augmenter les prix. Des erreurs d'application avaient été commises. Elles ont été rectifiées depuis.

Voilà, Messieurs, ce que nous avons été contraints de faire pour le tarif des voyageurs. Ce n'est pas de gaieté de cœur, la droite peut en être bien convaincue, que nous nous sommes imposé la tâche de demander quelque chose au public, à la clientèle ordinaire de notre réseau, de modifier ses habitudes. Il a fallu pour cela une nécessité impérieuse.

Si l'on était juste, en même temps qu'on a parlé du relèvement du tarif des voyageurs et des légères augmentations de dépenses que ce tarif peut imposer à certaines personnes, on eût, ce me semble, rappelé que de nombreuses améliorations avaient été apportées dans le tarif des marchandises, que, là, on avait cherché, par une série d'études, à trouver ce point d'intersection qui est si difficile à marquer entre la progression du mouvement et la progression de la recette; que, là, on avait obtenu des résultats heureux et que l'on avait parfois augmenté, dans certaines proportions, le trafic, sans cependant diminuer la recette.

On parle beaucoup, aujourd'hui, des souffrances de l'agriculture; on n'en disait rien avant 1878 et l'on n'a rien fait pour lui venir en aide. On trouve bon de passer sous silence les mesures que nous avons prises en sa faveur.

On a même poussé la précaution sur ce point, jusqu'à ne pas me faire un grief d'une contradiction apparente. On n'a pas dit qu'il eût été plus simple de ne pas relever le tarif des voyageurs et de ne pas abaisser le tarif des marchandises, parce que l'on sait fort bien que les modifications apportées à ces derniers tarifs ont eu de bons résultats et la preuve en sera fournie du reste par la statistique que je ferai dresser, pour 1880, par tarif.

Je me résume :

Contraints par la situation des finances publiques de contenir l'élan des grands services publics, nous avons cru devoir, à plus forte raison, veiller à ce que le domaine industriel de l'État ne vînt pas absorber une partie du produit des impôts. Nous avons voulu avoir la certitude que le chemin de fer se suffirait désormais à lui-même. Il nous a paru que le transport des voyageurs seul était en état de pouvoir, sans de graves inconvénients, subir quelque relèvement des prix. Ce relèvement, nous l'avons fait dans une mesure à peine sensible et qui laisse nos tarifs bien au-dessous de ceux de toutes les autres exploitations.

Nous avons opéré ce relèvement après en avoir annoncé et discuté la nécessité, la légalité, le mode et le taux. Nous l'avons fait en vertu des pouvoirs délégués au Gouvernement, comme a fait le Gouvernement dans lequel siégeait M. Wasseige et qui, par l'arrêté royal du 1er novembre 1871, a relevé les prix dans les 2e et 3e zones.

Jusqu'à présent, le but poursuivi paraît atteint. De notables augmentations de recettes ont été obtenues, sans que l'importance des services rendus par le chemin de fer aux populations en paraisse diminuée. L'expérience se continue. Toute fluctuation dans la recette ou dans le mouvement sera attentivement étudiée et, s'il est reconnu possible d'arriver à une répartition plus équitable encore de l'augmentation de ressources jugée nécessaire, on y procédera. Il serait absurde de prétendre arriver, en pareille matière, d'emblée et du premier jet, à une solution irréprochable.

Séance de la Chambre des Représentants du 11 mai 1881.

—

Messieurs,

Dans notre dernière séance, l'honorable M. Beernaert a fait précéder l'exposé d'une question spéciale de transports de considérations générales sur l'état économique du pays. Il a passé en revue l'agriculture, l'industrie, le commerce et partout il n'a aperçu qu'une situation critique. La Belgique, s'est-il écrié, est malade et, depuis ces dernières années, plus malade que jamais!

Mon sentiment n'est pas celui de l'honorable M. Beernaert.

Moi aussi, je regarde, j'écoute et je cherche à résumer les impressions dont on me fait part.

Non, la société belge n'est pas malade. Elle prouve sa santé par son ardeur au travail et par son activité.

S'il est dans l'état social actuel du peuple belge un trait saillant et caractéristique, c'est le travail. On travaille en Belgique, partout et beaucoup, dans toutes les parties du pays, dans toutes les situations sociales, dans tous les ordres d'idées. Aucun progrès économique ne nous est étranger.

Entendez-vous, aujourd'hui comme autrefois, citer des parties du pays en proie à la détresse, des groupes importants d'ouvriers demandant en vain du travail?

Non, parcourez le pays, partout vous verrez labourer des champs, construire des ateliers, bâtir des maisons, ouvrir des magasins, installer des voies de communication, et vous entendrez les fermiers, les bâtisseurs, les usiniers, les entrepreneurs se récrier sur le haut prix de la main-d'œuvre et la difficulté de recruter des ouvriers.

Ceux-là mêmes qui se plaignent attribuent leurs souffrances, non pas au défaut de travail, mais à l'excès de la production.

Portez vos regards autour de vous, vous compterez les oisifs. Tout le monde aujourd'hui travaille en Belgique, depuis le grand seigneur agriculteur ou financier fort avisé, très-au courant des meilleurs procédés de culture ou des meilleurs placements de capitaux, jusqu'à l'ouvrier le plus débile et le plus maltraité par la nature. Je ne dis pas que le dissipateur et le mendiant soient des types à jamais disparus; on m'accordera qu'ils deviennent de plus en plus rares.

Sans doute, les produits agricoles, sans doute, aussi la houille, la fonte, le fer, les machines se vendent moins cher qu'il y a quelques années, mais ils se vendent en beaucoup plus grandes quantités et à un bien plus grand nombre de personnes. Si les vendeurs n'ont pas à se louer des prix du jour, beaucoup de gens s'en félicitent qui peuvent se nourrir, se vêtir, se construire une habitation, se monter un atelier, entreprendre une fabrication, qui n'auraient pu le faire, il y a quelques années. Il n'y a pas de fabricat dérivé du fer qu'on ne produise aujourd'hui dans notre pays, et, d'une façon plus générale, on peut dire que ce qui ressortait le plus de notre Exposition nationale, c'était le nombre, la variété, la vitalité des industries secondaires. Les grandes industries ne doivent pas, à mes yeux, trop regretter les sacrifices que leur imposent les prix actuels. Ce sont ces prix qui leur ont créé toute une clientèle nouvelle. Elles sèment actuellement; elles ne peuvent pas manquer de récolter plus tard.

Je dis que si certaines sortes de travail sont aujourd'hui moins rémunérées qu'elles ne l'étaient il y a peu de temps, la quantité de travail fait en Belgique va toujours en augmentant. Les particuliers, les sociétés, les communes, l'État travaillent et font travailler de plus en plus. C'est là un fait que l'on constate plus facilement qu'on ne peut le mesurer d'une façon exacte.

Je voudrais cependant citer quelques chiffres à l'appui de ce que je viens d'affirmer.

Le principal auxiliaire de l'homme dans le travail, c'est le cheval-vapeur. Or, de 1870 à 1880, la force du pays en chevaux-vapeur a presque doublé et, de 1877 à 1880, il n'y a eu aucun ralentissement.

1870.	1877.	1879.
558,404	555,110	595,660

L'activité des transports est incontestablement une mesure de l'activité nationale.

Or, en 1877, le mouvement en grosses marchandises de nos services intérieur et mixtes était de . . . . Tonnes. 9,346,833
Il s'est élevé, en 1880, à 13,445,140

Soit de. . . . . . . Tonnes. 4,098,307

Le progrès est de plus de 44 p. c. en trois ans.

En 1877, le mouvement en grosses marchandises de nos services internationaux et de transit était de . . Tonnes. 4,977,867
Il s'est élevé, en 1880, à 6,712,755

Soit de. . . . . . . Tonnes. 1,734,888

Le progrès est de 35 p. c.

La recette de nos transports de grosses marchandises en services internationaux et en transit était, en 1877, de 17,600,000 fr. Elle a atteint, en 1880, 24,300,000 francs. Elle dépasse aujourd'hui la recette qu'en 1877 nous faisions du chef des transports en service intérieur (services mixtes non compris).

Le mouvement du port d'Anvers, à l'entrée, était, en 1877, de 2,499,482 tonneaux; il est devenu, en 1880, de 3,117,754; à la sortie, il était, en 1877, de 2,468,458 et, en 1880, il a atteint 3,123,282 tonnes. C'est un progrès de 25 p. c. en 3 ans.

Et je pourrais multiplier les démonstrations de ce genre.

Comment une société qui travaille dans la mesure que je viens d'indiquer ne s'enrichirait-elle pas?

L'honorable M. Beernaert a fait son exposé comme Rembrandt faisait ses tableaux, en poussant au noir.

Il a oublié de vous dire que, malgré tant de crises industrielles, agricoles, commerciales, le taux de l'escompte reste très-bas et que le prix de la rente monte sans cesse.

Malgré la conversion faite par mon honorable ami, M. le Ministre des Finances, malgré une émission d'emprunt de 142 millions, le 4 p. c. est aujourd'hui à 106. Le 3 p. c., qui était, en 1877, à 77, est aujourd'hui à 85.

Que prouvent ces faits? C'est que le loyer des capitaux s'abaisse. Et, ce qui est vrai de la grande épargne est vrai de la petite aussi.

Si l'honorable M. Beernaert avait voulu s'arrêter aux livrets de la caisse d'épargne, il aurait vu que le montant des livrets qui n'était au 31 décembre 1877 que de fr. 78,778,204.22 c⁵, s'élevait, au 31 décembre 1880, à fr. 125,098,287.17 c⁵, soit de 46 millions en plus ou 59 p. c.

Que la culture ne soit point aussi rémunératrice qu'elle l'était, il y a dix ans, que certaines grandes industries ne produisent plus qu'un intérêt très-réduit des capitaux qui y sont engagés, qu'il soit désirable que cette situation se modifie, que nos relations acquises se développent, que de nouveaux marchés nous soient ouverts, que l'activité de nos mines, de nos usines, de nos transports devienne plus grande encore, j'en tombe d'accord avec mon honorable contradicteur et je le souhaite aussi vivement que lui.

Mais qu'une société soit malade, parce que quelques-uns des éléments qui la composent ont vu leur prospérité se ralentir, parce que le loyer des capitaux baisse et qu'il devient à la fois de plus en plus nécessaire et de plus en plus facile de travailler,voilà ce que je ne saurais admettre.

Quels remèdes mon honorable contradicteur propose-t-il d'apporter au mal dont souffre, d'après lui, le pays?

Que peut un Gouvernement en pareille matière?

Défendre au dehors les intérêts de notre agriculture, de notre industrie, de notre commerce? Le pays sait que ces intérêts ne

sauraient être confiés à des mains plus habiles et plus expéri-
mentées que celles de M. Frère-Orban. Quand viendra la discussion du Budget des Affaires étrangères, l'honorable M. Beernaert
pourra s'en convaincre de nouveau.

Achever, améliorer notre outillage national? Je ne pense pas
que mon estimable prédécesseur juge qu'il soit possible d'ajouter
en ce moment rien d'essentiel à tout ce que nous avons de travaux
en cours d'exécution et de projets à l'étude.

Abaisser encore les prix de transport? L'honorable M. Beernaert sait que tout ce qu'il était pratique de faire dans cet ordre
de mesures a été fait.

Il ne nous demande pas, avec M. Kervyn, de traiter les matières
fertilisantes à l'égal du charbon, parce qu'il sait que le guano
compris, tous les engrais sont tarifés absolument comme le
charbon.

Il ne nous demande pas de réduire les prix de transports des
produits agricoles, parce qu'il sait que de nombreux et considérables déclassements ont été consentis en faveur des produits de
l'agriculture et notamment des céréales.

Il ne nous demande pas de créer pour le transport de nos produits industriels vers les ports de mer des tarifs spéciaux, parce
qu'il a pu constater que, dès 1878, j'ai fait entrer le Département
dans cette voie.

L'honorable membre ne nous a donc recommandé aucune mesure générale propre, selon lui, à guérir la société belge de la
maladie dont il la croit atteinte.

Il s'est borné à nous donner sur un point spécial et secondaire
des conseils dont j'apprécierai le mérite, lorsque j'en viendrai à
nos services maritimes à vapeur.

Mais avant d'aborder, selon l'ordre du Budget, les différentes
questions qui ont été soulevées, je vous demande, Messieurs,
l'autorisation d'exposer quelques considérations générales sur
l'ensemble des affaires dont la gestion m'est aujourd'hui confiée.

A entendre les nombreuses demandes de travaux nouveaux
qui partent comme des coups de fusil de tous les côtés de cette
Chambre, il semble que vraiment le Département des Travaux

publics ne fasse rien en Belgique, que le Ministre s'y borne à écrire des circulaires et les ingénieurs à dessiner des études, de ces études que plusieurs orateurs nous ont reprochées avec tant d'amertume.

Eh bien, non. L'année 1880 n'a pas été une année perdue sous le rapport du travail. Sans compter les travaux d'entretien et de renouvellement imputables sur le Budget, le Département a, en 1880, payé — je dis payé et non engagé — sur les fonds spéciaux mis à sa disposition, plus de 70 millions, dont 50 en espèces et 20 en titres de rente.

Que si à cela l'on ajoute les travaux faits par les sociétés concessionnaires et par les communes, je crois qu'on peut, au bas mot, caver à 100 millions ce qui se dépense en Belgique maintenant en travaux publics.

Je ne dis pas que cela soit suffisant. Je ne dis pas que les ressources du pays ne permettent pas et que ses besoins n'exigent point qu'on fasse mieux en 1881. J'y tâcherai.

Je reconnais que, s'il est injuste d'accuser mon Département de ne faire que des études, on est fondé à lui reprocher quelques lenteurs.

Trop d'affaires et de trop minces affaires sont renvoyées aux comités. Le temps des fonctionnaires supérieurs, de ceux qui doivent prendre par délégation une décision ou la proposer, est absorbé par de trop nombreuses et de trop longues délibérations.

Je m'applique à modifier cet état des choses, à rendre aux seize directeurs du Département l'autorité qu'une bonne organisation du service doit leur attribuer. J'ai appelé aux fonctions importantes devenues, cette année, vacantes dans plusieurs branches d'administration, des hommes que leurs études et leurs connaissances techniques mettent en position de statuer par eux-mêmes ou de faire la proposition définitive.

Il ne faut pas se borner à restreindre le champ d'action des comités, il faut aussi en réduire le nombre des membres et en varier le personnel. On l'a dit depuis longtemps, les commissions trop nombreuses retardent plutôt qu'elles n'accélèrent l'instruction des affaires. L'intérêt du service exige, d'autre part, à plusieurs points de vue, que les mêmes fonctionnaires ne siégent point dans tous les conseils.

C'est du rapide fonctionnement de l'administration centrale qu'il faut attendre la plus prompte expédition des affaires. Permettez-moi donc de vous rendre compte des modifications qui ont été, en 1880, introduites dans l'organisation du Département.

La régie a été supprimée. Ce service, chargé de la paye des ouvriers du chemin de fer et du télégraphe, était indépendant de ces administrations. Il avait, chaque mois, à distribuer plus de 2 ½ millions de francs. Les administrations du chemin de fer et du télégraphe faisaient ouvrir, sur l'agence du Trésor, à Bruxelles, les crédits nécessaires au directeur de la régie. Celui-ci créait les mandats au profit des contrôleurs-payeurs. Ces derniers allaient faire les payements à pied-d'œuvre, transportant avec eux, entre Bruxelles et tous les points du réseau, en espèces, des sommes considérables.

Pareil procédé n'était évidemment plus à sa place dans une époque de payements par titres de change, virements et compensations.

L'heure de la retraite étant venue pour le respectable fonctionnaire qui, pendant de longues années, a dirigé ce service avec tant d'honorabilité, j'ai saisi cette occasion de placer les contrôleurs-payeurs sous l'autorité des administrations dont ils font acquitter les feuilles de salaires. J'ai alors tout naturellement adopté, pour le payement des rétributions des ouvriers, le mode pratiqué depuis longtemps pour le payement des traitements des fonctionnaires et des employés, c'est-à-dire que les caisses des stations en ont été chargées.

Tout naturellement encore, au lieu d'encombrer l'administration centrale du visa des feuilles de salaires, de la création des mandats, de l'envoi de ces mandats aux contrôleurs-payeurs, j'ai fait un pas de plus dans la voie de la décentralisation et chargé de ces soins les chefs des services d'exécution.

Aujourd'hui, ce sont eux qui ordonnancent la dépense en créant sur les comptables des recettes, des mandats que les contrôleurs-payeurs (anciens fonctionnaires de la régie résidant en province) vont toucher aux caisses des stations et dont ils distribuent le montant, à pied-d'œuvre, entre les mains des ayants-droit, contre acquit des états d'émargement et en présence du fonctionnaire qui a dressé et certifié ces états.

Les fonctions d'ordonnateur, de comptable et de payeur, sont donc absolument séparées, comme le veulent les règles essentielles de la comptabilité de l'État.

Ces mesures, qui suppriment de grandes pertes de temps et des mouvements de fonds inutiles, sont en vigueur depuis le 1ᵉʳ janvier 1881.

L'administration centrale des ponts et chaussées a été renforcée de quelques collaborateurs techniques. La direction des travaux hydrauliques étant devenue vacante par la retraite du titulaire, j'y ai appelé un ingénieur en chef parfaitement préparé par ses études, les ouvrages qu'il a construits, les fonctions qu'il a remplies de secrétaire des comités. Le concours de quelques sous-ingénieurs et conducteurs lui permettra de hâter l'examen et la solution des questions de détail qui affluent dans cette branche de l'administration chargée de tout ce qui touche aux eaux, inondations, canalisations, irrigations.

L'acquisition amiable ou forcée des terrains est une phase importante de l'exécution des travaux décrétés. Trop souvent, on y perdait beaucoup de temps. Les plans parcellaires restaient à l'enquête plus que de raison, les évaluations se faisaient lentement, les expropriations surtout se prolongeaient indéfiniment. Entre les services techniques et d'exécution et le département qui doit passer les actes et faire liquider les prix, entre les avocats qui plaident les procès et l'administration centrale, il y avait beaucoup d'allées et de venues, d'hésitations, de références, d'informations incomplètes ou tardives.

Il m'a paru qu'il était impossible, dans ces conditions, de réaliser avec célérité des acquisitions considérables comme celles que rendent nécessaires les installations maritimes à Anvers et à Gand, la construction des canaux houillers du Hainaut, la construction des chemins de fer que l'État va entreprendre. Un service spécial a été organisé.

La rédaction des plans parcellaires reste exclusivement du domaine des services techniques, mais la préparation de l'acquisition, la passation de l'acte ou la surveillance de l'instance, les suites de l'acquisition volontaire ou forcée rentrent, pour toutes les directions des ponts et chaussées, dans les attributions d'une division spéciale.

C'est elle qui doit vérifier les tableaux d'emprises, hâter les enquêtes, proposer les déclarations d'utilité publique, veiller à ce que les fonctionnaires du domaine chargés des acquisitions reçoivent toutes les indications propres à les éclairer dans leurs évaluations, provoquer le contrôle de ces évaluations, présenter les offres proposées à l'autorisation du ministre, surveiller les négociations, et, suivant le résultat, hâter la passation des actes ou l'introduction des instances, vérifier les actes ou former les dossiers des avocats, se tenir au courant des expertises, des plaidoiries, des avis du ministère public, des jugements, des débats sur l'appel s'il y échet, empêcher que dans quelqu'une de ces différentes phases, les dossiers s'attardent, faute de quelque renseignement. C'est elle aussi qui doit exécuter les actes ou les jugements, vérifier les uns, lever les autres, retirer les titres, plans, documents, les inventorier, les classer, les conserver, faire liquider et consigner les prix, indemnités, intérêts, frais, poursuivre la prise de possession, avertir les services techniques que les terrains sont à leur disposition.

On le voit : l'acquisition des terrains demande beaucoup de soins. Les imposer aux services techniques, quand il s'agit de milliers de parcelles, ce serait absorber en écritures de bureau un temps et des forces dont nous n'avons que trop besoin pour les projets et les travaux.

Ces soins que je viens de décrire seront d'ailleurs mieux et plus vite donnés par un service spécial, placé à l'administration centrale, à la portée des conseils du département, constamment en relations avec les directeurs, qu'ils ne sauraient l'être par les ingénieurs en chef de chaque groupe occupés de tant d'autres détails.

Le Département se promet de l'organisation de ce service nouveau, non pas seulement une action plus méthodique, plus régulière et surtout plus prompte, mais même une économie de certaine importance.

Les accidents dans les mines restent nombreux et considérables. Les dégagements et les inflammations de gaz grisou se produisent trop souvent, presque toujours avec les plus violents et les plus désastreux effets. Quelles sont les causes de ces terribles phénomènes? comment en prévenir l'apparition, en atténuer les conséquences destructrices? quelles précautions commandent-ils? Ces questions se posent aujourd'hui à l'humanité d'une façon plus impérieuse que jamais. J'ai pensé qu'il fallait en provoquer la discussion, non pas seulement dans le sein d'une administration spéciale, mais dans le monde savant tout entier.

Dans cet ordre d'idées, il importe de mettre à la disposition du public instruit tous les matériaux que nous possédons. Une Commission composée de nos savants professeurs d'exploitation, d'ingénieurs des mines, d'ingénieurs industriels, a bien voulu accepter la mission de rédiger le programme des études à faire au sujet des accidents dus au grisou.

Elle a de plus défini les observations quotidiennes qu'il y a lieu de faire inscrire sur le journal des mines à grisou et aussi quelles constatations doit nécessairement comprendre le procès-verbal du contrôle, pour pouvoir faire exactement apprécier les caractères de l'accident et en faire ressortir la cause.

Elle a enfin joint à son travail une analyse sommaire des explosions de grisou survenues dans les mines belges depuis 1850. Je fais préparer par l'administration la publication de ceux des procès-verbaux dressés au sujet de ces accidents qui, du point de vue scientifique, offrent le plus d'intérêt.

Mais il ne suffit pas d'appeler le public à débattre les difficiles problèmes que soulèvent les accidents dans les mines. Le corps savant chargé du contrôle de l'exploitation a le devoir d'en être constamment préoccupé; et, ce devoir, il l'a toujours accompli à son grand honneur, avec un dévouement et un talent au-dessus de tout éloge. Il m'a paru cependant que, tout en rendant à ses efforts le plus légitime hommage, on pouvait renforcer en quelques points l'action qu'il doit exercer.

Un ingénieur mûri par la pratique a été appelé à l'administration centrale. Il a pour mission exclusive l'étude des dossiers des accidents et la surveillance des instructions. Il devra en constater la régularité, en signaler les omissions, en faire éclaircir les points douteux, en faire préciser les indications.

De plus, et sans qu'il soit en rien dérogé aux règles en vigueur sur l'autorité et l'action du contrôle, tout accident ayant entraîné mort d'homme sera, du point de vue scientifique, examiné par un comité de trois ingénieurs principaux. Ceux-ci diront, mais seulement du point de vue technique, si les faits ont été complétement observés, si l'appréciation faite en est exacte, quel enseignement il y a lieu d'en déduire.

Le règlement d'exploitation date de 1850. Il m'a paru qu'il était nécessaire de le reviser pour le mettre mieux en harmonie avec la disposition plus concentrée des travaux et avec les difficultés plus grandes qui se rencontrent dans les étages inférieurs. Une Commission d'ingénieurs du contrôle et d'ingénieurs industriels a été, sous la direction du président du conseil des mines, chargée de ce travail important. Je compte qu'elle l'achèvera prochainement.

La reprise de chemins de fer concédés et la mise en exploitation de lignes nouvelles livrées par les sociétés de construction, ont grandement accru le réseau de l'État. De 2,156 kilomètres au 31 décembre 1877, il a été porté à 2,800 kilomètres au 31 décembre 1880. De là, un afflux considérable d'affaires nouvelles à l'administration centrale et la nécessité d'augmenter le nombre des fonctionnaires appelés à statuer ou à faire la proposition de statuer. Déjà, l'an dernier, il avait été reconnu nécessaire de faire deux parts du service trop encombré des voies et travaux. Cette année, l'obligation s'est imposée de donner au directeur de la traction et du matériel un deuxième inspecteur, de confier plus spécialement à l'un de ses lieutenants, le soin du matériel de traction et à l'autre, celui du matériel de transport. Mais cette meilleure distribution du travail entre les fonctionnaires supérieurs n'aura point pour conséquence la division des cadres de la direction.

Aux transports, l'unité du commandement est plus indispensable encore que dans le service de la traction et du matériel. Mais s'il est nécessaire de laisser tous les rouages subir une même impulsion, il est certains organes du mécanisme qui doivent être fortifiés en raison du travail plus grand qu'on leur demande. On ne comprendrait pas un directeur d'exploitation qui n'aurait point la haute main sur le mouvement, sur la répartition de ses agents, l'emploi de son matériel, le prix de ses transports.

Mais, avec l'augmentation du réseau, l'accroissement du trafic, l'extension des relations, tous ces services ont pris tant d'importance qu'il est nécessaire qu'auprès de chacun d'eux, le directeur ait un lieutenant autorisé, dégagé du souci des affaires courantes et chargé de la haute surveillance. Quatre inspecteurs ont donc été adjoints en service général au directeur de l'exploitation et le secondent immédiatement. La distribution des affaires est restée la même, sauf que le service du mouvement a été renforcé et que le service du contentieux et des réclamations a été scindé.

La bonne utilisation du matériel à marchandises, sa répartition entre les différents groupes et, dans un même groupe, entre les différents chargeurs, sont un des principaux facteurs d'une exploitation fructueuse. Il a paru que dans l'organisation antérieure, ces soins étaient trop exclusivement abandonnés aux services d'exécution et que la clientèle avait eu plusieurs fois à souffrir d'un défaut d'entente ou d'une entente tardive entre les fonctionnaires provinciaux. Un bureau de contrôle a été créé. En relations télégraphiques constantes avec les provinces, ouvert au besoin la nuit, il tient la main à ce que nos clients reçoivent aussi tôt et autant que possible le matériel qu'ils réclament.

Aucun changement important n'a été introduit dans les autres directions techniques du chemin de fer.

La direction des renseignements et de la statistique suffit, grâce au dévouement de son personnel, au surcroît de labeur que lui impose, cette année, la préparation du Compte rendu. J'ai voulu et obtenu qu'à dater de 1880 toutes les branches des travaux publics prissent part à ce rapport général. Les administrations ne peuvent avoir qu'à se féliciter de voir le public mis au courant de tous leurs efforts, de tous leurs travaux, du grand nombre de leurs succès.

Je me reprocherais de vous parler de la direction de la statistique et des renseignements sans faire une mention spéciale du
bureau des renseignements sur les adjudications publiques. Il a
eu, en 1880, à fournir des renseignements sur 614 adjudications,
comprenant 2,638 lots d'une importance d'environ 55 millions. Il
a reçu plus de 9,000 personnes, distribué près de 65,000 exem-
plaires de cahiers de charges, vendu plus de 2,000 plans photo-
graphiés et n'a reçu du public que des éloges.

L'un des plus grands défauts de notre système actuel d'écritures, c'est que s'il organise admirablement le contrôle de la
dépense, du point de vue de la légalité, il n'en met qu'impar-
faitement en lumière, du point de vue industriel, le taux et l'effet
utile.

Il m'a paru que le Département n'avait pas moins d'intérêt à
connaître périodiquement ses dépenses qu'à connaître ses recettes;
je n'ai point pensé que, de prime abord, on pût exiger la même
régularité de part et d'autre et j'ai borné ma demande à un simple état trimestriel des dépenses.

Une première tentative n'a pas abouti.

Une seconde Commission composée d'éléments nouveaux,
empruntés aux deux départements des finances et des travaux
publics, sera plus heureuse, j'en ai reçu l'assurance.

Sans modifier la comptabilité légale, sans toucher d'une façon
sensible au fonctionnement actuel, sans augmentation de frais,
elle compte pouvoir arriver à une constatation méthodique et
périodique des dépenses d'exploitation.

Par dépenses d'exploitation, nous entendons les dépenses qui
contribuent à la marche des différents services, saisies au moment
de leur application, c'est-à-dire au moment de la sortie du trésor,
pour les sommes-affectées au payement des traitements et
salaires, et au moment de la sortie définitive du magasin, pour
les matières et les objets de matériel. Un poste balance, ajouté à
chaque compte trimestriel, donnera l'aperçu des sommes engagées
dans les dépenses de fabrication, mais non encore traduites en
dépenses d'exploitation et complétera ainsi la situation financière
effective.

Jusqu'à présent, il ne s'agit là, Messieurs, que de dépenses d'exploitation, abstraction faite des dépenses de premier établissement. Nous n'entamons donc point encore le difficile problème du calcul des prix de revient. Mais je partage l'espoir, exprimé par la commission, que la rédaction de ces constatations méthodiques et périodiques des dépenses fournira des éléments sérieux de solution.

L'administration centrale des postes a été scindée en deux directions : l'une consacrée surtout au service postal proprement dit, l'autre plus particulièrement chargée des services nouveaux créés depuis dix ans au grand avantage du public.

Cette réorganisation serait justifiée déjà par le prodigieux accroissement du trafic postal, si elle ne trouvait surtout sa raison d'être dans les attributions nouvelles imposées à la poste depuis quelques années.

Le mouvement des épargnes, l'encaissement des quittances et des effets de commerce, l'énorme extension de l'usage des mandats ont apporté à la poste un contingent considérable d'affaires nouvelles que l'administration centrale seule peut traiter promptement, avec la méthode, l'unité, la suite désirables.

Pour les lettres ordinaires, les journaux, les imprimés, le trafic s'est de 1870 à 1880 augmenté de plus de 50 p. c. Pour les lettres recommandées, les lettres assurées, les cartes postales, les échantillons, les papiers d'affaires, le mouvement s'est doublé, triplé, parfois quadruplé. Le mouvement annuel des valeurs s'élève aujourd'hui à 782 millions. Et, en même temps qu'elle a vu son trafic croître en intensité, la poste a étendu et fortifié son action, se rapprochant toujours de plus en plus des populations. Elle ne comprenait que 427 bureaux en 1870. Elle en compte aujourd'hui 765. Le nombre des agents a été porté de 2,095 à 2,685.

L'encaissement des effets de commerce a fait de la poste une sorte de grande banque de recouvrements, avec prix et conditions uniformes pour toutes les localités du territoire. Le montant des opérations de ce genre est de plus de 240 millions. Tout fait prévoir qu'il s'élèvera encore et rapidement.

En acceptant cette fonction nouvelle et en assumant la responsabilité qui en est la sanction, la poste a contracté le devoir d'organiser des moyens spéciaux d'exécution et de surveillance.

La première mesure qui a été prise dans cet ordre de faits, a eu pour effet la centralisation au Département de la comptabilité des opérations de tous les bureaux. Impraticable dans un grand pays, elle s'est trouvée de l'exécution la plus facile dans un pays restreint, sillonné de communications rapides. Et elle a donné les meilleurs résultats.

Mais, là où sont les écritures, là doivent se trouver les agents chargés des vérifications soudaines et rapides.

Il a donc été créé à l'administration centrale quatorze emplois de surveillance dont une partie venant des services provinciaux.

Les agents, contrôleurs et vérificateurs ont été chargés :

1° D'aller plusieurs fois par an, à des époques indéterminées, vérifier la comptabilité et la situation des caisses des bureaux ;

2° De suivre constamment le mouvement des recettes et des dépenses accusé par les états journaliers des comptables et, s'il y échet, de procéder sur-le-champ aux vérifications sur place ;

3° De surveiller, tant dans les bureaux qu'en cours de transport, le mouvement des fonds et valeurs de toute nature : 2 milliards par an ;

4° De procéder aux enquêtes, de parer aux incidents de toute espèce qui surgissent dans les affaires d'articles d'argent et qui, souvent, exigent une solution immédiate.

Pour accélérer l'instruction des affaires de transit postal et augmenter les facilités offertes aux voyageurs, j'ai cru devoir retirer à la marine, pour la transporter au chemin de fer, la gestion commerciale de nos paquebots entre Ostende et Douvres. Cette mesure ne vise que le trafic. Elle ne diminue en rien, ni l'autorité qui appartient si justement aux officiers ni le renom de l'administration centrale qui continue à traiter, avec autant de zèle que de compétence, toutes les autres affaires, et notamment celles, chaque jour plus nombreuses, que fait naître l'exécution de nos contrats avec les compagnies transatlantiques.

Comme je l'ai annoncé, l'an dernier, le service hydrographique a été renforcé. Un jeune ingénieur des ponts et chaussées lui a été adjoint. Après avoir suivi les cours de l'école de Paris, il assiste, en ce moment, à d'intéressants travaux faits en Gironde sous la direction de professeurs. Il promet d'apporter, au corps dont il est issu comme au service dans lequel il va entrer, un nouveau contingent de connaissances.

Le comité du contentieux que vous avez reconnu nécessaire de constituer auprès d'un Département appelé à régler tant et de si importants intérêts publics, est entré en fonctions. Les magistrats qui le composent ont pris à cœur de se mettre immédiatement à l'œuvre. Ils ont déjà grandement aidé le Gouvernement dans la préparation de plusieurs projets de loi, comme celui sur la police des chemins de fer qui vous sera prochainement présenté, dans la révision de règlements d'administration publique, comme celui sur la navigation intérieure qui vient d'être publié, dans la rédaction des cahiers de charges importants, par exemple, comme le cahier des charges-type dont la révision vient d'être achevée.

C'est un bien précieux concours que celui d'hommes aussi instruits du droit que dévoués au pays. J'ai la conviction qu'ils contribueront beaucoup à assurer la marche régulière des affaires dans mon Département, et je prie la Chambre de me permettre de leur en offrir ici mes remercîments.

En province, les services spéciaux de l'Escaut et de la Meuse ont reçu leur complément d'organisation : ils sont définitivement installés.

Mon Département vous demande les crédits nécessaires pour achever l'organisation des trois nouveaux arrondissements des mines dont les emplois en chef ont été créés l'an dernier.

Enfin la reprise de la ligne d'Anvers-Rotterdam, la reprise projetée du Lierre-Turnhout, la mise en exploitation de quelques lignes nouvelles ont provoqué la création d'un onzième groupe dans les services du chemin de fer.

Je viens de vous parler des modifications qui, dans le cours de l'année 1880, ont été introduites dans l'organisation des divers services du département. Elles ont, je pense, contribué à mieux répartir la tâche si lourde qui leur incombe.

J'aborde l'examen de ce qui concerne le personnel.

Les griefs du personnel se sont produits d'abord sous une forme inadmissible. Le Gouvernement, se conformant aux précédents posés à diverses époques, en a averti les intéressés. Ceux-ci ont reconnu la justesse des observations qui leur étaient faites et n'ont point insisté.

C'est, en ce lieu, à ce moment, que ces griefs peuvent le plus utilement être examinés et appréciés.

Je vais répondre aux questions de MM. Bergé et Scailquin et rencontrer leurs observations, mais je dois d'abord prier la Chambre de vouloir bien, en m'entendant débattre des faits particuliers, se ressouvenir toujours et surtout de ce fait général et si important, que quelles que soient les intentions d'un chef de Département ministériel, il ne peut faire que ce que les lois budgétaires lui permettent de faire.

Mais, me dit-on, il y a un moyen bien simple d'augmenter vos ressources budgétaires : supprimez ou réduisez vos contrôles. Il y en a de ridicules, il y en a d'inutiles, il y en a d'exagérés.

Je ne suis point de cet avis, et cependant, je n'ai aucune raison d'entêtement, n'ayant aucun intérêt d'amour-propre ou de paternité en jeu.

Ces contrôles, qui ont été proposés à mes prédécesseurs par des administrateurs expérimentés et que mes prédécesseurs ont, en parfaite connaissance de cause, introduits ou fortifiés, ils ont tous leur raison d'être, ils sont tous dus à une longue observation des faits, ils ont tous pour but d'empêcher ou de restreindre des abus, dont les intérêts de l'État ont eu trop souvent et trop longtemps à souffrir.

Ainsi, cette histoire de piston de buttoir, qui a quelque peu égayé nos débats, est beaucoup moins plaisante qu'elle a paru.

Les buttoirs ont pour objet de limiter, pendant la marche, les oscillations des wagons, de maintenir une distance convenable entre les véhicules pendant les ralentissements de vitesse, et de permettre les manœuvres de refoulement ; vous comprenez aisément qu'un wagon, qui n'est pas soutenu également des deux côtés, tend à prendre une position oblique, et que cette position oblique expose à sortir de la voie.

L'absence du piston de buttoir constitue donc par elle-même un danger ; le wagon qui a subi cette avarie doit être immédiatement retiré du train.

Le piston tombé sur la voie est, d'autre part, un objet assez volumineux et, s'il vient se placer sur le rail ou à côté de celui-ci, il peut provoquer le déraillement soit du train même d'où il est tombé, soit d'un autre train suivant la même voie ou la voie opposée.

Plusieurs accidents dus à la chute de pistons de buttoir se sont produits en 1880 ; celui qui est survenu à Basècles-Carrières, il y a quelques mois, a coûté à l'État plus de 8,000 francs, et l'un des agents du train a été contusionné.

Il y donc, du point de vue de la sécurité, un intérêt sérieux à savoir si les wagons sont toujours munis de leurs buttoirs. Chaque train est accompagné d'un agent, désigné sous le nom de serre-frein, qui a pour mission spéciale de visiter tous les wagons du train à chaque stationnement et de s'assurer qu'aucune avarie ne s'est produite en cours de route.

Si un wagon privé d'un piston de buttoir n'est pas retiré du train à la première station d'arrêt, il en résulte que la visite n'a pas été bien faite dans cette station.

Or, il est très-important que cette visite soit faite avec soin et avec ponctualité, et ce service est, en outre, très-difficile à contrôler. On conçoit, dès lors, que l'administration ne néglige aucun moyen de contrôle.

Il en est de même pour la visite de la voie. Les gardes-routes sont chargés de cette visite.

Si un piston, tombé entre les rails ou à côté de ceux-ci, n'est relevé que fort longtemps après sa chute, il est établi par là que le garde-route a mal fait son service.

Un contrôle sérieux et continu doit donc être exercé sur la manière dont se font la visite des trains et celle de la voie.

Antérieurement, les ouvriers chargés du petit entretien des wagons remettaient en place des pistons de buttoirs sans en tenir attachement. Depuis que des rapports sont dressés à ce sujet, il a été constaté que le nombre des chutes de pistons est d'environ 200 par mois sur tout le réseau, ce qui correspond à 2,400 par an.

Pour apprécier la valeur de ce chiffre, il ne faut pas perdre de vue qu'il y a en service 52,000 wagons à marchandises et, par suite, 128,000 buttoirs.

Vous voyez, Messieurs, que c'est un risque d'accident assez considérable pour qu'on songe à y parer.

On n'a donc pas imaginé par fantaisie les mesures destinées à constater l'endroit où tombe un piston de buttoir. On les a adoptées parce qu'elles fournissent un moyen de contrôle très-sérieux.

Il en est de même des balais et des brosses. Il semble, d'après ce qui a été dit, je pense, même dans le rapport de la section centrale, qu'il faille une quarantaine de signatures pour obtenir un balai et une brosse. Non, nous ne sommes pas aussi byzantins que cela. Voici comment les faits se passent. Tous les trois mois, quand un chef de station a besoin de brosses et de balais, il dresse un bon pour toute cette catégorie d'objets. Ce bon, il l'envoie à son chef de service, car quelque confiance qu'on ait dans ces fonctionnaires, on ne peut leur permettre de réclamer des brosses et des balais quand bon leur semble. Il faut que le chef de service apprécie, quant à la nécessité et quant à la quantité, les demandes formées par les chefs de station. Comme ce chef de service n'est pas lui-même magasinier, il transmet le bon au chef de dépôt; celui-ci, à son tour, et pour constituer son propre approvisionnement, réunit en un seul bon général toutes les demandes d'une même période et le transmet au magasinier central par l'intermédiaire du chef du service des approvisionnements. Ce dernier délivre et facture les objets demandés aux divers chefs de dépôt qui les font parvenir à ceux qui les ont demandés.

Y a-t-il là de la paperasserie inutile, superflue, encombrante? J'avoue que je ne comprends pas l'administration des grandes affaires sans ces précautions de contrôle, de régularité, de méthode.

Je ne dis pas qu'il n'y ait point d'améliorations à introduire dans l'organisation et dans le travail des différentes administrations. J'en ai moi-même introduit quelques-unes. J'ai expliqué déjà à la Chambre qu'en établissant la nouvelle comptabilité des petits paquets, nous avons réduit de 17 à 5 le nombre de relations d'une même lettre de voiture.

J'ai chargé une commission d'étudier tous les moyens de simplifier les écritures, de faciliter la besogne, d'accélérer l'expédition des affaires. J'ai promis, par circulaire, une prime assez élevée à tout employé qui signalerait une simplification pratique et acceptable.

Mais, tant qu'il y aura des administrations publiques et qu'il y aura des lois réglant la comptabilité de l'État, il faudra des écritures, des contrôles et ce qu'on appelle de la paperasserie.

Il n'est donc pas possible au ministre de réaliser sur son budget, du jour au lendemain, de ces économies considérables qui permettraient d'améliorer la situation de tout un personnel. Il faut bien qu'il accepte la situation que lui font les lois budgétaires proposées par tout le Gouvernement, votées par les Chambres.

Cela dit, voyons les griefs qui ont été formulés.

Le principal, et peut-être même le seul, est celui-ci : Il n'y a plus d'avancement. La faute en est aux cadres. Il faut les supprimer.

Il n'y a plus d'avancement! Mais il suffit de songer au prodigieux accroissement des affaires et des services pour se convaincre, je ne dis pas de l'inanité, mais de l'impossibilité d'un semblable grief.

De 1870 à 1880, le réseau de l'État s'est étendu de 869 à 2,802 kilomètres. Les recettes se sont élevées de 45 millions à 113 millions; les dépenses de 25 millions à 67 millions. Le personnel, fonctionnaires, employés, ouvriers, de 15,526 à 34,982. Et il n'y aurait pas eu d'avancement! Comment donc aurait-on fait?

De 1870 à 1880, la dépense de la poste s'est élevée de 4,600,000 francs à plus de 7 millions; le nombre des agents de 2,897 à 4,214, et il n'y aurait pas d'avancement!

On aurait créé 361 stations de chemin de fer, 358 bureaux de postes et ces créations n'auraient donné lieu à aucun avancement!

Pour ne parler que de ce qui concerne l'éditeur responsable de la situation actuelle, on aurait, du 1ᵉʳ juillet 1878 au 31 décembre 1880, porté le nombre des fonctionnaires et employés de 10,959 à 12,399, la dépense en traitements de 18,977,846 à 21,745,215, et cela n'aurait point provoqué d'avancement! Cela n'est pas vraisemblable et, je me hâte de le dire : cela n'est pas exact.

Sur 8,052 agents nommément repris dans l'*Annuaire* qui, certes, on l'avouera, n'a été créé que dans l'intérêt même du personnel, 5,323 agents ont reçu une promotion depuis le 19 juin 1878, et, pour 2,729 seulement, la dernière promotion est antérieure à mon arrivée.

J'ai, le 23 mars dernier, fait publier au *Moniteur*, un tableau donnant la situation du personnel non technique du chemin de fer, et, si la Chambre le désire, je suis disposé à faire de même pour tous les autres services.

On verra que, dans la plupart des administrations, le nombre de ceux qui ont, depuis le 19 juin 1878, reçu une augmentation de traitement, est de beaucoup supérieur au nombre de ceux dont la situation n'a pas changé.

Je ne dis point que cette augmentation de traitement se produise au même degré dans tous les services et pour tous les emplois, que l'avancement dans le corps des mines soit le même que dans celui des ponts et chaussées, que les nominations aient été aussi nombreuses parmi les commis que parmi les chefs de bureau, mais il n'y a pas d'armée dans laquelle, à toutes les époques, dans toutes les armes ou pour tous les grades, l'avancement ait été absolument le même.

A certains moments, pour des services déterminés et dans des mesures différentes, surgissent dans l'avancement des accélérations ou des ralentissements qui échappent à l'action des plus bienveillantes intentions.

Autant que personne, je puis regretter que l'avancement des commis ne soit pas aussi rapide que celui des ingénieurs, mais c'est la nature des choses qu'il faut accuser de la situation et non pas le Ministre. Il n'y a pas d'armée où l'on passe du grade de

lieutenant à celui de capitaine aussi vite que du grade de lieute-
nant-colonel à celui de colonel.

La situation faite aujourd'hui aux commis, a été, de ce point
de vue, prévue depuis longtemps. La preuve en est dans les
arrêtés royaux en date du 15 mai 1872 et du 25 janvier 1876.
Ces arrêtés visaient une situation qui ne pouvait manquer de se
produire, le nombre des aspirants aux grades supérieurs étant
hors de proportion avec le nombre de ces grades nécessaires et
disponibles.

Aussi, ne s'y est-on pas trompé! On sait bien que la situation
commande ce qui est arrivé et c'est pour cela que l'on demande
la suppression des cadres.

Mais, y a-t-on pensé? — Supprimer les cadres, c'est vouloir
créer une armée dans laquelle tout lieutenant pourrait avoir la
situation d'un colonel, sans en avoir la tâche ni la responsabilité;
une armée dans laquelle chacun serait juge de son propre mérite,
se surfaisant soi-même et dénigrant les autres; une armée dans
laquelle il n'y aurait plus ni hiérarchie, ni discipline.

Les cadres ne sont pas de mon invention, pas plus que de
l'invention de mes prédécesseurs. Partout où des hommes tra-
vailleront en commun à une même œuvre, il y aura toujours
nécessité de les employer selon leurs aptitudes spéciales, de les
classer selon leurs mérites, de les grouper sous un commandement, de les rémunérer d'après l'importance, la difficulté, la responsabilité du poste qu'ils occupent.

Ces principes, mes prédécesseurs les ont mis en pratique. J'ai
trouvé les cadres établis et définis. Je n'y ai touché que pour augmenter le nombre des emplois et les mettre en relation avec les
nécessités du service.

Ainsi, non compris les facteurs de la poste, le nombre des
emplois a été de 1877 à 1880 porté de 8,258 à 9,282 et, ce nombre
des emplois, je l'ai augmenté pour les fonctionnaires dans une
proportion plus grande que pour les employés, élargissant ainsi,
au lieu de les resserrer, les issues ouvertes à la masse des
employés.

C'est ainsi que des 1,044 emplois créés depuis 1878, il y a

127 emplois de chef de bureau et au-dessus ou de grades assimi-
lés, ce qui porte à 22 p. c. l'augmentation du cadre des fonctionnaires, tandis que l'augmentation du cadre des employés n'a été,
dans le même temps, que de 12 p. c. Si j'avais suivi les errements
de mes prédécesseurs, je n'aurais eu que 100 fonctionnaires pour
458 employés; la création de fonctions nouvelles a abaissé le rapport de 100 fonctionnaires pour 390 employés.

On peut discuter les deux systèmes, on peut dire qu'il vaut
mieux augmenter le nombre des employés que celui des fonctionnaires. Mais si je m'attendais à être critiqué, ce n'était certes pas à
l'être par les employés, pour la création de fonctions qui ne pou-
vaient être données et qui n'ont été données qu'à des employés.

L'honorable M. Bergé a exposé un système qui consisterait à
fixer le traitement initial des commis, mais seulement des commis majeurs, à 1,600 francs et à régler l'avancement graduellement, de façon à porter le traitement successivement jusqu'à
5,200 francs après vingt ans de services.

J'ai voulu faire subir à cette idée une épreuve quasi pratique,
en voir la portée en fait, et m'assurer si l'application en serait
plus favorable aux employés que l'application des règlements
actuels.

J'ai donc fait rechercher ce qu'étaient devenus, au 31 décembre
1880, les fonctionnaires et employés entrés en 1860.

Les survivants sont au nombre de 36; 17, ou la moitié, reçoivent aujourd'hui des traitements de 5,500 à 6,500 francs; 10, ou
un quart à peu près, reçoivent 5,100 francs, et 9, ou un quart,
reçoivent des traitements inférieurs à 5,100 francs.

Ainsi, le système proposé aurait, à la vérité, amélioré la situation de 9 employés, mais il en aurait empêché 17 d'atteindre à
des positions supérieures.

On a fait un travail analogue pour les fonctionnaires entrés
depuis 1860 et qui occupent actuellement un grade supérieur à
celui de commis.

Ils sont au nombre de 189 au chemin de fer, dont 94 touchent
des traitements de 5,000 à 6,500 francs, et 95 ont le traitement
minimum de leur grade, soit 5,100 francs.

De ces 189 fonctionnaires, déduisez les 36 entrés en 1860, il en reste 153 qui, en moins de 20 ans, ont acquis une position supérieure à celle de commis, et parmi eux quatre chefs de division. Le système organisé par le règlement en vigueur est donc plus avantageux, en ce qu'il permet de donner la préférence, non pas seulement aux meilleurs, mais aussi à un plus grand nombre de collaborateurs.

On me fait un grief d'avoir introduit dans le personnel certain nombre de diplômés; mais, depuis 1865, on a constamment cherché à recruter de préférence le personnel parmi les diplômés, à les attirer par des conditions exceptionnelles, une rémunération immédiate et une position en rapport avec leur mérite.

« Considérant, dit un arrêté ministériel du 1er octobre 1865, qu'il est de l'intérêt de l'administration de recruter les jeunes gens porteurs d'un diplôme académique ou scientifique et *de leur assurer dans les cadres une position en rapport avec leur mérite*, dès qu'ils ont donné des preuves d'une bonne aptitude administrative ;

» Considérant qu'il importe de régler les *conditions exceptionnelles* auxquelles les candidats diplômés peuvent être admis dans l'administration, à l'essai d'abord et définitivement ensuite, avec une rémunération immédiate. »

L'appel de l'administration aux diplômés n'étant pas entendu, on a reconnu nécessaire d'améliorer les conditions d'admission.

Par arrêté du 31 janvier 1881, j'ai relevé le taux des traitements initiaux qui, d'ailleurs, n'était plus en rapport avec les taux organiques actuels, fixés en exécution de la loi du 2 juillet 1875. Je les ai portés :

De 1,000 à 1,100 francs;
— 1,200 à 1,300 —
— 1,500 à 1,650 —
— 1,800 à 2,000 —
— 2,200 à 2,500 —

L'administration n'avait, jusqu'au 1er décembre 1879, cherché à recruter de la sorte que le personnel des voies et travaux ainsi que de la traction et du matériel. J'ai, d'accord avec elle, estimé qu'il y avait lieu d'agir de même pour l'exploitation. Aujourd'hui il y a des diplômés dans tous nos services; et, franchement, je ne pense pas que l'intérêt public ait à en souffrir.

Mais, a-t-on dit, les diplômés viennent, dans l'échelle des traitements, prendre la place de commis non diplômés, il est vrai, mais méritants et entrés avant eux. L'objection est fondée. Je suis d'avis qu'il y a lieu d'y faire droit et j'ai, par amendement, proposé d'augmenter le nombre des commis aux traitements supérieurs.

Tout à l'heure, je vous ai dit que je n'avais pas le mérite ou le tort d'avoir inventé les cadres.

J'en puis dire autant des traitements. Ces taux ont été fixés par mes honorables prédécesseurs. Je n'y ai touché que pour convertir les suppléments variables en émoluments fixes; mesure qui, certes, n'a eu rien que de favorable au personnel.

On me reproche, par exemple, les auxiliaires des postes, à 40 fr. par mois.

Messieurs, ce n'est pas moi qui ai créé l'emploi et le traitement d'auxiliaire. Les auxiliaires des postes datent de 1876.

Il y en a encore aujourd'hui, il est vrai, à 40 francs par mois, mais il y en a aussi qui reçoivent jusqu'à 90 francs; il y a toute une échelle de traitements qui s'élève de 10 en 10 francs, et les auxiliaires des postes passent par les différents échelons de cette hiérarchie, selon leur mérite, leur zèle et leur activité.

On me fait un grief du taux de traitement initial des commis, qui n'était que de 750 francs. Or, l'arrêté ministériel du 30 octobre 1880 a porté ce traitement initial à 1,000 francs.

On m'objecte aussi les facteurs de la poste. Mais de 1878 à 1880, le traitement moyen des facteurs s'est élevé de 974 francs à 1,009. Les facteurs avaient, en 1870, 819 francs en moyenne; ils ont donc obtenu, pendant ces dix ans, une augmentation de 18 p. c.

Je ne m'oppose pas à ce que l'on examine si ces traitements sont bien ce qu'ils devraient être, s'il n'y a pas lieu d'améliorer la position des employés inférieurs, mais ce n'est pas là un fait nouveau imputable à un gouvernement déterminé, à un ministre plutôt qu'à un autre.

Je dois aux Chambres de dire que le recrutement est facile;
que, pour une place vacante, il y a souvent cinq candidats; que
les employés des compagnies ne demandent qu'à passer au service
de l'État; qu'il n'y a point d'exemple d'un refus; qu'au contraire,
et tout récemment encore, nous avons eu, de la part d'employés
de compagnies, bien plus de demandes que nous n'en pouvions
satisfaire.

Un arrêté royal du 25 janvier 1876 dit :

« Art. 1er. Tout fonctionnaire ou employé dont le traitement
n'aura pas été augmenté depuis six ans au moins pourra, dans la
limite des crédits budgétaires, obtenir soit le traitement immédiatement supérieur, soit un supplément de traitement d'un dixième,
si la situation des cadres ne permet pas de lui accorder une promotion qui serait justifiée par sa capacité et ses bons services. »

Je n'ai pas plus manqué que mes prédécesseurs d'appliquer cet
arrêté dans la limite des crédits budgétaires : 114 fonctionnaires
et employés ont reçu, à ce titre, des augmentations, dont l'ensemble équivaut à une rente de 42,500 francs et, pour cette année,
je vous ai demandé de porter les crédits budgétaires à des taux
qui me permettent d'en faire une large application, notamment
aux fonctionnaires des ponts et chaussées et des mines.

La Chambre sait que les crédits budgétaires alloués pour le
personnel comprennent dans de mêmes articles les traitements et
les indemnités; que les indemnités sont distribuées à l'aide des
fonds que laissent disponibles les vacances d'emplois par décès
démissions, disponibilités, congés et parfois les retards dans la
création d'emplois prévus au Budget.

Ces fonds disponibles sont affectés au payement d'indemnités
de diverses sortes : d'abord des frais d'intérim, puis des frais de
déplacement, puis encore d'indemnités aux agents qui se sont distingués par des actes de probité, de courage, de dévouement, aux
agents astreints à un travail ou à un service extraordinaire, enfin
aux agents qui se trouvent, par suite de circonstances malheu-
reuses, dans une situation exceptionnelle.

Ce système de rémunération a les inconvénients que voici :

D'abord le montant des fonds disponibles est essentiellement variable et dépend de circonstances qui n'ont rien de commun avec l'importance des services à récompenser. Les causes qui élèvent ou qui abaissent le total des fonds disponibles échappent à l'action de l'administration, et, d'un autre côté, il est impossible qu'au début d'un exercice, l'administration suppute exactement le nombre, le grade, le mérite des agents qu'elle aura à récompenser.

En second lieu, l'importance des fonds disponibles ne varie pas seulement d'année en année, elle varie de service à service, ce qui provoque des comparaisons, des reproches d'arbitraire et ce qui fait, en définitive, dépendre la rémunération du personnel du plus ou moins de justesse dans les prévisions et dans les appréciations des chefs de service.

En troisième lieu, quelques précautions que l'on prenne, quelques contrôles que l'on exerce, il n'est pas possible d'empêcher que les répartitions ne soient critiquées par le personnel, que chacun ne se croie lésé par ce qui est alloué à son voisin.

J'incline à penser que mieux vaudrait ne conserver d'autre récompense pour le travail extraordinaire que l'avancement au choix et convertir en augmentations fixes et invariables de traitements les fonds distribués aujourd'hui en gratifications.

Les frais d'intérim, de déplacement, de secours feraient l'objet d'articles distincts et spéciaux.

Les fonds disponibles par suite de vacances d'emplois feraient retour au Trésor.

C'est là un sentiment personnel. Il a besoin de subir l'épreuve d'expériences fictives. Je ne proposerai donc pas de l'introduire dès à présent dans le Budget pour 1881, mais je ferai examiner attentivement et à fond la question pour le Budget de 1882.

L'expérience de ces deux dernières années n'a que trop mis en lumière les inconvénients du système actuellement suivi.

Bien que les indemnités distribuées en 1879 et en 1880 aient, pour chacune de ces années et en moyenne, été supérieures aux indemnités allouées pour chacune des cinq années antérieures et à la moyenne de ces allocations, des réclamations ont été faites.

On a demandé comment il se faisait que les indemnités distribuées fussent moindres en 1880 qu'elles n'avaient été en 1879, comment la somme des indemnités distribuées en 1880 était aussi restreinte, alors que j'avais demandé et obtenu des Chambres un crédit additionnel de 200,000 francs.

Eh, mon Dieu! par des raisons bien simples.

Les indemnités distribuées en 1879 ont été plus élevées que de coutume parce que les traitements du personnel repris aux lignes dans les Flandres avaient été demandés pour tout l'exercice 1879 et n'ont été payés que pour une partie de l'exercice, l'incorporation au réseau de l'État s'étant faite successivement et beaucoup plus tard qu'on ne pensait. La différence entre les fonds demandés et les fonds payés, ou 79,400 francs, est alors tombée en indemnités.

En 1879, on n'a donc pas créé tous les emplois prévus au Budget. En 1880, ça été le contraire. Quelque soin qu'on ait mis à établir les prévisions, on s'est trouvé au-dessous des nécessités du trafic. Il a fallu ajouter aux emplois prévus au Budget 217 emplois nouveaux dont 108 de commis, 85 de gardes, 11 de facteurs, soit une dépense de plus de 120,000 francs.

Une première application d'articles nouveaux du règlement, articles introduits en faveur des anciens employés, a entraîné une augmentation de 18,000 francs. Les frais d'intérim ont été plus considérables que de coutume; les frais de déplacement aussi.

Ai-je besoin de dire qu'il n'y a rien d'exact dans le bruit que ces indemnités auraient été surtout distribuées aux fonctionnaires supérieurs, que les administrateurs auraient chacun reçu une indemnité de 4,000 francs? La vérité est que le total des indemnités allouées en 1880 aux fonctionnaires des grades égaux ou supérieurs à celui de chef de division ne dépasse point, pour tout le Département, la somme de 18,734 francs, et encore dans ces 18,734 francs faut-il comprendre 6,000 francs, import de quatre indemnités allouées, conformément au plus respectable usage, à des fonctionnaires au moment de la mise à la retraite.

Quant aux administrateurs du chemin de fer, ils n'ont pas touché un centime de gratification. Et si j'ai un regret, c'est celui de n'avoir rien pu ajouter à la faible rémunération de leurs éminents services.

Voilà pour le personnel. Si la Chambre n'est pas fatiguée, je vais lui parler des services des ponts et chaussées. Je répondrai, chemin faisant, à quelques-unes des observations de plusieurs de mes honorables collègues. Si je ne m'arrête pas à chacune aussi longtemps qu'on le voudrait, je prie mes honorables collègues de bien vouloir m'en excuser. La tâche est longue, elle impose beaucoup de concision.

Les routes de l'État mesuraient, au 31 décembre 1880, 6,731 kilomètres.

L'examen d'un atlas de cartes décennales montrera les progrès accomplis durant ce demi-siècle et amènera à cette conclusion qu'il ne nous reste guère de routes nouvelles utiles à construire.

Nos efforts doivent désormais se concentrer sur l'amélioration du réseau.

Si certaines routes, qui jadis constituaient de grandes artères parcourues par un courant de trafic lointain, sont aujourd'hui complétement délaissées, beaucoup de sections sont devenues des affluents du chemin de fer ou des canaux et ne présentent pas les conditions de résistance, de largeur, de déclivité voulues par leur affectation actuelle. Je m'attache à faire ces travaux dans l'ordre de leur utilité et dans la mesure de nos ressources.

On jugera de l'importance de tout progrès par les chiffres suivants :

La charge utile qui passe sur chaque point du réseau de nos routes est, par an et en moyenne, de 19,545 tonnes, ce qui, pour 6,731 kilomètres, représente 127,624,768 tonnes kilométriques ou le dixième du mouvement du chemin de fer.

On peut évaluer les frais de transport sur routes à 50 centimes par tonne-kilomètre.

C'est donc une somme de plus de 58,287,430 francs que le trafic des routes coûte par an aux usagers.

L'honorable M. Delcour m'a fait remarquer que l'entretien du parc de Lacken ne devait pas grever les crédits destinés à l'entretien ordinaire de la voirie.

Tel est aussi mon sentiment, et je n'aurais pas hésité à porter au Budget une somme spéciale pour le parc de Laeken, si la réadjudication de l'entretien des routes n'avait amené un rabais considérable dans la dépense. L'allocation demandée au Budget, j'en donne l'assurance à l'honorable membre, pourra suffire à tous les besoins de l'entretien de la route et du parc.

L'honorable M. de Moreau d'Andoy m'a demandé de faire étudier la question de savoir si l'on ne pourrait laisser les barrières ouvertes en temps de dégel.

L'honorable membre ignore sans doute que, par une circulaire du mois de novembre 1880, j'avais fait remarquer qu'il était contradictoire d'imposer aux agriculteurs, négociants et industriels de faire, à bref délai, le déchargement ou le chargement des wagons qui leur sont adressés et de rendre plus rigoureuses, à ce moment même, les conditions de la circulation sur les accès et les issues des gares. Une expérience a été faite cet hiver et, comme j'ai eu l'honneur de le dire déjà à la Chambre, elle a été pleinement satisfaisante.

Dans sept provinces, on a donné le plus d'extension possible à l'exemption de fermeture des barrières pendant le dégel. On s'en est bien trouvé; les routes ont parfaitement résisté, notamment dans le Brabant; dix seulement ont un peu souffert, mais elles seront vite remises en état.

Dans la province de Liége, les dégradations n'ont pas été plus considérables que celles qui se produisent à la suite d'une pluie continue de plusieurs jours.

Dans le Limbourg, les routes se sont généralement bien comportées et rien de fâcheux n'a été constaté dans le Luxembourg.

Il y a lieu de continuer l'essai; je compte que les deux députations qui y ont résisté jusqu'ici céderont et que, l'hiver prochain, on pourra faire une expérience complète.

J'ai fait dresser le relevé des travaux qu'il serait utile d'exécuter aux accès et aux issues des gares.

Il est évident que le chemin de fer est aujourd'hui la grande voirie; il est évident que, pour faciliter l'utilisation du matériel, comme pour mieux servir le public des campagnes, il faut améliorer le plus possible les accès et issues des gares.

Le relevé dont je viens de parler constate qu'il faudrait, à cette fin, des dépenses de 2 millions à supporter par l'État, de 81,000 francs par les provinces et de 4,800,000 francs par les communes.

J'ai prescrit l'exécution immédiate de tous les travaux de moins de 10,000 francs à charge de l'État. Ils sont adjugés, ils seront promptement exécutés.

J'attends des propositions pour l'exécution des travaux de plus de 10,000 francs en tant qu'ils présentent de l'urgence.

L'instruction a, jusqu'à présent, signalé 125 communes dont les stations devraient être pourvues de chemins nouveaux ou à remettre en très-bon état; 57 de ces communes ont déjà annoncé l'intention de faire les travaux, à condition d'obtenir des subsides modérés dont on discute le taux.

Après vous avoir parlé des routes, j'ai quelques mots à vous dire des ponts.

Nous avons quelques grands ponts en construction sur l'Ourthe à Angleur et à Fronville, sur la Vesdre à Ensival, sur la Haine à Haine-Saint-Paul. Le pont d'Eyne sur l'Escaut est adjugé et les travaux vont en être commencés. Le pont sur le canal de Gand à Bruges, au lieu dit « Palingshuizen », est presque terminé; le pont de Sainte-Agnès, à Gand, et celui de Gavre sont achevés. Le pont sur la Durne à Lokeren sera adjugé cette année. Il en sera de même du pont sur la Lys à Courtrai. L'emplacement du pont sur la Meuse à Sclayn va être déterminé et l'on s'occupera tout de suite de la rédaction du projet définitif. Le pont de Bas-Oha est à l'étude. Le pont à Maeseyck a, comme on le sait, donné lieu à certaines difficultés soulevées par le gouvernement hollandais. Elles ne sont pas encore aplanies.

L'honorable M. Tournay m'a parlé d'une passerelle. Si j'ai bien compris son observation, il s'agit d'une passerelle qui relierait le boulevard qui longe le quai de Gravière, au boulevard *Ad aquam*.

En réalisant la continuité de la promenade le long de la Meuse, cet ouvrage a surtout un but d'agrément d'autant que la ville a fait à grands frais établir un kursaal, à proximité de l'endroit où aboutirait l'extrémité aval de la passerelle. Les quartiers de Gra-

vière et du port de Gragneaux sont reliés par l'ancien pont de
Sambre, qui établit la communication la plus directe entre les
deux agglomérations.

Je ne conteste pas l'utilité de la nouvelle communication, mais
cette utilité, avant tout, est locale; c'est à la ville de poursuivre
le but auquel elle veut intéresser l'État et de réclamer, si elle le
juge convenable, quelque subside.

L'honorable M. de Moreau d'Andoy et mon honorable ami
M. Julien Warnant, celui-ci avec beaucoup de chaleur, ont insisté
sur la nécessité d'abolir les péages perçus pour usage des ponts.
Ils ont montré toute l'injustice, toute l'inégalité de ces perceptions. Ils ont réclamé la suppression des droits de pont comme
une conséquence de la suppression des droits de barrière.

Je suis, à ce sujet, avec les honorables membres, dans la plus
entière communauté de vues.

J'ai, à plusieurs reprises, dit à la Chambre combien je trouvais
ces péages fâcheux. Comme si ce n'était pas assez pour le mal-
heureux passant de devoir faire très-souvent un long détour
pour gagner le pont, puis, au sortir du pont, un autre détour
pour reprendre son chemin en ligne droite, on l'oblige à payer
le pont. Perte de temps, grande fatigue et dépense d'argent.

J'ai signalé d'autres abus commis en cette matière; j'ai fait connaître qu'on ne se bornait pas à faire payer ceux qui usaient du
pont ou à qui le pont était utile, mais qu'on exigeait encore des
péages de ceux qui passaient sous le pont, des mariniers pour qui
le pont était un obstacle et un danger.

Pourquoi donc obliger les riverains, qui déjà ont à souffrir de
l'inondation, presque toujours du voisinage du curage, pourquoi
les obliger à payer l'usage d'un travail de première nécessité,
d'une redevance qui ne se perçoit plus sur les chaussées en terre
ferme; pourquoi forcer l'ouvrier des grandes villes, dont le patron
demeure de l'autre côté de l'eau, à payer cette redevance quatre
fois par jour.

Dans les villes, on ne tolérerait plus aujourd'hui le moindre
obstacle à la circulation. On s'exclamerait contre la moindre perception semblable à celles qui existaient autrefois sous le nom de

droits de porte et l'on subit la perception des droits de pont, c'est-à-dire d'une entrave de tous les instants, d'une taxe sur le travail, d'une taxe que certaines personnes peuvent avoir à subir plusieurs fois par jour.

Un ami que nous regrettons vivement, l'honorable M. Piedbœuf, avait, lui aussi, compris toute l'importance des charges que les concessions de ponts font peser sur les populations. Rapporteur du Budget des Travaux publics pour l'exercice 1879, il me demanda un relevé du nombre des concessions de ponts, de leurs durées, de leurs tarifs, etc. Ces renseignements ont été publiés dans son travail.

Il en résulte qu'à cette date nous comptions encore en Belgique 48 ponts concédés, dont le coût de construction s'élevait à 9 millions et demi environ. Il est évident que, dans ces conditions, on ne peut pas faire du rachat des ponts concédés et de la suppression des péages une affaire de budget. La solution s'en ferait trop longtemps attendre et le bienfait n'en serait pas simultanément acquis à toutes les populations.

Il faut donc attendre une grande loi de travaux publics et de finances comme celle que nous avons faite en 1879.

Les populations, j'en ai la confiance, n'attendront plus long-temps. Toutefois, ce ne sera pas pour cet exercice. Nous ne demanderons, cette année, que les crédits extraordinaires de toute première nécessité. Mais il ne serait pas possible de se restreindre ainsi plusieurs années de suite.

Le service des bâtiments civils est aujourd'hui chargé, en province comme à Bruxelles, de toutes les constructions qui se font pour compte des Divers départements intéressés, celui de la Guerre excepté.

Après avoir achevé l'hôtel de la Monnaie et le palais des Beaux-Arts, il est aujourd'hui occupé, à Bruxelles, de l'hôtel des ponts et chaussées, du bureau principal des postes et télégraphes, de l'Observatoire nouveau ; à Saint-Gilles, de la nouvelle prison cellulaire ; à Bruges, de l'école normale ; à Gand, de l'école normale et de la bibliothèque ; à Liége, du palais des Princes-Évêques, de l'institut botanique, de l'institut astronomique et météorologique, sans compter une foule de constructions secondaires et de travaux d'appropriation.

Les travaux adjugés et en cours d'exécution représentent une dépense de plus de huit millions.

Les travaux que l'on compte mettre en adjudication dans le cours de cette année comportent une dépense de près de 11 millions.

Vous voyez, Messieurs, que le service des routes et des bâtiments civils ne manque pas précisément de travaux importants.

J'ai fait éditer une série de cartes hydrographiques. Elles ont été distribuées à tous les membres de la Chambre. Quelques-unes ont rencontré la faveur publique au point que la première édition a été enlevée tout de suite et qu'il en faut faire une seconde. Je citerai surtout la carte de la navigation intérieure, celle du mouillage et des écluses, le plan de la cote, le profil des voies navigables.

Nous mettons en préparation une carte des wateringues et des polders et une carte des nappes d'eau souterraines. Ce serait un très-grand service à rendre aux populations d'une foule de localités que de leur indiquer le moyen de se procurer de l'eau potable le plus économiquement possible. Une carte bien dressée leur fournirait de très-utiles indications.

Nous avons publié une statistique du mouvement des transports sur les voies navigables de la Belgique pendant le second semestre de 1879. Il résulte de ce travail que nos voies navigables transportent encore 720 millions de tonnes kilométriques, chiffre à coup sûr extrêmement important. Le trafic se compose surtout de charbons et de coke, de métaux, de minerais, de pierres, de bois, de produits agricoles, etc.

Le grand mouvement se fait sur la ligne de Charleroi à Anvers et devient surtout important à partir de Bruxelles.

Un règlement général de police et de navigation, applicable à tous les cours d'eau navigables de la Belgique, a été élaboré par mon Département. On va entreprendre sans tarder la rédaction des règlements particuliers.

Un règlement antérieur avait déjà affranchi la navigation à vapeur de la plupart des entraves qui en embarrassaient autrefois la circulation.

L'organisation des services spéciaux de l'Escaut et de ses affluents, de la Meuse et de ses affluents est terminée. Le personnel en est installé et s'est mis à l'œuvre.

Il a pour mission de procéder à toutes les observations scientifiques propres à éclairer l'administration, de commencer immédiatement et de poursuivre sans désemparer la rédaction des projets de travaux de nature à prévenir les inondations;

De surveiller l'exécution des travaux adjugés;

De suivre attentivement les mouvements de la navigation; de s'inquiéter des variations du trafic, de leurs causes, etc; de proposer les travaux et les mesures propres à faciliter la circulation, à hâter le trajet, à simplifier l'embarquement ou le débarquement des marchandises.

J'espère que les fonctionnaires chargés de ces services prendront goût, comme leurs collègues de l'administration des chemins de fer, au développement du trafic.

Au 1er janvier 1881, nous avions 842 kilomètres de fils télégraphiques posés le long des voies navigables et 180 postes. Nous nous sommes mis d'accord avec la France pour relier entre elles les lignes télégraphiques posées le long de la Meuse dans les deux pays.

Des négociations seront entamées avec nos voisins du midi, pour qu'un service semblable soit établi le long de l'Escaut, de la Lys et de l'Yser, et nous sommes en rapport avec la Hollande pour les communications à échanger le long de la Meuse.

Mon Département a reconnu l'utilité de relier à la ligne de la Meuse des embranchements qui seraient installés le long des affluents de ce fleuve. J'ai prescrit de dresser les projets de ces lignes. Je compte qu'ils pourront être exécutés encore dans le courant de cette année.

J'en viens à la question des inondations.

Quelque désir que j'aie d'éviter les redites et sans vouloir refaire le discours que j'ai prononcé à ce sujet dans la séance du

18 janvier, je dois constater, de nouveau, en présence de tant et de très-injustes récriminations :

Que la chute d'eau depuis le mois de juin 1880 a été tout à fait anormale;

Que la Belgique n'a pas été seule à souffrir grièvement des inondations; que du Guadalquivir à la Vistule, tous les cours d'eau sont sortis même de leur lit majeur; que de grandes villes comme Séville et Malaga, et à l'autre extrémité de l'Europe, Brême, ont eu à subir des désastres bien autres que ceux essuyés par Bruxelles, Malines et Gand;

Que l'Angleterre elle-même, cette patrie des ingénieurs ingénieux et actifs, a souffert au point que le discours de la Couronne du 5 janvier 1881 a annoncé des mesures pour la conservation des rivières et des précautions contre les inondations.

Mes allégations ont été confirmées par les savants, et vous avez pu lire, dans une de nos plus jeunes revues scientifiques, de très-intéressants articles sur les quantités d'eau tombées en Belgique en ces derniers mois.

Incontestablement, cette chute d'eau exceptionnelle n'est point le fait des ponts et chaussées.

Peut-on, avec plus de justice, rendre les ponts et chaussées responsables du déboisement, du drainage; du creusement le long de 20,000 kilomètres de chemins ferrés, pavés ou empierrés, de fossés largement ouverts, à pente rapide.

Tous ces faits contribuent à accélérer l'écoulement des eaux vers les rivières. Mais tous ces faits sont voulus par les populations, et il ne peut être question soit d'y revenir, soit d'y renoncer à l'avenir.

L'affluence des eaux vers le fond des vallées s'est, je crois, notablement accrue depuis un demi-siècle et je ne vois aucun moyen d'empêcher cet état de choses de subsister et de s'aggraver.

Mais le remède est aussi rationnellement indiqué.

Il faut augmenter la puissance d'évacuation des fleuves et des rivières en en draguant le lit, en en augmentant la profondeur, en leur rendant des sections régulières.

Et il faut faire ce travail, d'abord dans les artères principales, puis dans les affluents, toujours en remontant de l'embouchure à la source.

Des crédits spéciaux vous seront demandés dans ce but et l'emploi en sera poursuivi avec la plus grande activité.

En même temps que l'on entreprendra autant de travaux urgents et étudiés que le permettront nos ressources en personnel et en argent, il faudra organiser tout un système d'observations afin de déterminer le rapport qui existe entre les chutes d'eaux tombées sur un bassin hydrographique et les débits des rivières.

Ce n'est que sur le vu d'une carte des débits de nos fleuves et rivières que l'on pourra entreprendre utilement la révision des profils, de façon à augmenter les débits qu'ils peuvent être appelés à former en temps de crue.

J'ai eu l'occasion de le dire dans une circulaire récente, les matériaux recueillis pour la construction d'une carte des wateringues ont permis de constater qu'il n'existe pour ainsi dire aucun polder et wateringue ayant un système de canaux et de rigoles bien coordonné, bien réparti, donnant à chaque voie d'écoulement les sections et les pentes nécessaires pour assurer, dans les meilleures conditions possibles, d'une part l'asséchement, d'autre part l'irrigation. Les débouchés des ouvrages d'art, des aqueducs, des passerelles, des éclusettes, sont peu ou mal proportionnés aux sections des voies d'écoulement. Il se fait ainsi que des institutions dont l'utilité devrait être considérable ne donnent pas le résultat qu'on pouvait s'en promettre. Les inondations de cet hiver ont montré, d'une façon plus évidente encore, les défauts que l'étude des plans faisait déjà prévoir.

Mais l'État seul ne peut tout faire.

Les provinces, à qui notre législation confie l'administration des cours d'eau non navigables, les communes, les particuliers doivent payer de leur action et de leur argent.

D'autres renseignements indiquent que l'amélioration la plus nécessaire est le curage à vif fond.

Pour certains cours d'eau la section libre d'écoulement serait réduite de près de moitié, tant par les empiétements des riverains que par l'exhaussement graduel du fond du lit.

On a construit partout des ponts, des siphons, des éclusettes d'un débouché insuffisant. Dans beaucoup de localités encore, les manœuvres en temps de crue ne sont pas exécutées convenablement, soit que les ordres ne soient point donnés en temps utile, soit qu'il y ait conflit entre les autorités chargées de ce soin.

J'ai dénoncé cette situation à M. le Ministre de l'intérieur et à MM. les Gouverneurs, en insistant, par exemple, sur ce qui concerne la Mandel et la Dyle non navigable, l'Eau d'Heure, à l'occasion desquelles des faits spéciaux m'ont été signalés.

Voici ce que j'extrais, par exemple, d'un rapport qui m'est fait sur les inondations causées à Marchienne par l'Eau-d'Heure :

« Il importe de remarquer cependant que l'effet désastreux dont la commune se plaint est dû, avant tout, au débordement du ruisseau « l'Eau-d'Heure, » dont l'entretien est complétement négligé; ce ruisseau, fortement envasé, notamment dans la traversée de Marchienne, réclame depuis de longues années des travaux de rectification et de curage qui atténueront de beaucoup la mauvaise situation dont la commune se plaint. »

J'ai fait dépouiller les requêtes adressées à propos d'inondations à la Chambre des Représentants et au Sénat et j'ai adressé aux autorités provinciales et communales telles observations que de droit.

Faut-il aller plus loin et assumer pour l'État la charge de veiller à la conservation de certaines rivières dont, depuis quelques années, les vallées ont eu particulièrement à souffrir ? J'y ai quelque temps hésité; mais après plus ample examen, je reconnais ne pouvoir le conseiller. Classer comme navigables des rivières qui ne le sont point, ce serait (car l'état légal ici ne peut dériver que du fait) contracter l'engagement de faire, à de brefs délais, des canalisations aussi coûteuses qu'inutiles.

Transférer à l'État l'administration, qui aujourd'hui appartient aux provinces, des rivières non navigables, ne se pourrait faire qu'à la condition d'abroger une loi qui n'est pas encore entrée dans la phase d'exécution, de faire préparer et discuter toute une législation nouvelle, de reculer, de plusieurs années, une solution que tout le monde a hâte de voir intervenir.

Dans l'une et dans l'autre hypothèse d'ailleurs, on ne saurait agir par voie d'exceptions. Il faudrait procéder à la reprise simultanée de tout le réseau, de tout le système de ce qu'on pourrait appeler la petite vicinalité fluviale. Serait-ce une bonne chose que d'encombrer nos grandes administrations, déjà si surchargées de travaux, de détails comme ceux du curage des ruisseaux et aussi de désintéresser complètement les riverains au bon état des eaux qui bornent ou qui traversent leurs propriétés.

Mais, en vous proposant de laisser aux provinces l'administration et la police des eaux non navigables, aux riverains les charges ordinaires d'entretien et de curage, je reconnais que, dans les circonstances présentes et après tant d'années de négligence, le fardeau est peut-être au-dessus des forces locales et individuelles.

J'aviserai donc à user avec prudence et avec discrétion du droit que les articles 20 et 22 de la loi du 7 mai 1877 attribuent au gouvernement d'ordonner des travaux extraordinaires ou d'amélioration, avec charge d'y contribuer pour moitié et faculté de s'en réserver la direction.

Peut-être même, dans certains cas spéciaux, vous demanderai-je les autorisations et les crédits nécessaires pour faire davantage. Je m'en expliquerai lors de la discussion du projet de loi de crédits spéciaux.

La Chambre voudra donc bien me permettre de réserver l'appréciation par mon Département des observations plus ou moins fondées qui ont été présentées au sujet des inondations de certaines vallées. Il serait oiseux de discuter des griefs que l'on va s'efforcer de faire disparaître, et prématuré d'exposer des projets qui devront faire l'objet de votes précis après de nouveaux débats.

Plusieurs membres de la Chambre ont appelé mon attention sur l'état des cours d'eau que l'on pourrait appeler franco-belges.

Une commission mixte d'ingénieurs sera dans le cours de cet été appelée à examiner ces questions. Le programme de ses travaux est arrêté et je me fie sur l'activité exceptionnelle du fonctionnaire que j'ai délégué, du soin de mener rapidement à bonne fin cette importante affaire.

Je ne nie pas que nos voisins n'aient beaucoup amélioré tous leurs cours d'eau et je ne puis ni ne veux contester que toute amélioration du cours des eaux se traduise par une augmentation de la vitesse du fil de l'eau; mais je ne puis admettre qu'un gouvernement ami ait fait exécuter des travaux clandestins pour se débarrasser sur nous d'eaux surabondantes. Je proteste contre les allégations de l'honorable M. Struye à ce sujet. Les ingénieurs de la Flandre occidentale n'ont connaissance d'aucun travail de ce genre et se récrient contre l'affirmation produite.

La Chambre a bien voulu m'approuver lorsque, à propos d'inondations, j'ai annoncé l'intention du Gouvernement de provoquer la formation et d'aider à la constitution de nouvelles wateringues. Nous avons en ce moment en instruction les projets de plus de vingt nouvelles associations de ce genre dans les vallées de la Durme, de l'Escaut, de la Lys, de la Dendre, de la Haine, de la Trouille, de la Vliet, du Démer, de la Marcq, de la Verne, de la Sambre.

Les circonscriptions provisoires de six d'entre elles ont été arrêtées ou sont sur le point de l'être. Mon Département s'efforce de hâter l'instruction de toutes les affaires de ce genre.

Si la Chambre le veut bien, je continuerai demain. (*Adhésion.*)

Séance de la Chambre des Représentants du 12 mai 1881.

MESSIEURS,

J'ai sommairement répondu hier aux idées générales émises par quelques-uns des membres de la Chambre en matière d'inondations, me réservant de discuter tout ce qui a été dit de spécial, lors des débats du prochain projet de crédits extraordinaires. Ce projet comprendra des crédits importants, exclusivement réservés aux travaux propres à prévenir le retour des inondations ou à en atténuer les effets. Alors on sera plus en situation de discuter, relativement à chacun des cours d'eau, ce qu'il y a lieu de faire.

Aujourd'hui, je parlerai des travaux de canalisation.

L'honorable M. Dansaert a rappelé qu'il y a deux ans, en proposant à la Chambre l'augmentation du crédit pour études, il avait eu en vue la rédaction d'un plan-programme de l'ensemble des voies navigables.

Les matériaux de ce travail sont réunis. J'ai lieu de croire que l'honorable M. Dansaert et beaucoup d'autres membres de cette Chambre sont satisfaits d'avoir, sous les yeux, les premiers documents qui, depuis la publication des œuvres si savantes et si utiles de M. Vifquin, aient été édités en Belgique sur la matière hydraulique.

Mon intention n'est point de m'en tenir là. Il faut évidemment aboutir à la rédaction d'un plan-programme méthodiquement conçu.

Une première esquisse de ce plan est, en ce moment, soumise à l'examen du comité permanent des travaux publics. Il est très-probable que, l'an prochain, je pourrai soumettre à la Chambre un projet complet.

J'ai dit hier qu'en 1880 nous avons, non pas engagé, mais payé 50 millions de travaux publics en espèces et 20 millions en titres de rente; ensemble 70 millions. J'ai tout lieu de croire que la dépense, en 1881, sera plus considérable encore.

Nous avons, en effet, de très-grands travaux en cours d'exécution. D'abord, ceux des installations maritimes à Anvers; puis, à Gand, ceux de l'avant-port dans le canal de Terneuzen; les canaux houillers du Hainaut, la canalisation de la Mandel; nous allons reprendre le canal de la Lys à l'Yperlée; nous nous disposons à faire, dès cette année, de très-importants travaux dans l'Escaut et dans la Meuse. Voilà, rien que pour les travaux hydrauliques, un effort considérable.

La Chambre n'apprendra pas sans satisfaction que les nouvelles installations maritimes d'Anvers sont en très-bonne voie d'exécution. La construction du mur de quai est achevée sur environ 1,100 mètres. La digue de raccordement est terminée, le chenal d'accès à l'écluse du bassin de batelage est achevé. Le bassin de batelage et ses deux annexes sont terminés. — Les accidents qui s'étaient produits dans le chenal de l'écluse et dans les fondations d'un bajoyer d'une des annexes au bassin principal, sont réparés. Dans quelques jours, on fera l'inauguration de cet immense bassin de batelage. Les bâteaux d'intérieur qui viennent en si grand nombre à Anvers, y trouveront des modes de déchargement et de chargement perfectionnés. Le remblai des parties gagnées sur l'Escaut est fait jusqu'à concurrence de 1,250,000 mètres cubes. Les matériaux des voies sont déjà approvisionnés à pied-d'œuvre; les voies seront vite posées, et l'on pourra, aussitôt, commencer l'installation des hangars qui abritent les engins de chargement et de déchargement. Nous comptons qu'au mois de septembre, au plus tard, toute cette première section de quai sera mise à la disposition du commerce.

On entame la seconde section. Elle ira du bastion Saint-Michel au canal au Beurre.

Les expropriations se poursuivent; un certain nombre d'offres ont été acceptées. Nous avons acquis aujourd'hui environ un septième des immeubles à exproprier, et nous les avons payés environ 5,150,000 francs. La dépense en travaux s'élève à environ 18,500,000 francs.

Quant au canal de Gand à Terneuzen, le projet des travaux à exécuter sur le territoire néerlandais a été examiné et renvoyé, avec approbation, au Gouvernement des Pays-Bas. Celui-ci va, sans tarder, nous l'espérons, procéder à l'acquisition des terrains et à l'adjudication de tous les travaux, notamment de l'écluse du Sas de Gand.

La section comprise, sur le sol belge, entre Wondelgem et Meulestede, est à peu près terminée. La section dite de l'avant-port, — par opposition au bassin proprement dit, propriété de la ville de Gand, auquel on réserve spécialement le nom de port, — sera entamée dans quelques semaines. L'adjudication est fixée au 14 mai.

Presque tous les terrains sont acquis. L'ordre de commencer les travaux pourra être donné immédiatement après l'approbation.

Il reste à faire la cale sèche, le pont du chemin de fer de ceinture et l'entrée dans les établissements maritimes à Gand.

Nous avons fait dans l'Escaut, en 1880, une coupure très-importante en amont d'Antoing et redressé le coude que le fleuve faisait en cet endroit.

On a adjugé en 1880 et on va commencer en 1881 des coupures et des rigoles d'asséchement entre Tournai et Audenarde, à Esquelmes et à Warcoing-Herinnes.

On fait d'importants travaux de dragage en lit de l'Escaut, dans toute la partie comprise entre la frontière française et la Flandre orientale. L'écluse de Synghem est terminée. Prochainement, il sera procédé à l'adjudication des travaux de dérivation à faire dans l'Escaut pour permettre la construction à Audenarde d'une écluse à sas, dans le lit du fleuve.

Le plan parcellaire des terrains à emprendre à cette fin est terminé; deux plans sont soumis à l'enquête; deux autres ne tarderont pas à l'être; les terrains seront acquis cet été; les travaux de dérivation seront probablement commencés en juillet.

Cette année, ou au plus tard dans l'hiver de 1882, on pourra adjuger l'écluse à sas.

On fait le projet de deux coupures entre Semmersacke et Gand

et on adjugera, en 1881, les travaux à faire dans les deux bras
de l'Escaut à Ledeberg. On modifie, en ce moment, le projet définitif du bras le plus important, lequel sera prochainement mis
en adjudication. Les plans terriers ne sont pas encore soumis à
l'enquête. Quelques difficultés se sont présentées, mais je compte
qu'elles seront prochainement levées; l'expert et le receveur,
chargés de l'évaluation et de l'acquisition des terrains, seront
aussitôt nommés.

On a achevé, en 1880, la coupure de Klaverken. On fait les
avant-projets de deux des six coupures projetées entre Gand et
Appels, celles de Wetteren et de Uytberghen. On commence la
coupure d'Appels.

M. Thomas, ingénieur résidant à Termonde, attaché au service
spécial de l'Escaut, est chargé de la rédaction du projet de dérivation et de pont à Termonde. Un personnel spécial lui a été
attaché.

Vous le voyez, Messieurs, nous ne négligeons rien, dans la
mesure de nos ressources en personnel et en argent, pour
apporter, le plus tôt possible, un certain remède aux malheurs
des riverains de l'Escaut et aussi pour assurer la parfaite navigabilité sur une partie importante de ce fleuve qui contribue tant
à enrichir notre pays.

Je dois dire en passant que, si j'en crois les renseignements qui
me sont fournis, les riverains d'Audenarde exagèrent quelque peu
leurs malheurs. J'ai reçu ce matin même d'un fonctionnaire très-
compétent la nouvelle qu'il n'y a plus d'eau que dans les parties
les plus basses des basses prairies. Et si ces parties sont encore
inondées, c'est parce qu'elles sont en contre-bas du fleuve, que
les eaux, par conséquent, ne peuvent s'écouler que par les éclusettes et par les aqueducs, et que les riverains qui s'exclament
tant contre les ponts et chaussées négligent généralement de curer
les rigoles et les fossés et de débarrasser les éclusettes des roseaux
et des joncs qui les obstruent. Trop souvent ils oublient de mettre
en pratique cette vieille maxime : Aide-toi, le ciel t'aidera.

Au lieu de condamner toujours le Gouvernement, les riverains
agiraient plus sagement en maintenant les fossés, les aqueducs et

les écluses en bon état, de manière qu'il ne s'y forme pas d'obstacles au libre écoulement des eaux.

M. Tesch. — Le Gouvernement a toujours bon dos.

M. Sainctelette, *Ministre des Travaux publics.* — Hélas ! La Meuse, Messieurs, est dans des conditions de navigabilité bien supérieures à celles de l'Escaut. L'année dernière, nous y avons fait un assez grand nombre de ports.

Nous continuerons ces travaux, mais précisément parce que la Meuse a déjà coûté beaucoup d'argent, il importe de ne pas regarder à quelques dépenses supplémentaires pour faire valoir le plus tôt possible ce capital.

Dans cet ordre d'idées, il y aura lieu, sans trop tarder, d'améliorer du point de vue de la rapidité des manœuvres, les barrages de la Plante, de Taillefer et de Rivière; de faire disparaître ou d'améliorer grandement le pont de Huy, l'effroi des bateliers, et enfin, de continuer à faire, dans les diverses villes riveraines de la Meuse, les travaux nécessaires pour permettre à la batellerie de tirer de ce fleuve important le meilleur parti possible. C'est ainsi qu'à Liége il y aura probablement lieu de reconstruire le mur de quai de Fragnée, examiner si le bassin de l'île du Commerce a des dimensions proportionnées au trafic qui semble vouloir s'y porter et s'il n'y a pas lieu de l'agrandir.

On se propose également de faire quelque chose pour les affluents de la Meuse. L'honorable M. Gillieaux a appelé mon attention sur un travail dont j'ai pris l'initiative; je veux parler de la construction de murs de quai le long de la Sambre, à Charleroi. Le projet, complétement rédigé, va être incessamment soumis à l'administration communale de cette ville, et si elle ne le conserve pas trop longtemps, il pourra être mis à exécution dans le courant même de cette année.

L'un des travaux hydrauliques les plus importants, les plus considérables que la Belgique soit appelée à faire, c'est la transformation du canal de Charleroi à Bruxelles et la construction d'un canal qui, partant des embranchements, viendrait rejoindre à Mons le canal de Condé.

La Chambre sait, par les explications que je lui ai données lors de la présentation du projet de loi, quelle importance le Hainau t tout entier attache à la construction de cetté voie navigable, qui doit rendre de si grands services non pas seulement, comme on le dit trop souvent, au bassin de Charleroi et à celui du Centre, mais à tous les bassins houillers du Hainaut : au bassin de Mons, qui expédiera aux usines de Charleroi des houilles spéciales qui leur font maintenant défaut; au bassin du Centre, pour qui elle fera baisser les frets; enfin, au bassin de Charleroi, qui verra s'étendre toute sa zone d'alimentation.

Ce travail comprend, entre autres ouvrages importants, la traversée, par un tunnel, de la crête de partage de la Sambre et de la Senne.

La Chambre se rappellera que, l'an dernier, ce tunnel a été mis en adjudication et adjugé. — L'entreprise poursuit son cours d'exécution; on achète les terrains; les instances en expropriation sont engagées.

Le second ouvrage important est l'établissement du canal de Mons vers les embranchements.

Là, toute l'étude est faite sur le terrain et reportée sur le papier, pour toute la partie qui s'étend entre Mons et Thieu, dans la vallée de la Haine.

Les plans parcellaires sont dressés; ils ont été soumis à l'enquête; les déclarations d'utilité publique ont été signées; une partie des terrains a été achetée à l'amiable, des instances en expropriation sont engagées pour les autres terrains.

Il est très-vraisemblable que la poursuite de ces acquisitions volontaires ou forcées sera assez avancée pour que, vers les mois de septembre ou d'octobre, on puisse mettre en adjudication au moins la moitié de la section comprise entre Mons et Thieu. La section tout entière formerait une entreprise de plus de 10 millions, et il entre dans les intentions de mon Département de ne point mettre en adjudication, en bloc, une entreprise aussi importante, parce qu'alors le nombre des amateurs est trop restreint.

La communication qui doit être établie entre le canal qui viendra de Mons et les embranchements, présente un problème difficile à résoudre. Cette communication peut être établie de deux façons; par ascenseur hydraulique ou par écluse.

J'ai déjà eu l'occasion de parler à la Chambre de l'ascenseur hydraulique, de cet engin puissant récemment inventé par un ingénieur anglais, M. Clarck, et dont les applications diverses ont été faites tant aux docks Victoria de Londres qu'à Anderton, avec le concours de M. Duer, élève de M. Clarck. Le corps des ponts et chaussées belge a examiné avec la plus grande attention la question de savoir s'il y a lieu de donner la préférence aux ascenseurs sur les écluses. Plusieurs ingénieurs se sont prononcés pour l'ascenseur, mais non sans hésitation, sans réserve, sans une circonspection évidente. La traversée de la crête de partage de la Sambre et de la Senne a été mise en adjudication dans deux ordres d'idées différents. On a formulé un programme pour la traversée en tunnel, un autre pour la traversée à ciel ouvert avec ascenseur à chaque extrémité.

On avait dit que l'ascenseur était une affaire de 800,000 francs. Trois soumissions ont été déposées : une seule pour la traversée en tunnel; deux pour la traversée en tranchée ouverte avec ascenseurs. Les chiffres soumissionnés pour les ascenseurs ont été de beaucoup supérieurs aux prévisions du Département. Au lieu de coûter 800,000 francs, il semble que l'ascenseur doive, dans la pensée de ceux qui ont soumissionné, coûter 2,200,000 francs. Pour quatre ascenseurs, ce serait une dépense de 8,800,000 francs. Avec un peu de frais extraordinaires, inévitables en pareille circonstance, on arriverait au chiffre de 10 millions.

La réflexion est venue naturellement que, si l'on faisait l'adjudication dans un seul ordre d'idées, le fournisseur de l'ascenseur se trouverait sans concurrence et qu'il fallait se réserver les moyens d'établir la communication entre les embranchements et le canal de Mons au meilleur marché possible. J'ai trouvé l'idée juste. J'ai donné l'ordre de faire étudier rapidement le projet dans les deux hypothèses.

Dans l'entre-temps, j'ai appris que le Gouvernement français, avec qui, depuis près d'un an, j'étais en relation relativement à cette affaire et à qui j'avais signalé les difficultés nées de l'existence de brevets, se proposait de faire l'essai de l'ascenseur aux Fontinettes sur le canal de Neuffossés. Cette écluse devait être élargie pour lui donner les dimensions prescrites par la loi Freycinet. Le corps des ponts et chaussées français s'est demandé s'il n'était pas plus simple de conserver l'écluse actuelle; trois inspecteurs généraux ont été chargés d'étudier la question des ascenseurs et j'ai pensé qu'il y aurait, de ma part, une grande imprudence à décider avant que le corps des ponts et chaussées français fût venu m'éclairer sur le mérite des avis donnés par les ponts et chaussées belges.

Je serais, m'a-t-il paru, évidemment plus à l'abri de toute critique, si je pouvais justifier la résolution qu'il y aura lieu de prendre, par l'avis conforme de deux corps savants.

J'ai fait part aux industriels intéressés de cette résolution. Ils s'en sont beaucoup récriés. J'ai cru devoir persister.

Le conseil des ponts et chaussées français a depuis délibéré sur le rapport des trois inspecteurs généraux et il s'est prononcé, en principe, et à l'unanimité, pour l'ascenseur, mais à l'ascenseur de M. Duer il a préféré l'ascenseur projeté par M. Clarck.

La disposition adoptée par M. Duer fait reposer le plateau de l'ascenseur sur quatre cylindres, tandis que M. Clarck le fait reposer sur un seul cylindre, placé au centre.

Le corps des ponts et chaussées français s'est donc prononcé pour ce dernier système. Poussant plus loin les précautions, il a dit à M. Clarck qu'il opinait pour l'exécution de son projet, mais à condition qu'il se chargeât de l'exécution des travaux.

M. Clarck a accepté.

Je suis, Messieurs, très-disposé à adopter cette même manière de faire. Souvent, on m'a dit ici, lorsqu'il s'agissait de travaux importants : que n'associez-vous aux ingénieurs des ponts et chaussées des ingénieurs civils; que ne renforcez-vous le personnel d'exécution par des agents temporaires? Je crois que, puisqu'il s'agit d'un travail spécial, d'une importance exceptionnelle, personne ne fera d'objections à ce que le Gouvernement charge un ingénieur de la rédaction des plans et du contrôle de l'exécution, sauf à mettre en adjudication publique la construction même. L'administration française paraît disposée à faire un marché direct, à charger M. Clarck tout à la fois de la rédaction du projet et de la construction. Je ne voudrais pas la suivre dans cette voie. Je me propose de ne demander à l'ingénieur anglais qu'un projet et son concours éventuel comme surveillant. Quant au travail même, il devra faire l'objet d'une adjudication publique.

Je comprends l'impatience des intéressés. Je comprends qu'un bassin houiller dont la production est considérable, qui ne vend actuellement ses produits qu'à des prix très-réduits, soit désireux de voir arriver le jour où une voie nouvelle lui ouvrira soit de nouveaux marchés, soit des marchés accessibles à de meilleures conditions. Mais ceux qui n'ont point la responsabilité des décisions à prendre à ce sujet comprendront que je ne puisse, pour leur donner satisfaction, m'aventurer et m'exposer peut-être à devoir venir vous dire un jour : nous nous sommes trompés; nous avons en pure perte engagé le pays dans une dépense de 8 à 10 millions. Je ne me prononcerai donc sur cette question qu'avec beaucoup de circonspection et les plus grandes garanties de succès. Mais je promets aux intéressés que je ne perdrai pas cette affaire de vue un seul jour, une seule heure; que tout ce qui devra être fait sera fait. De son côté, M. l'inspecteur général Morelle, qui est un ancien ingénieur en chef de la province de Hainaut, qui en connaît tous les besoins comme il en connaît toutes les ressources, qui a la confiance des habitants du Hainaut comme celle du Gouvernement, ne négligera aucun moyen, j'en suis convaincu, de mener cette affaire à une prompte solution.

A l'autre extrémité du pays, nous entreprenons un travail qui, pour être moins coûteux, n'en aura pas moins une très-grande utilité. Je veux parler du canal de Roulers à la Lys.

Nous avons, à Roulers, commencé les travaux d'amélioration du bassin et de ses abords que nous nous efforcerons de rendre plus faciles. A Iseghem, nous allons établir une gare de virement, reconstruire un pont, recreuser le lit de la Mandel, allonger et améliorer les quais de la rive gauche, améliorer l'écluse de Cachtem, installer une machine d'alimentation.

J'espère par là venir en aide à l'industrie de Roulers, industrie extrêmement intéressante. Je sais que la ville de Roulers, quelque active qu'en soit la population, n'a pas encore pris le développement sur lequel elle est en droit de compter. Je crois que c'est ajouter à sa prospérité que de lui apporter le charbon au meilleur marché possible et, puisqu'un canal est fait, il faut que, le plus tôt, il soit mis dans des conditions qui le rendent tout à fait utile.

J'aurais voulu pouvoir annoncer à la Chambre la reprise des travaux du canal de la Lys à l'Yperlée. Mais cette affaire est difficile; elle a partagé les membres du comité des ponts et chaussées. Le dossier vient seulement de m'arriver et, quelque bonne volonté que j'y mette, il ne m'est pas loisible de m'en occuper immédiatement. J'espère que le mois ne s'achèvera pas sans qu'une solution intervienne et je tâcherai que la saison ne soit pas perdue.

Tout ceci, Messieurs, se fera sans préjudice d'une foule de travaux accessoires et secondaires d'amélioration, tels que : la construction d'un bassin au canal de jonction de la Meuse à l'Escaut, à la sortie des fortifications d'Anvers; la construction de ports en rivière dans la Meuse, de gares d'eau et de murs de quai dans le canal de Terneuzen, dans les canaux de la Meuse à l'Escaut, dans celui de Mons à Condé; l'établissement de chemins de halage, etc.

Voilà, Messieurs, en matière de canalisation, ce que nous avons fait en 1880 et ce que nous comptons faire en 1881.

En fait de chemins de fer, nous avons, en 1880, ouvert à la circulation environ 93 kilomètres et j'ai la satisfaction d'annoncer que nous n'en ouvrirons pas moins en 1881.

A différentes reprises, j'ai signalé à la Chambre les grands inconvénients du système qui consiste à faire construire des chemins de fer par ceux qui doivent rester étrangers à l'exploitation, qui ont tout intérêt à construire au plus bas prix possible et, chez qui, aucune préoccupation de l'avenir ne vient balancer l'appât d'un gain immédiat.

Mais le Gouvernement s'est trouvé en présence de conventions faites. Quoi qu'il en pense, il faut bien qu'il les exécute, qu'il continue à faire examiner les plans conçus du point de vue de la construction économique par des ingénieurs qui connaissent les difficultés d'exploitation et qui en tiennent compte. Il faut bien qu'il subisse, à ce sujet, les discussions entre les constructeurs et le contrôle, les révisions, les études nouvelles, les allées et venues. Ces causes inévitables de perte de temps ne cesseront malheureusement pas de si tôt.

Malgré ces obstacles, le Gouvernement a pu mettre en exploitation : en 1878, 90 kilomètres, en 1879, 177 et en 1880, 93.

Voilà pour les chemins de fer dont la construction a été confiée à des sociétés. Mais la Chambre sait que, par la loi du 4 août 1879, l'État s'est réservé le soin d'en construire d'autres.

L'honorable M. Le Hardy de Beaulieu approuve le Gouvernement d'avoir renoncé à l'ancien système de construction, d'avoir pris la résolution de ne plus adjuger de travaux que sur le vu de tracés définitivement étudiés jusque dans leurs moindres détails. Dès lors, comment s'étonne-t-il que quelque temps soit consacré à ces études?

Dix-huit mois nous séparent à peine du vote de la loi du 4 août 1879 et, malgré deux hivers rigoureux, nous touchons au terme de l'instruction des projets de toutes les voies proposées.

Le chemin de fer de Libramont à Bertrix est en construction. Il sera livré à la circulation au mois de janvier prochain. En moins de deux années et demie, nous aurons fait cette jonction importante entre les deux lignes du Luxembourg.

Le chemin de fer de l'Amblève sera bientôt mis en adjudication jusqu'au confluent de la Lienne. Je viens de signer les plans parcellaires sur les territoires de Comblain-au-Pont, de Sprimont et Aywaille, Lorcée et Stoumont, c'est-à-dire sur 25 kilomètres, soit plus des deux tiers. Là, c'est l'entrepreneur qui sera chargé de l'acquisition des terrains, et l'adjudication pourra avoir lieu aussitôt que les plans des ouvrages d'art seront approuvés. Je tiendrai la main à ce que cela se fasse promptement. C'est du chemin de fer de l'Ourthe au point dit *Le Rivage* que se détachera le chemin de fer de l'Amblève. Le choix de cette bifurcation n'a rien qui doive inquiéter les habitants de Comblain-au-Pont et mes honorables collègues de Liége en recevront l'assurance avec plaisir, il n'est pas question de déplacer la station qui dessert les habitants de Comblain-au-Pont.

La troisième ligne qu'a décrétée la loi du 4 août 1879 est celle d'Anvers à Tilbourg. Là, le plan parcellaire est levé sur 21 kilomètres et il va être envoyé à l'enquête. Il reste à le faire sur 59 kilomètres, et je compte qu'il sera terminé avant le 15 août. Les acquisitions des terrains commenceront immédiatement. L'adjudication sera faite dans le cours de l'hiver.

Les plans et profils entre Wavre et Jodoigne sont en voie d'élaboration ; ils seront soumis aux enquêtes en septembre prochain.

Cette formalité sera accomplie dans le courant de juin, pour la ligne d'Audenarde à Orroir, partie comprise entre Audenarde et la courbe de raccordement près de la station d'Orroir.

L'honorable M. de Macar a longuement entretenu la Chambre de la demande en concession d'un chemin de fer entre Bruxelles et Mayence.

A Dieu ne plaise que je conteste l'utilité des études et des projets qui ont pour objet la réduction de la distance entre Anvers et la zone d'approvisionnement. La construction probable d'un chemin de fer de Melreux à Saint-Vith par Viel-Salm, est l'un des raccourcissements naturellement indiqués. D'autres peut-être vous seront encore proposés; c'est à examiner.

Mais ce que j'écarte tout de suite et d'une façon définitive, c'est l'idée d'accorder tout ou partie de pareil chemin à un concessionnaire quelconque. Tout ce qu'il sera nécessaire de faire dans cet ordre de faits, l'État doit le faire directement. Mais en aucune manière, à aucun prix, à n'importe quelles conditions, il ne peut concéder une ligne qui aurait pour but avoué et pour résultat nécessaire d'enlever au réseau de l'État la plus grande partie de son trafic international sur la principale de ses lignes et dans la plus importante des directions.

Plusieurs fois déjà, je me suis donné l'honneur de dire à la Chambre que mon Département procédait à une étude méthodique et détaillée d'un plan d'ensemble de voies ferrées pour desservir les provinces de Namur et du Luxembourg.

C'est en faisant allusion aux services que peuvent rendre à la province de Namur de nouvelles voies de communication, à cette province dont le sous-sol est presque aussi riche que la surface, que, recevant une députation de cette partie du pays, j'ai fait des vœux pour sa prospérité.

Si j'avais pu penser que mes paroles seraient reproduites à la Chambre, un peu contrairement aux habitudes parlementaires, j'aurais mis quelque sourdine à la munificence de mes promesses.

Quoi qu'il en soit, l'étude est arrivée à son terme ; cet ensemble de voies ferrées est aujourd'hui arrêté. Il comprend des modifications à la convention-loi de 1875, modifications qui vont donner lieu à des négociations avec la Société de construction et sur lesquelles la Chambre m'autorisera, dès lors, à garder provisoirement le silence.

Il comporte la construction de lignes nouvelles, parmi lesquelles je citerai en premier lieu celle de Marche-Melreux à Viel-Salm et à Saint-Vith, décrétée en principe par l'article 7 de la loi du 15 mars 1873, puis aussi celle de Straimont-Florenville à Messempré.

Des crédits vous seront demandés, au moins pour préparer la construction de ces chemins de fer, dans la présente session. Les modifications à la convention-loi de 1875 feront l'objet d'un projet de loi distinct. J'espère pouvoir vous le soumettre bientôt.

L'honorable M. Delcour m'a demandé s'il était exact que le chemin de Bruxelles à Tervueren serait prolongé jusqu'à Cortenberg.

Il n'entre nullement dans les intentions du Gouvernement de demander à la Chambre l'autorisation et le crédit nécessaires à cet effet.

Si l'honorable membre a fait allusion à une demande en concession d'une ligne de Malines-Cortenberg et La Hulpe, je dois lui déclarer qu'il a été statué négativement sur cette demande, et qu'il n'y a aucune raison de revenir sur cette détermination.

L'honorable M. Delcour aurait pu se faire d'ailleurs la réponse que je viens de lui adresser, en réfléchissant que le chemin de fer de Bruxelles à Tervueren est l'un des objets de la convention-loi de 1877 et que le tracé de cette ligne ne pourrait être modifié qu'en vertu d'une nouvelle autorisation des Chambres.

Je viens de vous parler des chemins de fer en construction. J'ai attribué à la direction chargée de cette mission importante tout ce qui a trait aux tramways. Ceux-ci faisaient, jusqu'à présent, partie du domaine de la direction chargée du service des routes et des bâtiments civils.

J'ai pensé que les questions que soulèvent l'étude et l'examen des demandes en concession de tramways étaient plutôt de la compétence de la direction des chemins de fer.

Les tramways sont, en réalité, des affluents de nos chemins de fer, et il semble naturel de soumettre l'examen des demandes qui en sont faites à des hommes compétents en matière de chemins de fer.

J'ai prié une Commission composée de membres du Sénat et de la Chambre ainsi que de fonctionnaires de mon Département, d'examiner s'il y avait des mesures à prendre pour hâter l'établissement de tramways dans notre pays. Je n'en ai pas encore reçu le travail et je ne suis par conséquent pas en mesure d'indiquer à la Chambre le parti que prendra le Gouvernement. Je dois déclarer très-franchement que je ne pense pas que la Belgique soit aussi pressée d'avoir des tramways que peuvent l'être d'autres pays. Quand on parle chemins de fer secondaires et tramways, on oublie trop qu'en Belgique le réseau du chemin de fer est déjà très-complet et que les mailles en sont très-serrées. On peut penser à établir des chemins de fer secondaires et on peut être très-désireux d'en jouir dans un pays comme l'Italie, par exemple, où on leur donne jusqu'à 80 kilomètres de développement. Mais je voudrais bien savoir où, dans notre pays, on trouverait la place nécessaire pour créer un chemin de fer secondaire de cette importance. La plupart de nos chemins de fer, et surtout beaucoup de nos sections nouvelles, ne sont pas autre chose que de vrais tramways exploités à la vapeur. Puis, on perd encore de vue que le réseau belge compte aujourd'hui plus de 800 raccordements. Il y a plus de 800 mines, usines, ateliers, fabriques de sucre, etc., raccordés directement au chemin de fer. Bien peu de réseaux comptent une pareille proportion de raccordements.

Je poursuivrai activement l'étude de la question des tramways, mais je pense que, là aussi, il n'y a pas lieu de trop se presser et de sacrifier au plaisir de pouvoir annoncer une solution hâtive, les avantages qui peuvent résulter d'une étude plus complète.

La production des mines de houille s'est élevée en 1880 à 16,866,000 tonnes. Elle dépasse de plus de 1,400,000 tonnes l'extraction réalisée pendant l'année précédente. C'est la plus forte qui ait jamais été faite en Belgique. Pour le dire en passant, ce n'est donc pas seulement la concurrence des bassins étrangers qui amène l'abondance du charbon sur notre marché. C'est aussi le développement extraordinaire, l'essor vraiment très-remarquable, qu'a pris l'industrie houillère en Belgique.

Ces 16,866,000 tonnes ont été extraites par environ 103,000 ouvriers. La production par tête a donc augmenté, car, en 1875, avec 110,000 ouvriers, on avait extrait 15 millions de tonnes seulement.

Le prix moyen est remonté à fr. 10.06 c⁵ de fr. 9.39 c⁵ qu'il était. Vous savez qu'il n'a pas tardé à redescendre.

La production de la fonte s'est relevée de 455,000 à 608,000 tonnes; celle du fer de 411,000 à 473,000 tonnes.

Il y a eu 233 accidents dans les mines de houille et 275 ouvriers ont péri par suite de ces accidents; 90 ont été blessés.

Un coup de grisou qui a eu lieu à Anderlues a coûté la vie à 49 ouvriers; vous savez que, malheureusement, il y a eu, depuis lors, d'autres accidents presque aussi graves que celui d'Anderlues.

Je passe au plus important des services de mon Département, à celui du réseau. A ce sujet, je dirai d'abord quelques mots du concours que mon Département apporte aux finances publiques. Le Département des Travaux publics n'est pas qu'un grand dépensier, il est aussi un grand producteur. L'excédent des recettes faites par lui au profit du trésor public, en 1880, sur celles faites en 1879, n'est pas inférieur à 14,500,000 francs.

Le chemin de fer y a contribué pour 13 millions et demi.

La recette brute du réseau exploité par l'État s'est élevée, en 1880, à fr. 113,785,288.40 c⁵ contre fr. 99,387,861.41 c⁵ en 1879; l'excédent qui est de 14,397,427 francs provient des voya-

geurs pour fr. 7,290,859 74 c⁸, des grosses marchandises pour
5,986,501 francs.

La grande vitesse a, même pour les marchandises, donné un accroissement de plus de 600,000 francs.

Le nombre des voyageurs transportés, en service intérieur, s'est élevé de 57,986,841 à 40,006,801, et la recette de 25,672,655 à 51,649,518 francs. La quantité de grosses marchandises transportées en service intérieur s'est élevée de 8,322,952 à 11,104;378 tonnes, et la recette de 28,971,819 à 52,795,554 francs. Mais le service mixte a perdu une grande partie de ce qu'a gagné le service intérieur : 1,705,587 francs sur les grosses marchandises. Les services internationaux et de transit ont vu leur part dans la recette s'accroître de 5,222,006 francs et passer de 25,740,056 à 50,962,062 francs. Ils ont donné 1,660,886 voyageurs en 1880, contre 1,290,811 en 1879 et une recette de 4,671,890 contre 5,564,722 francs.

Pour les grosses marchandises, les différences sont encore plus sensibles. En mouvement, elles sont de 5,790,331 à 6,711,741 tonnes; et en recette de 20,673,902 à 24,295,817 francs, soit une différence de plus de 921,410 tonnes sur le mouvement et de 5,621,915 francs sur la recette.

Indépendamment des transports payés, le réseau de l'État fait pour les administrations publiques (poste, douane, armée), et pour les particuliers (exposants, émigrants, sociétaires, écoliers), des transports gratuits ou à prix réduit. Le montant de ces gratuités et de ces réductions s'est élevé en 1880 à plus de 5 millions, dont 1,250,000 francs de réductions consenties au profit des particuliers. Plus de 645,000 sociétaires ont été transportés au prix de 50 p. c.

La Chambre se souviendra qu'elle a, l'an dernier, manifesté le désir de voir le Gouvernement réduire le plus possible le prix de transport en faveur des classes ouvrières. Plusieurs membres avaient même insisté pour que le Gouvernement allât au delà de 50 p. c., ce qui n'était possible qu'à la condition de modifier la loi. J'ai voulu me conformer au désir des Chambres, en me montrant très-large dans l'octroi des réductions.

Je n'en appelle pas moins l'attention de la Chambre sur ce chiffre considérable de transports gratuits faits par l'administration du chemin de fer pour des services publics et pour des particuliers.

Les dépenses d'exploitation sont naturellement en relation avec les recettes; elles se sont élevées de 59,178,192 à 66,898,030 fr., soit 8,719,838 francs, et par kilomètre de 25,783 à 25,147 francs.

Si, pour déterminer le coefficient de l'exploitation, on ne prend garde qu'à la recette encaissée, nous avons, en 1880, dépensé 60.06 p. c. de la recette brute; en 1879, c'était 59.15 p. c.; en 1877, 61.24 p c. Si, ce qui est plus exact et plus juste, on considère que les transports, qui ne contribuent pas à augmenter la recette ou qui n'y contribuent que jusqu'à concurrence de 50 p. c. ajoutent cependant à la dépense, absolument comme s'ils étaient complétement rémunérés, si l'on ajoute à la recette réelle une recette fictive égale au montant des gratuités et des réductions, on trouvera que le rapport réel de la dépense à la recette est de 57.41 en 1880; il était de 56.84 en 1879, c'est-à-dire que la différence n'est plus que d'un demi pour cent ou exactement 0.57.

Si aux frais d'exploitation on ajoute les redevances variables et fixes attribuées aux lignes affermées, soit environ 5,004,122 francs, on arrive pour la dépense totale à un chiffre de 72,902,152 francs. Les charges des capitaux fournis au réseau par le Trésor, soit pour les constructions, soit pour le rachat des lignes, ont, de 1879 à 1880, monté de fr. 40,233,800 à fr. 41,968,274.97 c⁵, soit de fr. 1,734,474.97 c⁵.

L'ensemble des dépenses est porté par là à 114,890,427 francs et l'ensemble des recettes s'élève à 115,318,095 francs, soit un boni de fr. 447,668.37 c⁵.

En 1879, l'insuffisance était encore, *lignes dans les Flandres comprises*, de 1,704,674 francs.

Ainsi, pour le réseau unifié, les recettes de l'exercice 1880 ont fourni le montant des redevances fixes et variables dues aux compagnies dont l'État est le fermier, couvert tous les frais d'exploitation, acquitté les intérêts et l'amortissement des capitaux avancés par le Trésor ou dus à des tiers pour prix de lignes rachetées, fait pour plus de 5 millions de francs de transports gratuits et laissé un boni de fr. 447,668.37 cᵉ.

Il n'est donc pas exact de dire, comme l'a fait l'honorable M. Scailquin, qu'il y a mali et mali de fr. 1,301,685.29 cᵉ.

Il n'est pas plus exact d'ajouter que c'est sans tenir compte du capital employé pour les travaux exécutés en 1880.

L'administration a, au contraire, tenu compte de ce capital et c'est en en tenant compte qu'elle arrive à un boni de fr. 447,668.37 cᵉ.

Ces données générales exposées, permettez-moi, Messieurs, de revenir sur quelques faits spéciaux.

Je parlais tantôt de l'influence de l'Exposition sur nos recettes et sur nos dépenses. L'action sur nos recettes a été moindre que nous ne comptions. L'Exposition n'a guère influé sur le transport des grosses marchandises; c'est donc calculer trop largement que de lui attribuer tout le progrès de la recette des voyageurs. Or, cette progression tout entière n'a été que de 7,291,000 francs.

Mais si, en 1880, nous avons transporté 43 millions de voyageurs au lieu de 40 millions et demi en 1879, il s'en faut de beaucoup que le nombre de voyageurs qui forme la différence se soit normalement réparti entre les diverses lignes du réseau et entre les diverses périodes de l'année, ou même entre chaque jour de la semaine.

C'est ce que prouve d'abord l'examen des résultats trimestriels.

L'excédent de 1880 sur 1879 se répartit comme il suit :

1ᵉʳ trimestre . . . . . fr.	1,076,074	ou 15.00 p. c.
2ᵉ —	848,777	9.75 —
3ᵉ —	5,872,660	28.00 —
4ᵉ —	1,493,350	21.59 —

L'afflux des voyageurs s'est concentré sur Bruxelles et seulement à de certains jours, les fêtes patriotiques, les dimanches et les lundis.

Quelques chiffres m'aideront à caractériser la situation.

Pendant les mois de juillet et août 1879, nous avions, au départ de Bruxelles, 120 trains réguliers par jour. Il n'y fallut ajouter de trains spéciaux que les 16, 17 et 18 août : un train le 16 et le 18; 53 le 17.

En juillet et août 1880, nous avions, au départ de Bruxelles, 174 et 178 trains réguliers par jour.

Il a fallu ajouter : en juillet, le 16, 38 trains ; le 18, 79 ; le 21, 70 ; en août, le 16, 90 trains ; le 17, 79 ; le 18, 108 ; le 20, 68 ; le 29, 106. Le 18 août 1879, 3e lundi, nous avions, au départ de Bruxelles, 121 trains, dont un seul train spécial. Le 16 août 1880, 3e lundi, c'étaient 256 trains.

Et, ces variations n'ont pas eu lieu seulement d'un exercice à l'autre, elles se sont produites à notre grand détriment, d'un jour à l'autre. Le 18 août 1880, troisième mercredi, nous avons mis en mouvement, au départ de Bruxelles, 286 trains ; le 11 août 1880, deuxième mercredi, nous n'avions que 179 trains, dont un seul spécial. L'écart était de 107.

En juillet 1879, le nombre de voyageurs arrivés aux trois grandes gares de Bruxelles était de 194,000 ; en 1880, il était de 590,000. La seule gare du Midi a reçu 90,000 voyageurs de plus.

On ne peut donc pas considérer le trafic de l'Exposition comme ayant été pour nous extrêmement rémunérateur. Il était trop irrégulier, trop variable, pour permettre l'utilisation d'une organisation permanente.

Le 18 août 1879, il nous avait suffi de 227 locomotives ; le 16 août 1880, il nous en fallait 361. Le 18 août 1879, nous avions assez de 2,604 voitures ; en 1880, il nous en fallait 3,340. Nous pouvions nous contenter, en 1879, d'appeler en service 458 machinistes ; il en a fallu, en 1880, 732.

La Chambre a déjà compris, par ce que je viens de dire de l'influence de l'Exposition sur les recettes, qu'on ne saurait juger du tarif du 1er janvier 1880, par les résultats de cette année.

Le mouvement des services internationaux a été trop actif, l'étendue moyenne des parcours trop longue pour qu'on puisse considérer l'année qui vient de finir comme une période régulière pouvant servir de type et de mesure aux années qui vont suivre.

Du reste, la réforme des tarifs des voyageurs est aujourd'hui générale : le kilomètre a été substitué à la lieue dans tous les services mixtes et même dans la plupart des services internationaux et les prix nouveaux sont entrés dans les habitudes du pays.

La Chambre l'a entendu : l'excédent de recette brute, dû aux grosses marchandises, est d'environ 6 millions. Il s'en faut qu'il provienne proportionnellement du trafic intérieur et du trafic international. Tandis que les tarifs intérieurs et mixtes n'y contribuent que pour 2,120,000 francs en plus, les tarifs internationaux y figurent pour plus de 3,622,000 francs. Notre service des grosses marchandises nous donne aujourd'hui, en régime international, une recette plus forte que ne faisait, en 1877, le régime intérieur.

L'excédent de la recette des grosses marchandises, tous services réunis, ne s'est pas également réparti entre les diverses périodes de l'année : de 2,710,000 francs pour le premier trimestre, il est successivement descendu à 1,431,000 francs pour le second, à 900,000 francs pour le troisième, à 855,000 francs pour le quatrième.

Vous voyez que, depuis le 1ᵉʳ janvier 1880, notre recette brute suit une décroissance qui, malheureusement, ne s'est pas encore arrêtée.

Si, de 1880 à 1879, la distance est grande quant aux recettes nettes, elle est grande aussi quant aux dépenses.

Je parlerai d'abord des frais d'exploitation. Mais, avant d'entrer dans l'analyse comparée des frais d'exploitation entre 1879 et 1880, je dois vous prier, Messieurs, de ne pas perdre de vue l'accroissement soudain et considérable du réseau pendant cette dernière année. De 2,157 kilomètres qu'il était au 31 décembre 1877, il est arrivé, au 31 décembre dernier, au chiffre de 2,801 kilomètres, soit un accroissement de 644 kilomètres ou 53 p. c. en trois ans.

La longueur moyenne exploitée avait été, en 1879, de 2,477 kilomètres; elle a été de 2,700 en 1880. C'est un accroissement de 225 kilomètres.

C'est un lieu commun, Messieurs, de dire que les lignes secondaires coûtent plus qu'elles ne produisent.

Voici un exemple à l'appui :

Les lignes reprises dans les Flandres et mesurant pour la partie belge 232 kilomètres, ont, en 1878, fourni une recette brute de fr. 1,491,185.78 cᵉ, soit fr. 6,427.52 cᵉ par kilomètre.

Le coût d'exploitation n'a pas été de moins de fr. 1,443,588.06 cᵉ, soit 6,222 francs par kilomètre. Le coefficient a donc été de 96 p. c.

Voilà rien que pour les frais d'exploitation. Mais, ces lignes reprises dans les Flandres, elles ont été rachetées, et 4 p. c. d'intérêts sur la somme de 22,227,100 francs font 889,084 francs. On voit que du même coup le coefficient monte et les charges d'intérêts augmentent dans une mesure considérable.

Beaucoup de nos lignes nouvelles ne vaudront guère mieux que les lignes dans les Flandres. Je dois vous avertir que, sous ce rapport, il ne faut pas espérer d'améliorations en 1881.

La section de Florenville à Gedinne ouverte en décembre 1880, et beaucoup de celles qui s'ouvriront cette année, ne valent pas, même de loin, les lignes reprises dans les Flandres.

Ainsi, sur la ligne de Florenville à Gedinne, il s'est produit un jour un accident qui aurait pu être fort grave. Un train avait quitté la voie et descendu un remblai. Comme je lisais, très-anxieux, le télégramme qui me rendait compte de l'accident, j'arrivai à cette phrase : « Aucun voyageur de blessé. »

C'était par l'excellente raison qu'il n'y avait pas de voyageur dans ce train ! (*Rires.*)

Nous avons donc là une exploitation qui, sous le rapport des voyageurs, est absolument infructueuse, à ce point que l'on va aviser à réduire le matériel des trains de voyageurs aux strictes nécessités du service : une locomotive, un fourgon et des voitures mixtes.

La seconde observation que je dois faire, c'est que ce n'est pas seulement le réseau qui a grandi, mais encore le trafic s'est-il beaucoup accru sur les lignes anciennes.

En 1880, nous n'avons pas eu seulement 2 millions et demi de voyageurs de plus à transporter qu'en 1879, nous avons aussi transporté en plus 3,200,000 tonnes de grosses marchandises. Et de même que nos transports de voyageurs se sont faits par afflux considérables et irréguliers, de même le surplus de grosses marchandises que nous avons vu arriver en 1880 était surtout en transit sur les lignes à fortes rampes.

Vous avez pu vous convaincre, par un coup d'œil jeté sur la carte figurative du transport des grosses marchandises en 1879 que, par exemple, la ligne du Luxembourg a, en produits bruts, un trafic extrêmement considérable.

Si l'on compare, d'après les chapitres du Budget, les dépenses d'exploitation faites en 1880 avec les dépenses d'exploitation faites en 1879, on constate une différence de 9,111,901 francs.

Mais ces chiffres généraux n'embrassent pas seulement les dépenses d'exploitation ; ils comprennent aussi, quoique dans une très-faible mesure, des dépenses d'achèvement et d'améliorations. Dégagées de ces éléments, les dépenses d'exploitation reviennent :

Pour 1879 à . . . . fr. 58,910,512
— 1880 à 67,898,050

Soit une différence de . . fr. 8,987,718

L'écart provient, pour plus de 6 millions, c'est-à-dire pour plus des deux tiers, de l'accroissement des dépenses du service traction et matériel.

Ramenées à l'unité kilométrique, ces dépenses se trouvent être en total de 23,783 francs en 1879 et de 25,147 francs en 1880, ou en plus de 1,364.

Analysées selon le détail d'usage, elles se répartissent comme il suit entre les différents éléments d'une exploitation industrielle.

	Différences kilométriques		Différences	
	en 1879.	en 1880.	en moins.	en plus.
Traitements. . . . . fr.	4,604	4,502	102	»
Salaires	9,956	10,484	»	528
Billes et rails	1,504	1,294	10	»
Entretien et amélioration des voies.	1,160	1,157	3	»
Entretien et amélioration du matériel.	3,147	3,158	»	11
Combustible.	1,437	2,193	»	756
Frais d'exploitation.	616	603	13	»
Pertes et avaries	263	240	23	»
Camionnage.	638	637	1	»
Divers	658	879	»	221
Totaux . . . . fr.	23,783	25,147	En plus 1,364	

Comme on le voit, les différences importantes sont au désavantage de l'exercice 1880. Elles portent sur les salaires et sur les combustibles.

Cette comparaison par éléments industriels mène à la même conclusion que la comparaison par chapitres budgétaires. Ce sont les dépenses en salaires (ouvriers de métier) et en combustibles qui absorbent tout l'écart.

L'accroissement de la dépense en combustibles est dû à deux causes : l'augmentation des quantités approvisionnées et la hausse des prix.

La dépense en combustibles comprend, indépendamment de la dépense en charbons, des consommations d'huiles, de suif, d'eau, de bois d'allumage, de fagots, etc.

Cette dernière dépense était, en 1879, de. . . . . . . fr. 1,082,000
Elle s'est, en 1880, élevée à 1,399,100

Augmentation . . . fr.   317,100

La dépense en charbons s'est élevée, en 1879, à . . . fr. 2,796,000
Et en 1880 à. 4,521,000

Augmentation . . . . fr. 1,725,000

Mais des 565,000 tonnes fournies en 1880, 560,000 seulement ont été consommées.

C'est, relativement à la consommation de 1879 (470,000 tonnes), un accroissement en quantité de 90,000 tonnes ou de 19 p. c.

Ces 90,000 tonnes au prix moyen de fr. 5.95 c⁸ payé en 1879 auraient déjà coûté 535,500 francs de plus que la somme totale dépensée en 1879.

Mais le prix moyen payé en 1880 a été de 8 francs, soit fr. 2.05 c⁸ de plus qu'en 1879 et sur 560,000 tonnes, ce supplément ne représente rien de moins que 1,148,000 francs de dépenses en plus.

Il y a donc eu en 1879, du seul chef du charbon consommé, un accroissement de dépenses de 1,683,500 francs.

Une autre dépense considérable est née de la nécessité de remettre tout notre matériel de locomotives à voyageurs et de voitures en état de circuler et de travailler pendant les fêtes et de faire ce travail dans une année même où un accroissement extraordinaire de trafic devait aussi nous contraindre à user de toutes nos ressources en locomotives à marchandises et en wagons.

Il nous a fallu plus de machinistes, de chauffeurs, de serre-freins, d'ouvriers d'ateliers que jamais.

Il nous a fallu plus de matériaux de renouvellement qu'en temps normal et la hausse du prix de ces matériaux est, à son tour, devenue une nouvelle source de dépenses.

On se rendra facilement compte de l'importance des réparations à fond que, depuis plusieurs années, il eût fallu faire à nos locomotives, si l'on veut bien considérer que nous avons des machines qui datent de 1854 et qui ont subi jusqu'à sept ou huit grandes réparations; si l'on veut bien noter que, chez nous, une locomotive à voyageurs neuve fournit 258,000 kilomètres avant d'entrer en première grande réparation et une locomotive à marchandises 170,000 kilomètres, tandis que, d'après le règlement allemand, toute locomotive à voyageurs ou à marchandises doit, après 100,000 kilomètres ou trois ans, être soumise à une épreuve de pression à la suite de laquelle elle entre le plus souvent en grandes réparations.

Nos voitures à voyageurs faisaient, en 1870, un parcours moyen de 52,000 kilomètres. En 1876, il a été de 59,000. En 1879, il était encore de 35,700. Avec un même nombre de voitures, on a donc dû faire un parcours beaucoup plus considérable. Dès lors, on n'a pas réparé en temps utile et quand, enfin, il a fallu le faire, on s'est trouvé en présence de besoins plus considérables et plus urgents qu'on pensait.

Aussi notre effectif ouvrier a-t-il dû être porté :

De   9,896 au 1ᵉʳ juillet 1878
à   12,795 au 31 décembre 1880.

Soit   2,899 en plus ou 29 p. c.

La dépense en salaires est montée de :

5,455,942 francs
à   6,973,235   —

Soit   1,517,293 francs ou 28 p. c.

Et, le réseau lui-même s'est accru de 30 p. c.

Voici maintenant l'analyse rapide des principales mesures prises pour donner satisfaction aux réclamations des voyageurs et faciliter les voyages.

Il a été créé de nombreux coupons simples et d'aller et retour entre les stations belges et les stations étrangères, avec réduction de 20 à 25 p. c. sur certains chemins comme le Rhénan et le Berg-Marche.

La durée de l'intervalle entre l'aller et le retour a été augmentée, en raison de la distance. Les jours fériés n'y sont plus compris en aucun cas.

Les surtaxes imposées aux voyageurs qui passent d'une voiture dans une autre ou d'un train omnibus dans un train express, ont été, sur les instances pressantes de cette Chambre et du public, complétement supprimées.

Aujourd'hui, les voyageurs qui changent de voiture ou de train ne payent plus que la somme rigoureusement nécessaire pour combler la différence de classe ou de train. Il n'y a plus aucune espèce d'amende.

Je dois dire cependant que le système de tickets supplémentaires, auquel il a fallu recourir, a considérablement encombré les casiers qui sont devenus aujourd'hui d'un maniement difficile. Il faudra aviser à des simplifications.

Les voitures de toutes les classes ont été chauffées pendant l'hiver. Ce service, qui n'est pas sans avoir augmenté la dépense, s'est fait, je crois, à la satisfaction des voyageurs.

J'aurais voulu introduire une nouvelle amélioration dans l'installation des voitures de 3e classe; notamment, y faire placer des rideaux pour garantir les voyageurs contre l'ardeur du soleil, des filets pour permettre d'y déposer quelques bagages; mais je dois avouer que j'ai été découragé en voyant les résultats de l'expérience.

Les rideaux n'ont pas duré dix jours ; il ont été, non pas froissés ou déchirés par mégarde, mais lacérés à coups de ciseaux ou de canifs.

Les bouchons en bronze avec lesquels on ferme les chaufferettes ont été brisés, aux risques de mettre celles-ci hors de service.

Il faut donc être circonspect, même dans les améliorations que l'on se propose d'introduire en faveur des voyageurs.

Je ne renonce pas, pour cela, à introduire quelques innovations ; je persiste à faire placer des rideaux aux compartiments pour dames.

Il a été fait des observations sur l'ouverture tardive des guichets. Je reconnais qu'elles sont fondées. J'ai eu moi-même trop à souffrir de l'attente pour ne pas reconnaître qu'il y a lieu de faire droit à ce qui a été demandé. L'ordre d'ouvrir les guichets une demi-heure avant le départ est donné et sera désormais affiché au-dessus même du guichet. (*Très-bien !*)

Je ne suis ni l'adversaire stystématique ni le partisan à outrance des gares monumentales. Je trouve absurde de n'en vouloir nulle part, je trouverais plus absurde encore d'en exiger partout.

A Bruxelles-Midi, à Bruges, à Ostende, à Spa, à Ottignies nous sommes en train d'ajouter au confort de nos installations. Nous nous disposons à en faire bientôt autant à Braine-le-Comte, à Anvers, à Verviers.

Mais cela ne nous empêche point de travailler dans nos gares rurales, de construire, pour les unes, des bâtiments de recettes ou des abris, pour les autres, des ponts-bascules, des rampes de chargement, des hangars aux marchandises, surtout de chercher à ménager à toutes des accès et des issues en plus grand nombre et dans de meilleures conditions. Beaucoup d'entre vous ont pu, je pense, constater l'intensité de nos efforts à ce sujet en 1880. Je tâcherai qu'il en soit de même en 1881.

Ces travaux sont très-productifs. Ils facilitent la manutention des marchandises, ils hâtent l'utilisation du matériel, ils viennent en aide au public et à l'État.

J'en dirai autant des raccordements. Dès 1875, je signalai l'exagération des conditions que le Gouvernement mettait à l'établissement et à l'exploitation de ces voies.

L'an dernier, je vous ai signalé les principales modifications que je proposais d'apporter à cet état de choses.

L'administration et moi, nous nous sommes mis d'accord.

L'instruction de la demande d'établissements est simplifiée.

L'industriel n'a plus à supporter d'autres frais d'installation que ceux qui sont la conséquence forcée de sa demande de raccordement.

Tout minimum mensuel ou annuel de transport est supprimé.

Toute latitude est laissée aux industriels pour le modèle de voie, quant aux installations extérieures. Aux conditions de la convention-type et sous le seul contrôle du fonctionnaire local chargé du service des constructions nouvelles, il peut établir et modifier les voies de raccordement selon les besoins de son industrie.

Les dépenses à faire dans l'intérieur des gares, les modifications et extensions, l'entretien des voies supplémentaires résultant de l'établissement d'embranchements sont supportés par l'État au même titre que l'administration fait des dépenses souvent élevées pour l'amélioration des parcs et cours à marchandises.

Les taxes spéciales dites d'embranchement sont supprimées et les tarifs normaux sont appliqués en raison des distances du point d'où les locomotives emmènent les wagons jusqu'au point où elles les amènent.

Enfin, j'ai pensé qu'il n'y avait pas lieu de refuser plus longtemps à des clients importants ce que l'on accorde aux moindres correspondants, et j'ai autorisé l'ouverture à leur profit de comptes courants moyennant provision.

Ces conditions nouvelles ont eu l'approbation générale des industriels. Elles sont en vigueur aujourd'hui partout sur le réseau de l'État et nous en négocions l'adoption par des compagnies afin d'en pouvoir étendre l'application aux stations communes. C'est le dernier progrès qu'il nous reste à accomplir dans cette voie.

Le nombre des raccordements aux lignes de l'État ou des compagnies était de 777 au 31 décembre. Vingt-deux ont été autorisés depuis le 1er janvier, quarante-huit sont en instruction. Parmi toutes les exploitations étrangères, le réseau du Berg-Marche, placé en pays industriel, est le seul qui, par kilomètre, en compte autant.

Les établissements industriels raccordés sont donc entrés dans la nomenclature des gares de départ et d'arrivée et les clients comme les producteurs peuvent aujourd'hui savoir exactement le port de n'importe quelle marchandise, depuis le point où elle est produite jusqu'au point où elle est consommée.

La substitution pour l'évaluation de la distance du kilomètre à la lieue est entièrement accomplie.

Le tarif des courtes distances a été appliqué à quatre kilomètres nouveaux, du 21e au 24e, et il a été étendu à tous les produits de la 4e classe.

Ceci m'amène à répondre à une observation faite l'année dernière par M Kervyn de Lettenhove et sur laquelle cette année il est revenu avec une insistance particulière.

Il demande l'assimilation des engrais aux charbons. L'honorable M. Kervyn apprendra sans doute avec plaisir que cela est fait depuis longtemps.

Tous les engrais, le guano compris, sont aujourd'hui transportés à la 4e classe et jouissent du tarif des petites distances.

Je prie l'honorable M. Kervyn de me dire quel est l'engrais qui n'est pas taxé aujourd'hui comme le charbon, ou bien quel tarif applicable aux charbons n'est pas appliqué aux engrais, à moins qu'il ne veuille parler des tarifs spéciaux de transport vers les ports de mer; mais je ne sache pas que l'on songe à exporter nos engrais. La zone d'approvisionnement des engrais est extrêmement restreinte et on ne leur applique guère que le tarif des petites distances. Une autre mesure importante a été prise pour donner quelque extension à notre exportation maritime, c'est la création de tarifs spéciaux pour les transports, vers nos ports de mer, des produits de nos grandes industries.

A ce sujet, je crois utile de signaler quelques faits qui mettent en lumière l'importance de certaines questions spéciales. **76** p. c. de nos gros transports sont fournis par vingt articles qui, classés par ordre d'importance, commencent au charbon, — lesquels y comptent pour 0,49 — et finissent au zinc, dont la quote-part est de 0,003.

J'étonnerai beaucoup l'honorable M. Kervyn en lui disant que les engrais, pour lesquels il réclame sans cesse le traitement des charbons, ne nous fournissent pas 0,006.

Sur les 16,901,043 tonnes de grosses marchandises transportées par le réseau de l'État en 1879, le trafic intérieur en a fourni 9,803,713; l'exportation 3,939,067; l'importation 1,833,058; le transit 1,325,205.

On voit que ce sont surtout nos produits que nous transportons hors de notre pays; que l'importation et le transit sont loin d'y avoir la grande part qu'on leur attribue et dont, à tort ou à raison, on se montre préoccupé.

Nous avons, en 1880, fourni pour transports taxés et pour transport en service 2,189,176 wagons contre 1,972,030 fournis en 1879. C'est 210,146 wagons de plus, d'une année à l'autre et, parmi eux, 66,017 pour la houille et le coke.

Nous avons, sur wagons, importé en France :

Pendant 1880.	3,408,823 t. houilles
Au lieu de.	3,205,217 en 1879.
Excédent . . .	203,606

Pendant 1880.	705,562 t. cokes
Au lieu de.	531,518 en 1879.
Excédent . . .	172,044

L'intervalle de durée entre deux chargements du même wagon a été abaissé en octobre 1880 à trois jours 561. Il n'a dépassé quatre jours que durant le mois de janvier 1880. Ces résultats n'avaient jamais été obtenus antérieurement.

Les moyennes que je viens de faire connaître s'appliquent aux wagons employés, tant pour transports en services mixtes ou internationaux que pour transports en service intérieur. Des vérifications spéciales permettent d'affirmer que, dans le service intérieur de l'État, l'intervalle de durée entre deux chargements d'un même wagon ne dépasse 48 heures que très-exceptionnellement.

Sans faire montre de ces chiffres et de ces résultats, on me permettra de constater qu'il y avait bien quelque exagération dans les exigences de l'an dernier. Le Département continuera à se préoccuper constamment de cette question si importante.

Plusieurs de nos garés industrielles seront, cet été, agrandies et mieux aménagées. On recherche, en ce moment, les moyens de les doter d'un outillage qui y facilite la manutention des marchandises. Plusieurs sections de routes seront mises à double voie. Le service de nuit sera organisé partout où on le jugera nécessaire. Nous continuerons à créer, selon les allures et les besoins du trafic, des trains directs de marchandises. Le bon emploi du matériel sera surveillé de plus en plus près.

L'honorable M. Scailquin a vivement critiqué la convention qui a été passée récemment avec la Compagnie du Nord pour l'échange du matériel.

Permettez-moi donc d'exposer les faits et d'analyser la convention.

Pendant l'hiver 1879-1880, la Compagnie du Nord s'est trouvée dans l'impossibilité de fournir régulièrement et en quantité suffisante le matériel destiné à prendre charge de combustible dans les bassins de Mons, du Centre et de Charleroi.

Il en est résulté, pour le service de l'État, des difficultés très-graves et, pour les charbonnages, un préjudice très-réel. Tous, vous avez encore le souvenir des plaintes incessantes et très-vives des charbonniers de Charleroi sur le défaut de matériel, l'impossibilité où on les mettait d'approvisionner le marché de Paris durant un hiver rigoureux, puis toute cette série de reproches

injustes que, dans de semblables circonstances, on accueille si
facilement : préférences accordées aux charbonnages français,
obstacles opposés systématiquement à nos envois, détournement
de notre matériel, etc. Vous vous rappelez que ces plaintes se
résumèrent ici en une interpellation.

Je n'ai pas tardé à faire demander à la Compagnie du Nord
quelles mesures elle comptait prendre pour éviter le retour de
pareils ennuis.

La Compagnie, qui s'était vivement émue des attaques auxquelles elle avait été en butte, m'a fait déclarer de la manière la
plus catégorique qu'elle n'entendait plus envoyer de wagons vides
sur les chemins de fer de l'État belge pour y être chargés de
combustible en destination de la France.

Les deux administrations en revinrent donc à ce principe qu'au
réseau dont fait partie la gare de chargement appartient le droit
et incombe l'obligation de fournir le matériel.

Le point était de déterminer l'équitable rémunération due pour
la fourniture des wagons.

A défaut d'entente à ce sujet, le transbordement à la frontière
redevenait de droit.

Il fallait donc s'accorder. La Compagnie du Nord avait eu,
depuis assez longtemps, des sommes considérables à nous payer,
chaque année, du chef des parcours de nos wagons sur ses lignes
pour le trafic en général. Elle proposa de réduire la redevance de
parcours de 0.0125 à 0.01, la redevance de séjour de fr. 1.25 c^s à
1 franc, la pénalité de fr. 2.50 c^s à 2 francs, mais elle demanda en
même temps de porter d'un à deux jours l'exonération de la redevance de temps accordé pour le déchargement. Elle voulait, en
outre, pour les wagons chargés de marchandises autres que les
houilles et cokes, l'exonération de la redevance de temps pour les
séjours en douane.

Mon Département reconnaissait que, s'agissant désormais pour
le Nord, de recevoir sur ses rails sans compensation une quantité
considérable de matériel éliminant le sien, il y avait lieu de réduire
les redevances au taux nécessaire pour nous rembourser des frais
d'acquisition et d'entretien; qu'en un mot, dans cette situation

nouvelle, aucune des deux exploitations ne devait faire de bénéfice sur l'autre, que l'État devait être remboursé de la dépense qu'il faisait, mais que la Compagnie ne devait pas davantage être astreinte à nous payer plus que nous n'avions déboursé.

Dans cet ordre nouveau de faits, il ne pouvait être question d'exonérations de la redevance de temps pour séjour en douane ou pour déchargement.

Le Nord accepta cette condition et l'on convint que la redevance pour l'emploi régulier du matériel serait basée sur le temps effectivement passé sur le réseau étranger par le wagon livré.

La clause essentielle de la convention nouvelle est donc celle-ci :

Une redevance de... est due en raison du nombre de jours et d'heures que le wagon étranger a passés sur le réseau.

Le nombre de jours et d'heures pendant lesquels un wagon étranger peut être employé, moyennant payement de telle redevance, n'est d'ailleurs pas illimité. Il est déterminé contractuellement et, s'il est dépassé, une pénalité de 2 francs par jour et par wagon vient s'ajouter à la redevance de temps.

Restait à calculer le chiffre de la redevance d'après le coût d'un wagon, les frais d'entretien, d'intérêts, d'amortissement, le chômage pendant réparations compris, et aussi, d'après la durée annuelle du travail utile.

Entre compagnies françaises, la redevance de temps revient à 88 centimes par vingt-quatre heures. Le Nord fit remarquer qu'entre ces exploitations, il s'agit surtout de matériel général et que celui-ci est plus cher que le matériel charbonnier. Il nous offrit 85 centimes et il se tint à cette offre.

Nous l'avons acceptée par une convention toujours dénonçable moyennant préavis de trois mois.

Vous voyez que l'honorable M. Scailquin a comparé des situations qui n'ont rien d'analogue, et des contrats dont les bases sont toutes différentes.

Nous ne faisons point d'expéditions de charbons en Allemagne et nous n'avons pas à livrer aux exploitations allemandes des quantités considérables de wagons charbonniers.

Les exploitations allemandes n'ont pas renoncé envers nous au droit de faire transborder aux points d'échange.

Il y a compensation possible entre les parcours des wagons belges sur les lignes allemandes et les parcours des wagons allemands sur les lignes belges.

Le contrat belge-allemand accorde des exonérations de la redevance de temps pour le déchargement, le rechargement, la douane. Le contrat franco-belge n'admet pas d'exemptions de ces divers chefs.

L'honorable M. Scailquin ne tient aucun compte du service considérable que nous rendons à l'industrie charbonnière en assumant l'obligation de fournir le matériel. Il n'en parle même pas. Cependant je puis lui donner l'assurance que, dans le Hainaut et surtout à Charleroi, la conclusion de la négociation a été accueillie avec une satisfaction marquée.

Il ne voit que la diminution des recettes qui pour l'État belge résultera de la substitution d'une redevance qui le tiendra indemne à une redevauce qui lui laissait quelque bénéfice; et il exagère cette diminution de recette. C'est ainsi qu'il estime le parcours moyen des wagons chargés belges sur les lignes du Nord comme étant de 600 à 800 kilomètres, alors qu'il n'est que de 560.

Surtout, l'honorable M. Scailquin ne tient aucun compte que le traité de l'union allemande est résiliable, que la Compagnie du Nord l'a dénoncé, que nous avions donc à négocier et que la force n'était pas de notre côté ni à notre service.

Nous estimons qu'il nous faudra environ 4,900 wagons pour faire le service du marché français. Mais de ces 4,900 wagons nous en avions déjà 2,400 affectés au service de la première zone. Il ne nous faudra donc augmenter de ce chef notre effectif que de 1,000 wagons avant le 30 septembre 1881 et de 1,500 du 30 septembre 1881 au 30 septembre 1882.

Les commandes, que m'ont permis de faire les crédits mis à ma disposition par les lois du 26 août 1880 et du 2 avril 1881, suffiront à assurer le service des wagons au 30 septembre 1881.

Les crédits nécessaires pour la construction des 1,500 wagons vous seront demandés par la loi spéciale.

J'espère donc que mon Département sera en position de satisfaire à la demande de wagons que, dans l'intérêt de l'État comme dans l'intérêt des industries belges, je désire voir faire de nouveau un grand progrès.

Si notre effectif wagons est suffisant, j'ai le regret de n'en pouvoir dire autant de notre effectif locomotives. Malgré les 302 machines commandées depuis moins de trois ans, notre matériel de traction est resté insuffisant; non seulement il n'est point arrivé, pendant ces dernières années, qu'un seul moteur ait pu chômer, mais nous avons été constamment obligés de louer des machines aux Compagnies étrangères et de conserver en feu des machines qui auraient dû entrer en réparations.

Il ne suffit pas d'avoir un nombreux matériel de traction et de transports; il faut encore, comme je viens de le dire, pouvoir le réparer en temps utile.

On a, lors de la création du réseau, eu l'idée singulière d'établir à Malines le principal arsenal de nos chemins de fer, alors que tous les matériaux que nous mettons en œuvre, toutes nos machines, tous nos wagons viennent des deux provinces de Liége et du Hainaut, du Hainaut surtout.

L'administration a pensé qu'il fallait répartir d'une façon plus égale les arsenaux dans les diverses provinces du pays.

Un arsenal est en voie de construction à Mons. Les plans parcellaires nécessaires à l'acquisition des terrains pour l'établissement d'un arsenal à Gentbrugge, près de Gand, et d'un autre à Namur sont envoyés à l'enquête. Les déclarations d'utilité publique seront prochainement prononcées. On commencera aussitôt l'acquisition, et j'espère que, l'année prochaine, on pourra mettre la main à l'œuvre. Comme il suffit d'un an pour achever ces constructions, nous serons, à la fin de 1882, en état de réparer un nombre beaucoup plus grand de locomotives. Cela est absolument indispensable.

Il va de soi que, pour les machinistes comme pour les gardes, comme pour tous les agents, il ne saurait être question d'imputer à l'administration centrale des faits particuliers. Ce sont les services d'exécution qui règlent la tâche de ces agents, qui leur assignent leurs postes, qui leur donnent des ordres.

L'administration centrale, elle, ne peut considérer que des

faits généraux et ne peut statuer que par voie de règle générale.

Elle peut rechercher si les cadres de machinistes, de chauffeurs, de gardes sont en relation avec l'étendue du réseau, l'importance du trafic, l'intensité du mouvement.

Elle peut examiner si la moyenne de travail imposé aux agents n'est pas déraisonnable, si le taux de la rémunération est en rapport avec la quantité de travail demandée.

Elle ne peut pas chaque jour s'assurer que chacun des agents n'a fait que le travail normal.

Ce sont les chefs des services d'exécution qui, selon les besoins essentiellement variables du trafic en voyageurs et en marchandises et selon les ressources non moins variables du personnel et du matériel dont ils disposent sur un point donné, déterminent la tâche de chacun.

Cette tâche n'est pas toujours égale et je ne voudrais pas affirmer que jamais elle n'est excessive.

Mais il ne faut pas conclure de faits particuliers à une situation générale et prendre des extrêmes pour des moyennes.

Le cadre des machinistes que les chefs des services d'exécution peuvent obtenir est déterminé par l'application au nombre d'heures de feu des machines du diviseur 11 h. 1. C'est une formule adoptée depuis longtemps, fondée sur les données d'expérience et dont les éléments sont empruntés à la comptabilité des primes.

Je dois faire remarquer que, dans le nombre d'heures de feu, on comprend non-seulement le temps de parcours, mais encore les stationnements, quelle qu'en soit la durée, et, à raison de 5 heures par machine allumée, le temps nécessaire pour l'allumage, travail auquel le machiniste ne concourt pas entièrement.

Le cadre n'est pas toujours rempli. L'effectif réel est parfois inférieur à l'effectif théorique. C'est que la situation budgétaire ne permet pas toujours de donner une suite immédiate et complète aux nombreuses extensions que demandent les services d'exécution.

Il résulte du défaut d'équivalence entre le cadre théorique et l'effectif réel une augmentation du nombre d'heures de feu par jour et par agent. Ainsi, pendant le mois d'août 1880, le nombre a été porté à 11 h. 8 au lieu de 11 h. 1. C'est le maximum qui ait été atteint.

L'administration ne demanderait pas mieux que d'avoir un cadre théorique toujours rempli, que de pouvoir même disposer d'une réserve. Mais ce serait là une nouvelle aggravation de dépenses. Mon devoir est de vous en avertir.

Le salaire fixé de nos machinistes s'est élevé, pour 1880, au taux moyen de fr. 126 10 c⁵ par mois, soit par an 1,515 20
Il leur a été alloué pour primes de régularité, d'économie et de prudence, 288,557 francs, soit par agent. 251 16
Et, pour frais de découcher, 72,065 francs, ou par agent. 62 80

Total par an . . .   1,827 16

Les machinistes mettent, en moyenne, deux ans et demi à obtenir une augmentation de 10 francs par mois. Ils n'arrivent au salaire maximum de 160 francs par mois qu'au bout de treize ans.

Je n'ai pas attendu les observations de l'honorable M. Scailquin pour me préoccuper du sort de nos machinistes. Je me suis fait informer de leur condition dans les exploitations voisines.

Là, les machinistes sont recrutés parmi les ouvriers d'atelier, tandis que chez nous, ils sont pris parmi les chauffeurs et ceux-ci parmi les manœuvres.

Des premiers renseignements qui me sont parvenus il résulte, que, dans quelques exploitations, les machinistes seraient plus ménagés que les nôtres sous le rapport du travail, et mieux traités sous le rapport de la rémunération. Je fais continuer cette enquête.

J'ai chargé un ingénieur distingué de la traction, d'étudier tout particulièrement l'organisation qui paraît la meilleure de toutes. Je veux parler de l'organisation Polonceau appliquée au chemin de fer d'Orléans. J'incline à penser qu'il y a quelque chose à faire dans cet ordre; s'il y a lieu, des propositions de crédits vous seront soumises dans le prochain Budget.

Il me reste à vous dire quelques mots des stations.

L'honorable M. Mallar m'a parlé de la gare de Verviers. Il m'a fait, à l'égard de cette station, une observation qui déjà m'avait été présentée, pour celle de Louvain, par les honorables députés de cette ville.

A Verviers comme à Louvain, deux voies se confondent, et des deux côtés, au lieu de se rejoindre à l'entrée de la station, elles se raccordent au dehors et à quelque distance, de sorte qu'il y a un certain intervalle entre le point de jonction et l'entrée de la station.

Des accidents se sont produits au point de jonction, malgré les appareils de sûreté placés. Car, il faut bien le dire, on n'a trouvé jusqu'à présent et on ne trouvera pas le moyen d'empêcher un machiniste de forcer un signal; on peut l'avertir que le moment est venu d'arrêter, mais on ne peut le contraindre à s'arrêter quand il n'y pense pas.

On a demandé, pour Louvain, de rapprocher la jonction de l'entrée de la station; mais, alors il faudrait faire le même travail à Verviers et partout où deux ou plusieurs lignes viennent se réunir et se confondre. Or, ces cas sont très-nombreux et pour changer ces dispositions, il faudrait une dépense énorme qui absorberait les ressources de tout un exercice.

La situation ne serait pas du reste sérieusement modifiée ; le danger serait simplement déplacé. Que les voies se raccordent à l'entrée des stations ou à 500 mètres de distance, c'est la même chose. Le dernier accident arrivé à Louvain et dans lequel M. d'Udekem a perdu la vie, l'a bien prouvé. Il s'est passé dans la station même; le machiniste n'a pas vu les signaux, il a dépassé successivement trois postes; trois fois, on lui a fait des signaux pour l'arrêter, il a néanmoins passé outre.

M. Beeckman. — Les voies pourraient être parallèles sur 800 mètres de parcours.

M. Sainctelette, *Ministre des Travaux publics.* — La jonction doit toujours se faire quelque part. Dès lors le danger ne serait que déplacé.

M. Beeckman. — Les voies seraient parallèles jusqu'à l'approche de la station de Louvain, ce qui n'existe pas aujourd'hui.

M. Sainctelette, *Ministre des Travaux publics.* — L'administration à laquelle j'ai plusieurs fois signalé la question avec la plus vive insistance m'a fait remarquer qu'on ne ferait que déplacer le mal et qu'on n'obtiendrait ce résultat qu'au prix d'une dépense excessive.

C'est au moyen de signaux perfectionnés et d'une surveillance incessante qu'il faut chercher à assurer la sécurité en ces points dangereux.

Toutefois, en ce qui concerne spécialement la station de Verviers, qui est plus particulièrement l'objet des préoccupations de l'honorable M. Mallar, la situation ne restera pas telle qu'elle est aujourd'hui : la station de Verviers sera modifiée et notablement améliorée. L'aménagement en sera presque complétement changé. La station actuelle sera affectée exclusivement au service des marchandises et l'on établira une station nouvelle, pour le service des voyageurs, sur la courbe qui relie directement le tunnel d'Ensival au tunnel de la Chic-Chac; ou plutôt sur un tracé qui remplacerait celui de cette courbe et qui serait disposé de façon à se prêter à l'installation de toutes les dépendances d'une gare de l'importance de celle de Verviers. — Par la création de cette station à voyageurs, le rebroussement serait supprimé, ce qui est important au point de vue de la marche rapide de nos trains internationaux, surtout au point de vue du transit des voyageurs, qui nous est de plus en plus disputé par les voies concurrentes.

Pour la ville de Verviers, la station serait fort bien placée. Elle y aurait accès par la rue aux Laines prolongée et par la rue Jardon, la rue Xhavée et une partie de la rue aux Laines. Le quartier de la Société Immobilière et celui de Gérardchamps auraient également des accès directs vers cette gare. Les dispositions nouvelles permettraient, en outre, d'améliorer les communications entre le quartier de Gérardchamps et la partie principale de la ville. Une rue allant de celle de Gérardchamps à la rue aux Laines,

passerait sous les voies du chemin de fer; c'est là une amélioration qui sera, sans doute, fort appréciée à Verviers.

L'honorable M. Mallar m'a parlé encore des stations de Juslen-
ville et de La Reid. Ces stations seront déplacées et agrandies aussitôt que les études seront terminées, et que le Département dis-
posera des ressources nécessaires.

Pour Pépinster, on nous soumettra sous peu un avant-projet
du bâtiment des recettes; il sera mis en adjudication à la fin de
l'année et commencé au printemps prochain.

L'honorable M. Tournay m'a parlé du bâtiment des recettes de
la station de Moustier. Les fonds, pour ce travail, seront demandés par le projet de loi de crédits spéciaux.

Il m'a parlé aussi de l'établissement d'une station au lieu dit
« l'Épargne », à Roux, sur la route de Tamines à Mettet. Il y a
déjà, Messieurs, un certain temps que l'administration a choisi à
un kilomètre de là l'emplacement de la station de Falisolles qu'on
vient d'ouvrir. C'est une première satisfaction donnée aux habitants de ce canton et il faudra nécessairement que ceux-ci atten-
dent encore quelque temps avant qu'on leur offre une seconde
satisfaction, en créant une station au lieu dit « l'Épargne ».

Pour Gembloux, le plan est adopté. On mettra la main à l'œuvre
aussitôt que nous pourrons disposer des fonds nécessaires.

MM. Tournay et Gillieaux m'ont parlé de l'établissement de
gares respectivement à Jambes et à la Docherie. Je regrette de
devoir dire que la déclivité de la rampe est telle, que l'établissement de ces gares est impossible. (*Interruption de M. Gillieaux.*)
Les profils, je pense, n'ont pas changé depuis l'an dernier.

La même impossibilité matérielle existe à Lonzée-Beuzet, entre
Gembloux et Saint-Denis-Bovesse, où l'honorable M. Tournay
m'avait également demandé l'établissement d'une gare.

L'honorable M. de Jonghe d'Ardoye m'a recommandé l'établissement d'une gare sur le chemin de fer d'Ostende à Armentières.

Une première instruction a été défavorable et une instruction
de contrôle va être faite.

L'honorable M. T'Serstevens m'a parlé de la gare de Ressaix. Je
puis lui dire que les travaux de cette gare seront prochainement
entamés.

Il a aussi parlé de la gare de Carnières. J'ai eu la satisfaction de pouvoir lui dire que très-prochainement on me soumettra le plan d'aménagement d'une gare à marchandises à Carnières-Nord vers la ligne de Baume-Marchienne. Mais je ne puis laisser à mon honorable ami le même espoir en ce qui concerne la halte demandée pour Donstiennes; après un nouvel examen de cette question, il a été reconnu qu'il était impossible d'accorder à cette commune la satisfaction qu'elle demandait.

La passerelle à Courtrai, demandée par l'honorable M. Tack, sera prochainement mise en adjudication et on étudie les moyens de porter remède aux inconvénients de la liaison établie entre les barrières du passage à niveau de la route de Tournai et l'appareil Saxby.

L'honorable M. Houtart m'a recommandé, cette année comme l'année dernière, l'établissement d'une halte entre les stations d'Harmignies et d'Estinnes-Haulchin, sur la ligne de Mons à Binche.

Une nouvelle instruction a été faite cette année, et elle a abouti à la même conclusion négative que la précédente.

L'honorable M. Le Hardy de Beaulieu a parlé de la station de Jauche. Le plan d'agrandissement a été approuvé le 5 février dernier et les travaux seront commencés cette année après le vote des crédits spéciaux.

Enfin, Messieurs, je sais que l'honorable rapporteur de la section centrale porte un grand intérêt à la gare d'Ottignies. Je puis lui donner l'assurance que la plus grande activité sera déployée pour doter Ottignies comme Braine-le-Comte d'une gare couverte pour voyageurs.

Je demande à en rester là pour aujourd'hui.

Séance de la Chambre des Représentants du 20 mai 1881.

Messieurs,

Dans les deux premiers discours que j'ai eu l'honneur de prononcer devant vous, j'ai, en suivant l'ordre du Budget de mon Département, exposé les faits généraux qui se sont produits depuis l'exercice 1879 et j'ai répondu, chemin faisant, à quelques-unes des observations qui m'ont été présentées. Je compte continuer aujourd'hui la revue des divers services et, aussi, rencontrer quelques-uns des points qui ont été traités par différents orateurs.

Mais avant cela, je dois faire quelques réserves générales sur l'ensemble même de la discussion.

Mon Département ne dispose ni du personnel, ni des crédits nécessaires pour étudier, surtout pour exécuter les travaux si nombreux, si divers, si considérables, demandés de tous les côtés de cette Chambre. L'année dernière, on m'a fait l'honneur de me parler d'environ 290 affaires ; mais, cette année, si j'en juge par un relevé approximatif, le nombre des questions débattues est déjà plus considérable.

J'ai fait tout ce qu'il était possible pour augmenter le personnel technique du Département, celui qui doit nécessairement intervenir dans l'élaboration des projets. J'ai distrait, des arrondissements auxquels ils sont attachés, des ingénieurs et des sous-ingénieurs pour les envoyer momentanément dans les arrondissements surchargés et y contribuer à la rédaction des projets. Je fais recruter un grand nombre d'aides temporaires présentant des garanties suffisantes de capacité.

Mais, alors même que j'aurais le personnel indispensable, les crédits me feraient défaut pour exécuter tous les travaux demandés. S'il fallait satisfaire à toutes les sollicitations, les fonds nécessaires dépasseraient certainement un milliard.

Il est impossible évidemment que l'on songe à faire, en cette campagne, un aussi grand nombre de travaux extraordinaires, et, peut-être, la Chambre consacre-t-elle, sans grande utilité, beaucoup de temps à discuter prématurément des affaires dont la solution n'est actuellement ni préparée ni assurée.

Est-ce à dire que les intérêts matériels soient en souffrance, depuis que le Gouvernement libéral est aux affaires?

L'honorable M. Woeste s'écriait hier : « La Chambre a entendu dans cette discussion des plaintes nombreuses partir de tous les bancs. Les intérêts matériels sont en souffrance. On regrette généralement que le Gouvernement ne fasse pas assez pour leur donner satisfaction. »

Et, partant en guerre contre la politique du Gouvernement en matière d'instruction publique, l'honorable M. Woeste s'écriait : « Si les intérêts sont négligés, si le pays souffre, c'est parce que vous dépensez trop d'argent pour l'instruction publique. »

Le raisonnement de l'honorable M. Woeste n'a qu'un défaut : c'est de partir d'une donnée absolument inexacte. Jamais on n'a dépensé en travaux publics autant d'argent que dans ces dernières années. Il me suffira, pour le démontrer à la Chambre, de citer les chiffres des sommes payées sur crédits spéciaux pour travaux publics.

En 1875, 26,430,000 francs; en 1876, 25,275,000 francs; en 1877, 26,000,000 de francs; en 1878, 24,045,000 francs; en 1879, 33,269,000 francs; et en 1880, **51,550,000** francs, c'est-à-dire à peu près le DOUBLE de l'année 1877, DERNIER EXERCICE DU CABINET CATHOLIQUE.

Nous consacrons donc, en espèces, le double de la somme que nos prédécesseurs appliquaient aux travaux destinés à satisfaire les intérêts matériels. Voilà ce que nous avons fait pour 1880. Je n'hésite pas à dire que, dans mon appréciation, les sommes que nous dépenserons en 1881 seront encore bien plus considérables.

Les travaux qu'on discute devant vous, Messieurs, ne concernent que dans une très-mince mesure le Budget ordinaire. La plupart doivent être exécutés à l'aide de crédits spéciaux : routes, ponts, travaux hydrauliques et de défense contre les inondations,

travaux de canalisation, travaux à la côte, chemins de fer nouveaux, travaux d'amélioration au réseau actuel, tout cela devra se
faire à l'aide de crédits spéciaux.

Aussi, dès mon premier discours, ai-je annoncé à la Chambre
qu'une loi de crédits spéciaux serait proposée cet été; que d'autres
crédits seraient demandés dans le cours de la session prochaine
et qu'à l'occasion de ces propositions, la nature, le mérite, l'ordre
et la priorité de ces travaux seraient nécessairement remis en
discussion. Par conséquent, il m'a paru qu'il était superflu d'entamer, dès à présent, un débat qui devra être recommencé, et de
discuter des propositions non encore formulées.

Je dis cela, non pour vous empêcher de faire connaître les
aspirations de vos arrondissements, mais pour m'excuser envers
vous de ne pas entrer, dès aujourd'hui, dans la discussion détaillée
et approfondie de tous ces travaux, discussion qui recommencera
nécessairement lorsque les projets de lois de crédits spéciaux
seront présentés.

Permettez-moi donc d'ajourner les observations que j'aurais à
présenter sur les systèmes hydrauliques des uns, sur les théories
d'exploitation des autres, sur la répartition à faire, entre toutes
les parties du pays qui ont souffert des inondations, des fonds
que, pour travaux, on voudra bien mettre à ma disposition.

C'est ainsi encore que tout ce qui concerne les chemins de fer
en construction, ceux à construire par l'État, ceux à exécuter, en
vertu de contrats conclus avec les Sociétés de construction ou en
conséquence de remaniements de ces contrats, tout cela devra
revenir devant vous.

J'aurai à m'expliquer alors sur les chemins de fer à établir dans
les provinces de Namur et de Luxembourg, sur celui de Bruxelles
à Londerzeel, sur plusieurs autres.

Une autre observation que je veux faire, c'est que les affaires
dont on m'a parlé sont en si grand nombre et sont si variées, les
considérations à l'appui sont si complexes, qu'il faut m'excuser si
je ne réponds pas à tout et en tout à ce que l'on a dit. Ce n'est
pas assurément faute de bonne volonté.

De ce que je ne réponds pas sur tous les points ou de ce que je ne réponds que sommairement, il n'en faut pas conclure que les questions soulevées ici ne soient pas étudiées. Chaque soir, le *Compte rendu analytique* de la séance est distribué dans les différents services de mon Département. Les questions traitées font immédiatement l'objet d'études dont les résultats me sont ensuite communiqués, et sur lesquels je statue le plus tôt possible.

Je vais montrer par une application où nous conduirait la discussion de toutes les idées émises.

Sur les inondations, l'honorable rapporteur de la section centrale a émis l'avis que rien, dans l'état actuel des choses, ne pouvait accélérer l'écoulement général des eaux du haut Escaut, réglé uniquement par sa pente naturelle; et qu'il faudrait élargir les surfaces inondables du bas Escaut.

Cette observation de l'honorable M. Le Hardy a été examinée par la direction générale des ponts et chaussées. Voici son opinion sur ce point :

« Abstraction faite de toutes considérations théoriques, la conclusion à laquelle parvient M. Le Hardy de Beaulieu, à savoir « que l'écoulement des eaux dépend uniquement de la pente superficielle, » paraît, à priori, tout à fait inadmissible. Il saute aux yeux, en effet, que la forme du lit d'un fleuve, que sa profondeur, que sa section ont une influence prépondérante sur l'écoulement des eaux. La pente de superficie n'est qu'un simple facteur d'une fonction où interviennent tous les autres éléments dont il vient d'être parlé.

» L'honorable M. Le Hardy ne s'occupe que de la vitesse superficielle; c'est le débit qu'il aurait dû considérer pour l'écoulement des crues. Or, le débit augmente proportionnellement au carré de la masse liquide en mouvement. »

M. le Hardy de Beaulieu, *rapporteur*. — Oui, s'il n'y avait pas de marée; ce qu'on paraît oublier ici.

M. Sainctelette, *Ministre des Travaux publics*. — « Et il se fait ainsi que la pente kilométrique restant constante, le débit croît avec une vitesse très-grande dès que la profondeur augmente. Il se trouve, à cet égard, des courbes très-intéressantes à consulter dans le numéro de février dernier des *Annales des ponts et chaussées;* M. Le Hardy pourrait y constater qu'un même canal d'évacuation, dont la pente est restée invariable et de $0^m,10$ par kilomètre, a vu quintupler sa puissance d'évacuation, par le seul fait que la cote du plafond a été descendue de $1^m,75$, uniformément sur toute la longueur dudit canal, la largeur au plafond de cours d'eau est restée la même, ainsi que l'inclinaison des talus. C'est un résultat pratique indéniable et que la théorie ne fait, au reste, que confirmer.

» Le vœu émis par l'orateur, d'élargir les surfaces inondables du bas Escaut, ne pourrait, s'il était réalisable, qu'être appuyé par le Gouvernement. Augmenter, en effet, la superficie du bassin du bas Escaut à remplir par la marée haute, c'est accroître la puissance d'évacuation vers la mer et assurer de meilleures profondeurs aux passes navigables. Il n'est pas inutile de noter que ce vœu va directement à l'encontre de celui émis par l'honorable M. Janssens, qui voudrait voir l'État aider de ses deniers à défendre les conquêtes faites par les particuliers sur le domaine de l'Escaut.

» S'il paraît trop coûteux d'acquérir des polders le long du bas Escaut, pour y laisser épandre les eaux de marée montante, il semble permis de tenir la main d'une façon rigoureuse à empêcher tout empiétement nouveau sur le fleuve et à mettre obstacle à ce que de nouveaux polders se constituent en entourant de digues des surfaces inondées à marée haute. »

M. Le Hardy de Beaulieu, *rapporteur.* — Tout cela est vrai pour la Meuse, mais non pour l'Escaut.

M. Sainctelette, *Ministre des Travaux publics.* — Je n'ai cité le fait que pour montrer la difficulté qu'il y a pour un Ministre de répondre à tout et en tout. Si, pour rencontrer les idées qui ont été émises en matière d'inondation, je devrais engager avec M. Le Hardy une controverse scientifique sur l'écoulement à donner aux eaux, il est clair que nous n'en finirions jamais, et qu'au lieu d'une discussion politique ou d'affaires nous aurions un débat tout à fait académique.

L'honorable M. Willequet m'a demandé pourquoi mon Département ne s'est pas rallié à l'idée, qui paraissait très-simple à l'honorable membre, de réunir en une seule les deux branches de la dérivation de l'Escaut appelées les bras de Ledeberg.

Nous connaissons, dit-il, la résolution du Département des Travaux publics, mais nous en ignorons les motifs. Nous aimerions cependant à les connaître.

Je crois, Messieurs, pouvoir me dispenser de donner lecture de l'avis du comité des ponts et chaussées; je me borne à dire qu'il en résulte qu'aux trois points de vue de l'écoulement des eaux, de la navigation et de la dépense, le projet recommandé de réunir en une seule les deux coupures de Ledeberg doit être absolument écarté.

D'autres membres reviennent sur des questions que je devais croire résolues. Ainsi, par exemple, l'honorable M. Meeus insiste et avec beaucoup d'énergie, pour que l'État se charge des frais à faire pour donner une nouvelle direction au canal de la Campine.

Vous savez qu'aujourd'hui ce canal aboutit aux bassins d'Anvers et que les bateaux d'intérieur doivent traverser ces bassins au milieu des grands navires. Cette navigation n'est pas sans danger et produit parfois des accidents.

L'honorable M. Meeus demande que l'État se charge des frais de la dérivation à établir. Je lui ai déjà répondu, l'an dernier, que la situation actuelle est le fait non pas de l'État, mais bien de la ville elle-même, et que c'est à elle, par conséquent, qu'incomberait la dépense.

L'honorable M. Meeus insiste pourtant. Mais, pour édifier la Chambre sur ce point, il me suffira de lui donner lecture de la note que voici :

« L'honorable M. Meeus impute à l'État « la grande faute
» d'avoir fait déboucher le canal de la Campine au milieu des
» bassins d'Anvers »; il soutient que « la situation actuelle n'est
» pas le fait de la ville, mais bien du Gouvernement; qu'en
» conséquence, l'État, et non la ville, doit supporter les frais
» de la dérivation à créer entre le canal de la Campine et
» l'Escaut. »

« Cette conclusion serait indiscutable, si l'argument invoqué par M. Mecus, comme base de sa thèse, n'était entièrement erroné. Le Gouvernement n'a pas commis la faute de faire déboucher le canal au milieu des bassins de la ville; le canal a été établi avec un accès direct à l'Escaut. C'est à la demande de la ville, après des engagements formels contractés par elle et moyennant d'importants travaux exécutés à ses frais; c'est en vue de permettre le développement des établissements maritimes, la création de nouveaux bassins et notamment du nouveau bassin au bois, que le Gouvernement a consenti à laisser intercepter la communication directe du canal de la Campine avec l'Escaut.

« C'est donc par le fait de la ville et non par celui de l'État, qu'existe la situation dont se plaint le batelage et qui gêne si fort le passage du canal de la Campine à l'Escaut. Il est au reste utile, pour l'entière confirmation de ce qui précède, d'ajouter que, par lettre du 1er juillet 1869, l'administration communale d'Anvers a déclaré qu'elle consentait à établir la dérivation à ses frais. »

J'espère qu'après des explications aussi concluantes, l'honorable M. Mecus abandonnera, tout au moins pour cette année et pour l'exercice prochain, la question du débouché du canal de la Campine dans les bassins d'Anvers.

J'annonce des demandes de crédits pour travaux de dragage dans l'Escaut et dans la Meuse; aussitôt on s'étonne que je n'aie point parlé d'autres rivières, comme la Sambre et la Dendre, où des travaux de même nature seraient également nécessaires.

Mais, faut-il donc que, pour chaque catégorie de travaux à exécuter, je fasse l'énumération complète de tous ceux dont l'utilité est signalée?

D'ailleurs, la situation se modifie vite à cette époque de l'année. Chaque jour apporte son contingent de projets élaborés et d'études terminées. C'est ainsi, l'honorable M. Willequet l'apprendra sans doute avec plaisir, qu'aujourd'hui même j'ai reçu le dossier relatif aux travaux à faire à Ledeberg et l'avis que les projets des coupures à faire à Wetteren et à Schellebelle me parviendront incessamment; que le comité m'annonce, comme prochain, l'envoi de son avis définitif sur ce pont de Maeseyck qui préoccupe si vivement l'honorable M. Cornesse et l'administration communale de celle ville.

L'honorable membre paraissait hier croire qu'une difficulté financière, un dissentiment sur la participation des divers intéressés, arrêtait cette affaire. Une difficulté existe, en effet, mais elle est technique; elle résulte de ce que les ingénieurs hollandais voudraient que le Gouvernement belge fît construire, à ses frais, une arche d'inondation de 46 mètres de section. Le comité examine avec soin cette question, très-importante au point de vue de la dépense.

L'ordre a été donné de faire commencer la rédaction du projet du pont à Bas-Oha, réclamé, avec tant de raison et d'insistance par les honorables représentants de Huy et d'ailleurs décidé depuis longtemps. L'insuffisance du personnel technique n'a pas permis, jusqu'à présent, de le faire entrer dans la phase d'exécution. On s'occupe du recrutement du personnel nécessaire pour dresser le projet et rédiger le cahier des charges.

Vous le voyez, s'il ne m'est pas possible de donner immédiatement satisfaction à chacun de vous, en tout et sur tous les points, je fais au moins tout ce qui est en mon pouvoir pour que la solution ne se fasse pas trop longtemps attendre.

Ces réflexions générales faites, je reprends mes explications sur les principaux actes de mon administration.

L'an dernier, Messieurs, nous n'avons pas ouvert moins de huit nouvelles stations ([1]). Il en est 32 ([2]) dont les bâtiments de recettes ont été reconstruits ou sont en cours de reconstruction. 17 ([3])

([1]) Sart-lez-Spa, Faurœulx, Hever, Bierghes, Belle-Fontaine, Etterbeek, Noirhat, Ruette.

([2]) Ans, Arlon (provisoire), Bascoup-Chapelle, Buysingen, Bodegem-Saint-Martin, Bruxelles (rue de la Loi), Berchem-Sainte-Agathe, Corbeek-Loo, Cognelée, Caulille (Est), Dilbeek, Eppeghem, Familleureux, Frasnes lez-Buissenal, Godarville, Herent, Hever, Laeken, La Croyère, Leupeghem, Ottignies, Schoonaerde, Seneffe, Taviers, Trooz, Termonde, Tamines, Wavre-Sainte-Catherine, Woerde.

([3]) Berchem, Boort-Meerbeek, Cumptich, Corbeek-Loo, Dour, Eppeghem, Elouges, Haecht, Pâturages, Quaregnon, Wasmuel, Ruysbroeck, Thulin, Vertryck, Wavre-Sainte-Catherine, Wespelaere et Wygmael.

abris pour voyageurs ont été installés. Enfin, dans 72 (¹) stations on a procédé au remaniement des voies. — Actuellement, nous avons 6 stations nouvelles en voie de création et il en est 45 dont l'aménagement définitif est décrété d'utilité publique.

Cependant, depuis le commencement de cette discussion, divers membres ne m'ont pas entretenu de moins de 63 stations à créer ou à améliorer.

J'espère, Messieurs, que vous n'exigerez pas de moi que, sur chacune de ces gares, j'entre dans le détail des travaux à faire. Mais je puis vous donner l'assurance que, cette année, nous ne ferons pas moins qu'en 1880.

Ainsi, nous remanierons les installations des gares de Soignies, des Écaussines, de Houdeng, de La Louvière, auxquelles les honorables députés de Soignies, et particulièrement l'honorable M. Wincqz, portent un intérêt si légitime et si vif. Je viens de signer l'approbation des plans de la station industrielle de La Louvière.

Je reconnais, avec M. Mondez, qu'il est indispensable de changer les installations de la gare de Manage devenue on ne peut plus dangereuse et d'améliorer celles de Luttre.

L'honorable M. Puissant, toujours si préoccupé des intérêts de l'arrondissement de Thuin, m'a plusieurs fois recommandé de la façon la plus pressante la station de Ressaix. Il peut compter que je ne la perdrai point de vue.

Je suis d'accord avec l'honorable M. Durieu que rien n'est plus pressé que d'agrandir et de modifier la station d'Ath.

Pour toutes ces stations, les projets sont faits ou en voie d'éla-

---

(¹) Alost, Antoing, Athus, Auvelais, Anvers (Bassins), Anvers (Est), Anvers (Stuyvenberg), Borgerhout, Arlon, Avelghem, Bascoup-Chapelle, Boitsfort, Baume, Cumptich, Courtrai, Deynze, Dudzeele, Esschen, Eppehem, Familleureux, Fouches, Genappe, Godarville, Halanzy, Havré-Ville, Haecht, Heyst, Huy-Tilleul, Jauche, Jemeppe-sur-Sambre, Laeken, Lahamaide, Landen, Lauwe, Lessines, Leupeghem, Liége (Vivegnis), Lillois, Luttre, Manage, Meix, Modave, Monceau, Montigny, Mouscron, Namur, Nimy, Ostende, Ottignies, Pannenhuys, Pepinster, Poulseur, Rebecq-Rognon, Rhode-Saint-Genèse, Schoonaerde, Seneffe, Spa, Sterpenich, Singhem, Saint-Trond, Tamines, Taviers, Termonde, Thielt, Tirlemont, Tongres, Tournai, Vertryck, Verviers, Wavre-Sainte-Catherine, Wygmael et Zele.

boration; le service des constructions nouvelles déploie beaucoup d'activité pour épuiser le stock, bien considérable encore, de projets à examiner. Aussitôt que nous aurons les crédits nécessaires, les projets adoptés seront exécutés.

L'honorable M. Wasseige m'a recommandé la gare d'Assesse. L'étude en sera mise en instruction et les travaux seront conduits très-activement.

L'honorable M. Visart m'a parlé d'une manière générale de toutes les stations de la ligne de Lichtervelde à Furnes. Je reconnais que toutes les gares des lignes reprises et spécialement celles du réseau des Flandres sont tout à fait insuffisantes. Il n'y a pas à le nier : elles ne répondent pas aux exigences actuelles du service. Mais tout cela, Messieurs, ne peut pas se faire d'un seul coup, le même jour.

L'honorable M. Halflants m'a parlé, à diverses reprises, de la gare de Tirlemont. Des propositions m'ont été soumises; on mettra la main à l'œuvre, aussitôt après le vote des fonds nécessaires.

L'honorable M. De Bruyn m'a signalé la station de Buggenhout. L'administration est d'avis qu'il n'y a pas lieu d'y faire les travaux que l'honorable membre m'a demandés.

L'honorable M. Notelteirs m'a parlé de la gare de Malines. Nous faisons là de grandes dépenses; il en reste beaucoup à faire; et l'honorable membre doit comprendre que tous les travaux ne peuvent être entrepris en même temps.

L'honorable M. Notelteirs m'a parlé aussi de la gare de Lierre. Cette gare devra être remaniée; mais il est d'autres travaux plus urgents et qui doivent avoir la priorité.

L'honorable M. Mulle de Terschueren m'a parlé des gares de Pitthem, de Thielt et de Deynze. Ces gares sont insuffisantes. Il y a lieu de les compléter, notamment d'établir des rampes de chargement à Pitthem et à Ardoye, mais de nouveaux crédits devront être votés pour ces travaux.

L'honorable M. De Lantsheere m'a parlé de la station de Dixmude. Je reconnais qu'elle doit être transformée; mais, ici encore, l'exécution de ce travail est subordonnée à l'allocation des crédits nécessaires.

On ne demande pas seulement l'agrandissement de gares, on demande aussi d'en améliorer les dispositions.

J'ai été heureux de voir l'honorable M. Reynaert donner son approbation à un travail fait à la gare de Mons et en demander autant pour celle de Courtrai. Il s'agit de clore, par des panneaux vitrés, les côtés latéraux de cette gare.

J'ai fait adopter, pour Mons, la disposition des gares françaises de la ligne du Nord; elles sont pour ainsi dire hermétiquement fermées. Le personnel et la population de Mons s'en félicitent.

L'honorable M. Reynaert demande que la même amélioration soit introduite à Courtrai. Je le veux bien et je crois qu'il devra en être de même dans beaucoup de stations; mais, avant de fermer les gares, de les clore hermétiquement, il faut commencer par les couvrir et nous avons, sous ce rapport, beaucoup à faire dans un grand nombre de villes. Dans beaucoup de stations de croisement, par exemple à Manage, les voyageurs sont, en toute saison, obligés de passer à découvert d'un train dans un autre. C'est là une situation à laquelle il faut nécessairement remédier. L'année ne se passera pas, j'espère, sans que plusieurs gares, notamment celles de Braine-le-Comte et d'Ottignies, soient couvertes. D'autres, et notamment Manage, auront ensuite leur tour.

L'honorable M. Wincqz a fait une autre observation très-judicieuse.

Il a demandé que l'on prît des mesures en vue d'empêcher que, dans les petites gares, la réunion de plusieurs services dans un même local ne rende possibles des indiscrétions préjudiciables à certains clients de la gare. Il est certain que, dans beaucoup de nos petites stations, les services de la poste, du télégraphe et du chemin de fer sont réunis dans le même local. Les particuliers qui s'y rendent peuvent donc entendre les communications du public aux agents ou des agents entre eux. Cela peut avoir de graves inconvénients. Je le nie d'autant moins qu'à ce sujet j'ai reçu diverses plaintes depuis que je suis à la tête du Département. La communauté des locaux n'a plus de raison d'être quand les divers services sont assurés par des personnels différents. Mais, daus un grand nombre de petites stations, il est impossible d'avoir un employé spécial pour le chemin de fer, un autre pour la poste et enfin un troisième pour le télégraphe. Il faut donc bien que le même employé pourvoie aux trois services et que les clients des trois services aient accès dans le même local. Des recommandations n'en seront pas moins faites pour assurer la discrétion la plus complète de la part des employés.

L'honorable M. Magherman reconnaît que le vieux bâtiment de Bruges transporté à Renaix y a fort bon aspect; mais il regrette que l'ameublement ne réponde pas au *decorum* de la façade.

Je ne ferai pas de dissertation sur l'harmonie de style nécessaire entre le bâtiment et l'ameublement. Elle serait prématurée, mais je reconnais que le mobilier de nos gares est généralement insuffisant et parfois très-peu confortable. Il y aura là quelque chose à faire dans des temps plus prospères.

L'état de nos voitures provoque parfois des réclamations. L'honorable M. de Moreau, notamment, s'est étonné que, sur la ligne du Luxembourg, nous ayons remis en service le matériel de l'ancienne Compagnie. C'est que nos voitures nouvelles, par cela même qu'elles sont spacieuses et surtout très-solides, ont le défaut d'être lourdes et d'augmenter beaucoup la charge des trains.

On a essayé de les employer sur la ligne du Luxembourg, mais il a fallu y renoncer à cause du profil très-accidenté de cette voie. On a donc remis en service une partie de l'ancien matériel, en attendant que des voitures mieux appropriées aient pu être construites.

Mes honorables collègues seront convaincus, j'espère, après cette explication, que ce n'est nullement pour cahoter des adversaires politiques que nous avons remis en service les anciennes voitures de la Compagnie du Luxembourg. (*Hilarité.*)

A mon avis, il y a encore à améliorer notre matériel roulant sous le rapport du confort, surtout celui qui est destiné aux trajets de quelque durée; il n'y aurait aucun inconvénient, me semble-t-il, à essayer d'un système différent de celui qui a été adopté jusqu'à présent. Au lieu d'adjuger la construction de voitures d'après des plans arrêtés dans les bureaux, on pourrait ouvrir un concours sur programme. Peut-être parviendrions-nous ainsi à obtenir un modèle répondant mieux aux exigences du public.

On ne se contente pas, Messieurs, de réclamer l'agrandissement d'un très-grand nombre de stations, l'amélioration de l'ameublement, on veut encore des doubles voies. Ainsi, l'honorable M. Reynaert a demandé de doubler la voie de Denderleeuw à Courtrai.

Doubler les voies, c'est certainement une mesure qui ajoute beaucoup à la sécurité des voyageurs et à la facilité du trafic, mais c'est aussi faire une dépense considérable. Chaque année, nous doublons plusieurs sections. Cette année déjà, la section d'Anvers à Esschen vient d'être doublée.

Mais il y a un ordre de priorité à observer et cette priorité est établie par rang d'importance et de densité des trafics. Avant qu'on puisse songer à établir une seconde voie entre Denderleeuw et Courtrai, il faudra l'avoir fait sur 259 kilomètres, en d'autres points du réseau, où les trafics le réclament plus impérieusement.

A propos de voies, j'ai le regret d'apprendre à la Chambre que les voies Hilf n'ont pas donné les résultats sur lesquels on comptait.

L'administration devra se résoudre à les faire démonter et à les retirer des sections où elles avaient été placées.

Nous n'avons pas, en 1880, supprimé beaucoup de passages à niveau; mais nous avons établi, dans les villes populeuses, aux passages à niveau fréquentés par la population ouvrière, surtout à certaines heures, un certain nombre de ces passerelles qui rendent le trajet plus prompt, plus commode et plus sûr. Nous comptons en établir beaucoup plus encore en 1881.

Messieurs, si les uns demandent la suppression des passages à niveau, d'autres, au contraire, demandent qu'on les maintienne. A ceux-ci je dois dire que, quel que soit mon désir de leur être agréable, je ne puis me résigner à leur donner satisfaction. Un passage à niveau est toujours un obstacle à la circulation; il est toujours une cause de danger.

L'honorable M. Tesch a appelé mon attention sur la situation qui se produit assez fréquemment dans le Luxembourg, où, sur

des voies nouvelles comme la ligne d'Athus à la Meuse, de longs
remblais sont établis sans percée et obligent la population à faire
des détours fatigants et onéreux pour regagner la route. Il a cité
notamment le village d'Aix-sur-Cloie, où, sur quatre chemins,
trois ont été complétement supprimés par l'établissement de ces
remblais; en sorte que, hommes et chevaux, doivent à chaque
instant, pendant la saison des travaux agricoles, faire de longs
détours. J'ai fait étudier la possibilité d'établir là une percée.
C'est un travail de 8,000 francs dont ne profiterait qu'une partie
peu considérable de la population et j'avoue que je ne sais pas en
ce moment me décider à le prescrire.

Différents membres de la Chambre, et parmi eux MM. Le Hardy
et Reynaert, vous ont entretenus des améliorations à introduire
dans le service de Douvres-Ostende-Cologne. J'en suis aussi préoccupé qu'on peut l'être. Depuis plus d'un an, mon Département
étudie et prépare les améliorations à introduire dans ce service.
Des négociations ont été ouvertes avec notre correspondant en
Angleterre, la South-Eastern Company; car il ne nous servirait
évidemment à rien d'avoir un excellent service jusqu'à Ostende
et même une ligne convenable de bateaux à vapeur d'Ostende à
Douvres, si, à Douvres, l'exploitation du chemin de fer vers Londres laissait à désirer en ce qui concerne le transport des passagers arrivant de Belgique.

La Compagnie du South-Eastern, préoccupée comme nous de la
concurrence qui lui est faite par la ligne de Flessingue, s'est assurée d'un port, dans la *Medway* et elle conseillait de créer à Nieu-
port l'établissement correspondant. Une étude faite en commun
n'a pas tardé à lui démontrer qu'il n'y avait pas lieu de changer
de port belge pour le débarquement. Elle est aujourd'hui, plus
persuadée, que nous encore, de la possibilité d'assurer parfaitement le service par Ostende et l'on dresse, en ce moment, l'avant-
projet des travaux qu'il y aurait lieu d'exécuter à Ostende.

Ce n'est pas seulement l'accès du port d'Ostende qu'il faudra
améliorer. Il y aura lieu de prendre toute une série de mesures
propres à faciliter, entre Ostende et la frontière allemande, le
transport des voyageurs. La plupart de ces mesures sont en cours
d'exécution. Je ne puis pas ici en faire l'analyse, je ne puis pas

indiquer ici toutes les améliorations que nous projetons, mais je donne à la Chambre l'assurance que rien ne sera négligé pour abréger la durée et augmenter le confort du voyage.

J'ai demandé dans la loi de 1879 un crédit pour la transformation du matériel naval de la ligne d'Ostende à Douvres. Ce crédit n'a pas encore été utilisé jusqu'ici. On s'en est étonné; l'honorable M. Neujean, entre autres, m'a plusieurs fois demandé la cause du retard que subissait cette transformation.

Il s'agira là d'une dépense considérable. On ne peut donc la faire qu'à bon escient et de façon à ne devoir la recommencer que dans de longues années. Or, d'une part, les idées ne semblent pas bien fixées, la construction des bateaux à vapeur pour le transport des passagers a fait, en ces dernières années, d'immenses progrès en Angleterre. Les types nouveaux succèdent aux types nouveaux; le dernier mot n'est pas dit. Récemment, un de nos collègues nous disait que les paquebots destinés à faire le service entre Calais et Douvres allaient être ou venaient d'être construits dans des conditions tout à fait nouvelles.

D'autre part, dès qu'il a été question d'entente avec le South Eastern des travaux au port d'Ostende, de ligne commune, il est devenu nécessaire de surseoir à l'étude des questions du matériel jusqu'après décision sur les travaux à faire en mer et dans le port.

Tout cela exigera quelque temps et, durant cette période de transition, il faut faire un effort pour retenir la clientèle. Nous nous y attachons; de tous les points de vue, on est à la recherche des améliorations immédiatement praticables.

Sans doute, nous ne parviendrons pas à contenter tout le monde. C'est ainsi qu'une des mesures le plus naturellement indiquées, je veux parler de la division des trains en trains internationaux rapides et trains intérieurs, a été vivement critiquée par plusieurs d'entre vous. Dans des trains qui vont d'Amsterdam à Anvers, d'Amsterdam à Bruxelles, d'Amsterdam à Paris, l'honorable M. Medus ne voit que des trains allant d'Esschen à Anvers. Dans des trains qui sont surtout des trains-courriers, portant les dépêches de l'Allemagne pour l'Angleterre et les États-Unis, l'honorable M. Reynaert ne voit que des trains destinés à mieux desservir les besoins et même les caprices de quelques voyageurs.

On veut, avec raison, que nous conservions le transit des voyageurs et des courriers; on veut que les dépêches expédiées de
l'étranger soient à Paris, à Londres, à Berlin, en temps utile, non
seulement pour la première distribution, mais pour la première
réexpédition dans l'intérieur; on veut que les voyageurs en service intérieur n'aient pas à souffrir des retards, quelquefois
importants, auxquels sont exposés les trains chargés spécialement
des services internationaux, et quand, pour satisfaire à ces intérêts multiples, nous séparons le service intérieur des services
internationaux, on se récrie contre le moindre changement d'horaire, on réclame des arrêts, on refuse de sacrifier la moindre
de ses convenances. On va plus loin. On veut que, pour permettre
à quelques *dilettanti* de rester un peu plus longtemps au théâtre
de la Monnaie, on fasse manquer la correspondance d'un train
international. On veut que le Ministre des Travaux Publics soit
une femme de ménage empêchant ses collaborateurs de dépenser
trop d'argent, et cependant on ne cesse de lui demander des trains,
des correspondances, des arrêts aux heures tardives, comme si
tout cela ne devait pas provoquer des dépenses hors de toute
proportion avec la recette.

Ainsi, Messieurs, et je reviens sur ce point, beaucoup de personnes s'étonnent que, se présentant à la gare de Bruxelles pour
aller à Liége, elles voient un train en partance pour l'Allemagne
qu'il leur serait très-commode de prendre et dans lequel cependant on les empêche de monter, en leur disant que, dix minutes
après, un train d'intérieur les mènera à destination. C'est de l'arbitraire, disent les uns, c'est du gaspillage, ajoutent les autres.
Mon Dieu, non; l'expérience a prouvé que pour faire un bon
service, il faut séparer le trafic international du trafic intérieur;
il faut donner au trafic international des machines, des voitures,
des gardes, des freins qu'on ne peut pas donner aux trains intérieurs; il faut, pour éviter tout retard dans la correspondance
internationale et aussi pour ne point fatiguer les voyageurs internationaux, éliminer les ralentissements, les arrêts, les manœuvres.
La distinction des trains étant reconnue nécessaire, il faut bien
qu'il y ait une règle et que cette règle soit observée.

L'honorable M. De Decker a appelé mon attention sur une combinaison propre, selon lui, à procurer un nouvel aliment à notre service Ostende-Douvres. Ce serait d'organiser de Gladbach à Gand par Lierre, Boom et Puers, des trains courriers. L'ouverture prochaine de la ligne de Boom à Puers nous mettra effectivement en position d'organiser une excellente relation directe entre Gand et Anvers et, partant, entre leurs au delà respectifs. La combinaison indiquée par l'honorable M. Dé Decker est certainement, parmi les suites de cette relation, une de celles dont nous aurons à nous occuper.

Comme la ligne d'Anvers-Gladbach, la ligne d'Anvers-Tilbourg a pour objet de réduire la distance entre Anvers et les principaux marchés de l'Allemagne du Nord. C'est la relation la plus directe d'Anvers avec Brême et avec Hambourg que nous avons eu en vue en recherchant où et comment il fallait rejoindre le chemin de Wesel.

L'honorable M. De Decker m'a, à ce sujet, posé diverses questions.

Il m'a demandé lequel des tracés on avait adopté, si c'était celui dont le parcours est le plus long sur le territoire belge ou celui dont le parcours est le plus long sur le territoire hollandais.

Et, comme je lui ai, dans une interruption, répondu que c'est le plus long sur le territoire hollandais, il s'en est étonné et il a paru croire que c'est pour faire plaisir à un grand propriétaire de mes amis que l'on a donné cette direction au chemin d'Anvers à Tilbourg.

Or, Messieurs, voici ce qui s'est passé. Étant donné que la ligne d'Anvers à Tilbourg doit avoir pour objet principal de desservir le trafic international et non le trafic local, d'établir des relations entre Anvers et Hambourg et non pas entre Anvers et quelques villages de la Campine, on a d'abord cherché le point de soudure. Il a été reconnu qu'une ligne d'Anvers à Boxtel par Weelde-Merxplas ne serait que de 1,953 mètres plus courte qu'une ligne d'Anvers à Boxtel par Baar-le-Nassau et Tilbourg.

Or, ce raccourcissement de moins de deux kilomètres ne justifierait pas la création d'une ligne nouvelle entre Weelde-Merxplas et Boxtel, d'autant que le Gouvernement belge ne pourrait raisonnablement demander au Gouvernement néerlandais de construire, sur le territoire des Pays-Bas, la section relativement longue, comprise entre la frontière et Boxtel. Il a donc été décidé que la ligne partant d'Anvers devrait se diriger vers Tilbourg en se raccordant à Baar-le-Nassau, à la ligne de Turnhout à Tilbourg.

Ce premier point admis, on a recherché le tracé le plus court aboutissant à Baar-le-Nassau et l'on a reconnu que ce tracé passait au Nord et non au Sud de Hoogstraeten.

C'est ce tracé que, le 50 août dernier, j'ai admis en principe. L'ingénieur en chef de la province d'Anvers a été chargé de dresser, d'après ces données et ces instructions, un projet définitif et complet.

Je dois faire remarquer ici que, par dépêche du 51 décembre 1877, mon honorable prédécesseur avait défini comme il suit les études demandées à l'ingénieur en chef :

« Un chemin de fer de Vieux-Dieu par Wyneghem à Hoogstraeten et Tilbourg. »

Dès l'origine des études, la nécessité de desservir les forts d'Anvers, vers l'est de Vieux-Dieu, et de desservir également Brasschaet, a été reconnue. La partie de la ligne entre Anvers et Brasschaet était, dans cet ordre d'idées, assez longue. En vue de mieux sauvegarder les intérêts d'Anvers, j'ai prescrit, dans mes instructions du 30 août 1880, l'étude d'un embranchement reliant directement la station à créer à Brasschaet à la ligne d'Anvers à Rotterdam, au nord de la ville d'Anvers. Grâce à cet embranchement, la distance entre Anvers et le nord de l'Allemagne (Brême et Hambourg) sera raccourcie de 8 kilomètres, ce qui, au point de vue de la rapidité des communications internationales, constituera une amélioration notable.

Je m'étonne que le tracé adopté puisse être critiqué, et surtout par l'honorable M. De Decker, car ce tracé, conseillé par le comité mixte des Travaux publics, est, en définitive, celui qu'a recommandé le conseil provincial d'Anvers. Ce conseil, en effet, s'est rallié aux conclusions d'une commission spécialement chargée de cette affaire et qui, par 4 voix contre 1, a, dans la séance du

27 juillet 1880, reconnu que la meilleure direction est celle qui, partant d'Anvers ou d'Eeckeren, va se souder, à Boxtel, à la grande ligne vers Brême et Hambourg, par Brecht, Hoogstraeten et Baar-le-Nassau. Or, le tracé passe par Brecht, Hoogstraeten et Baar-le-Nassau.

L'honorable M. De Decker, insistant sur cette affaire, a dit : quand l'honorable M. Beernaert a quitté le Département des Travaux publics, on était certain que le tracé par le sud de Brecht et de Hoogstraeten avait été adopté.

Le « *on* » qui croyait cela, et surtout le « *on* » qui en était certain, se trompait beaucoup, par l'excellente raison qu'à cette époque aucun tracé n'était adopté ni provisoirement, ni définitivement. Aucune proposition n'avait été faite au Ministre et par conséquent celui-ci n'avait pris aucune décision.

Je suppose, ajoute l'honorable M. De Decker, que l'on a eu de bonnes raisons à cette époque pour préférer ce tracé à tout autre et je demande pourquoi on l'a modifié. L'honorable membre doit voir, par ce que je viens de dire, qu'on n'a pu modifier ce qui n'existait pas.

La vérité est que l'ingénieur d'arrondissement proposait le nord d'Hoogstraeten ; l'ingénieur en chef, le sud, et qu'en 1880, lorsque le comité a été appelé à émettre un avis, il s'est prononcé pour le nord, dans une délibération parfaitement motivée.

Le comité a considéré la ligne comme ayant, avant tout, un caractère international. Cela étant, il s'est demandé quel tracé était le plus direct.

Il a reconnu que ce tracé devait passer par le nord d'Hoogstraeten, étant admis qu'on se rendait à Baar-le-Nassau. Il a proposé le tracé par le nord d'Hoogstraeten.

La ligne d'Anvers-Tilbourg sera construite assez rapidement, je l'espère, à raison du peu de travaux d'art à exécuter. Les plans parcellaires sont sur le point d'être envoyés à l'enquête.

Cette ligne sera exploitée par l'État ; mais il n'en est pas de même de celle d'Anvers-Gladbach, exploitée par l'un des concurrents de notre réseau et sur laquelle se dirige aujourd'hui une partie importante de l'ancien trafic de l'État.

A ce sujet, je crois devoir dire deux mots d'une question posée par M. Thonissen.

L'honorable membre m'a demandé où en étaient les négociations pour la reprise du réseau du Grand-Central. Il a perdu de vue qu'un différend très-sérieux a surgi entre l'État et la Compagnie.

La Chambre a invité le Gouvernement à faire plaider la question de savoir si la clause de rachat comprend le matériel.

Tant que cette question importante, très-difficile, aujourd'hui engagée, ne sera pas définitivement résolue par le pouvoir judiciaire, je dois, tout le monde le comprendra, m'abstenir de parler de reprise à quelque concessionnaire que ce soit.

MM. Le Hardy de Beaulieu et Jottrand ont insisté sur la nécessité, incontestable et pressante, selon eux, de construire ou de laisser construire un chemin de fer direct de Bruxelles à Mayence.

J'ai fait une première réponse aux observations de MM. Le Hardy de Beaulieu et de Macar et j'ai, dans cette réponse, réservé complétement — à toutes fins, comme on dit au Palais — l'opinion de mon Département sur la question de savoir s'il y a, s'il y aura, quand il y aura lieu de construire un chemin de fer direct et nouveau entre Bruxelles et Mayence.

Je n'ai éliminé qu'un mode de construction, la construction par voie de concession. J'ai dit que si le Gouvernement reconnaît quelque peu la nécessité de construire un chemin de fer direct entre Bruxelles et Mayence, il vous demandera les crédits nécessaires pour le faire construire et exploiter par l'État.

Mais, la nécessité étant, aujourd'hui, reconnue et admise par la presque unanimité des deux Chambres, de construire ou de racheter même les lignes de troisième ordre, on ne vous proposera pas d'en concéder une de premier ordre. Ce n'est pas au moment où nous souffrons des erreurs qui ont été commises en concédant les chemins de fer les plus importants du pays; ce n'est pas quand, de toutes parts, on demande le rachat même du Grand-Central, que les Chambres seraient disposées, je pense, à concéder, au cœur du réseau, une ligne qui serait une rivale encore bien plus dangereuse que celles dont j'ai parlé.

Je pourrais m'en tenir là, mais je ne puis laisser passer sans observations ce qui a été dit, à ce sujet, de l'état de notre trafic de transit.

C'est se faire une idée assez inexacte de l'importance et du régime de nos relations avec l'Allemagne et les pays au delà, que d'en faire, dès à présent, dépendre la prospérité de l'exécution immédiate d'une voie de chemin de fer entre Bruxelles et Mayence.

Et d'abord, il est une partie très-considérable de la clientèle d'Anvers en Allemagne, qui continuera à suivre les eaux intérieures, pour aller d'Anvers à Mannheim, véritable *emporium* de l'Allemagne du sud-ouest.

Dans une statistique de la navigation intérieure que j'ai fait dresser, j'ai été surpris et, sans doute, vous le serez aussi, de voir que le nombre des bateaux d'intérieur qui entrent à Anvers dépasse 34,000. Un très-grand nombre de ces bateaux viennent prendre charge à Anvers, surtout charge de grains, et s'en vont, par les eaux intérieures de la Hollande, rejoindre le Rhin qu'ils remontent jusqu'à Mayence pour continuer ensuite jusque Mannheim.

La clientèle, par chemin de fer, d'Anvers, vers l'Allemagne du Nord et vers une partie de l'Allemagne centrale, échappe, de plus en plus, à notre ligne d'Anvers-Liége-Cologne, non pas au profit de lignes étrangères, mais de lignes belges, de la ligne d'Anvers-Hasselt-Maestricht, et surtout de celle d'Anvers-Gladbach.

On peut dire que, dans une certaine mesure, le trafic du réseau de l'État est entamé, mais, quant au commerce belge, il n'est pas jusqu'à présent compromis par l'absence d'une ligne directe dans cette direction.

Le Sud-Ouest de l'Allemagne, c'est-à-dire l'Alsace-Lorraine, le sud du pays de Bade et le Wurtemberg, la Suisse, la Haute Italie, sont évidemment dans la zone de l'alimentation par Anvers; mais ce n'est pas par Mayence que nous y allons, c'est par Strasbourg ce n'est point par le Rhénan, c'est par l'Alsace-Lorraine.

Pour une partie de l'Allemagne centrale, pour l'Allemagne orientale et les pays au delà, je reconnais que notre trafic est stationnaire ou peut-être même en voie de décroissance.

Je reconnais que si un raccourcissement du trajet d'Anvers à Mayence ou à Coblence n'est pas, pour le moment, absolument nécessaire, il se pourrait que, bientôt, il fût utile. Mais comment faut-il, du point de vue du trafic international, choisir le tracé d'une ligne d'Anvers à Mayence ou à Coblence? Est-ce par Liége, Comblain-au-Pont, Trois-Ponts, Viel-Salm et Saint-Vith, comme l'a pensé mon Département, plutôt que par Bruxelles, Wavre, Huy, Modave, Melreux, Viel-Salm, Saint-Vith et Coblence? Jusqu'à démonstration du contraire, je dois croire que le tracé recommandé par l'administration est le meilleur.

Puisque je viens de parler d'Anvers et de son mouvement, il ne sera pas inutile que je cite à la Chambre quelques chiffres qui lui montreront que, dans les mains des libéraux, le port d'Anvers ne dépérit pas.

Ainsi le nombre de tonnes de marchandises expédiées des stations d'Anvers, en 1877, était de 806,894. Il est, en 1880, de 1,004,000 tonnes.

La recette pour ces expéditions est aujourd'hui à Anvers de plus de 7 millions de francs.

Plusieurs membres de la Chambre ont parlé de la question des tramways et des chemins de fer secondaires. J'ai dit à la Chambre que, pour hâter et régulariser l'instruction des demandes en concession de tramways ou de chemins de fer secondaires, j'avais reconnu indispensable de transférer de la direction des routes à celle des chemins de fer en construction, cette catégorie importante d'affaires, et que j'avais appelé à l'administration centrale un ingénieur expérimenté pour traiter spécialement les affaires de tramways. Ce nouveau service est aujourd'hui organisé, déjà il fonctionne, et j'espère que dès cette année, après la rédaction d'un type de cahier des charges et de quelques instructions générales, plusieurs concessions pourront être accordées et suivies d'exécution.

Mais, pour cela, il faudra d'abord que les intéressés fassent parvenir au Département des dossiers complets et qu'ils se rendent, sans tarder, aux observations qui leur seront faites ou aux modifications qui leur seront demandées.

Il devra en être ainsi, notamment, d'une demande recommandée par l'honorable M. Meeus et qui aurait été formulée par les habitants de Calmpthout, Esschen et Westwezel. Mon Département ne la connaît jusqu'à présent que par l'analyse qui en a été faite à la Chambre.

Nos honorables collègues de Huy m'ont rappelé qu'ils m'avaient présenté, il y a quelques semaines, le demandeur en concession du chemin de fer de Clavier-Terwagne à Angleur. Cette affaire a été immédiatement envoyée en instruction. Je veillerai à ce qu'elle ne s'y attarde pas. Jusqu'à présent, je ne suis saisi d'aucune proposition de décision.

L'honorable M. Dansaert a parlé à la Chambre de la conférence de Berne. Elle a, vous le savez, pour mission l'unification des législations européennes en matière de transport par chemin de fer. Le Gouvernement, Messieurs, est très-sympathique à cette œuvre. Il reconnaît qu'il y aurait pour les transports internationaux un grand avantage à avoir une législation européenne. Il a été représenté en 1878 à la première conférence; il se fera représenter à la seconde. Un débat s'est engagé entre les représentants de la France et ceux de l'Allemagne. Des mémoires très-savants ont été échangés, et M. Dansaert me permettra de réserver mon opinion sur les points difficiles.

L'honorable M. De Vigne s'est fait l'interprète des plaintes des partisans de la langue flamande contre mon Département. J'ai été d'autant plus surpris de ces critiques que j'avais, quelques jours auparavant, reçu précisément une lettre de remercîments du *Willems fonds*, pour l'empressement que je mettais à appliquer la loi sur l'emploi de la langue flamande du 25 mai 1878.

On se félicite de l'impression en langue néerlandaise de certains documents mis à la disposition du public, notamment des tarifs, mais on élève des prétentions beaucoup plus grandes encore. On voudrait voir traduire le *Bulletin des adjudications,* c'est-à-dire un volume de plus de 2,000 pages et aussi tous les cahiers des charges d'entreprises de travaux.

J'ai fait traduire les cahiers des charges qui peuvent intéresser de petits entrepreneurs; mais je juge inutile d'ordonner cette traduction, lorsqu'il s'agit de cahiers de charges relatifs à des travaux très-importants, comme, par exemple, le port de Gand, travaux dont l'exécution exige des capitaux considérables et le concours de tout un état-major savant.

Un tableau mensuel me rend compte du nombre des personnes qui se rendent au bureau des adjudications et y font des observations ou demandent des indications en langue flamande; or, le plus souvent, je constate, d'après ce tableau, qu'aucun entrepreneur n'a demandé de renseignements en langue flamande.

L'honorable M. De Vigne s'est plaint qu'on ne trouvât point de livrets en langue flamande dans les gares. Je dois dire qu'il m'a fait un peu l'effet de ce journaliste qui, pour donner de la vogue à sa publication, et faire croire qu'elle était recherchée, entrait dans tous les cafés et demandait : Avez-vous *le XIXe siècle?*

Les personnes qui réclament à cor et à cris certains documents flamands et qui se plaignent si vivement de ne point les trouver dans les gares sont, je crois, presque toujours les mêmes, et des personnes qui, comme mon honorable collègue, savent le français aussi bien que le flamand. S'il y avait là des besoins impérieux, il semble qu'ils se manifesteraient autrement que par des interpellations annuelles à la Chambre.

Je promets, d'ailleurs, de continuer à faire traduire en langue flamande ceux des cahiers de charges qui peuvent être demandés par les petits entrepreneurs. Je promets aussi de recommander à l'administration d'envoyer autant que possible des agents flamands dans les provinces flamandes. Je reconnais qu'il est utile que les chefs de gare, dans les Flandres, par exemple, sachent le flamand; mais je constate, de nouveau, que le personnel flamand se recrute très-difficilement.

Messieurs, les recettes des postes se sont élevées, en 1880, à fr. 11,544,304.95 c^s, tandis qu'elles avaient été, en 1879, de fr. 10,985,263.97 c^s; il y a eu donc là un progrès de 600,000 fr.

Nous avons, à l'intérieur, créé quarante-neuf bureaux de perception, trente-deux de sous-perception et quarante-six de dépôt; — réorganisé le service rural dans deux cent soixante-huit cantons postaux; — introduit le port à domicile des paquets de

5 kilogrammes et moins, dans les localités non desservies par le chemin de fer.

Deux emplois de facteur-trieur et cinquante-six emplois de facteur ont été créés. Le traitement moyen des facteurs des postes a été relevé de 1108 à 1165 francs; celui des facteurs ruraux de 890 à 915 francs.

Un service spécial de factage pour la remise à domicile des lettres assurées, des objets recommandés et pour le recouvrement des effets de commerce et des quittances a été organisé. Il comprend huit agents à Bruxelles, quatre à Anvers, trois à Liége, trois à Gand. Il donne les meilleurs résultats.

En service international nous avons conclu avec nos voisins, France, Pays-Bas, Allemagne, des conventions relatives aux articles d'argent.

Le traité constitutif de l'Union postale, après avoir fixé la taxe des lettres affranchies à 25 centimes par 15 grammes et la taxe des imprimés à 5 centimes par 50 grammes, a permis à chaque office de grever les articles en transports maritimes de surtaxes. L'administration belge, usant de cette faculté, faisait payer aux lettres pour les pays d'outre-mer (les États-Unis de l'Amérique du Nord exceptés) une surtaxe de 15 centimes par lettre de 15 grammes, et aux imprimés une surtaxe de 5 centimes par envoi de 50 grammes.

J'ai pensé que ce serait un service à rendre à nos nationaux à l'étranger que de supprimer cette surtaxe. En sorte que le Belge, établi à Buenos-Ayres ou à Lima, ne payera plus désormais pour son abonnement à l'*Indépendance belge*, par exemple, que le port payé par un Belge établi à Lille ou à Aix-la-Chapelle.

Cette réforme n'emportera comme sacrifice de recettes qu'une dépense insignifiante.

M. le Ministre des finances et moi, nous avons soumis à Sa Majesté un arrêté autorisant l'emploi de timbres-poste de 10 et de 5 centimes pour constituer le versement minimum d'un franc à faire à la caisse d'épargne.

A cette occasion, nous avons revisé les relations des postes avec la caisse d'épargne, de façon à faciliter le contrôle. Tous les versements faits à la caisse d'épargne dans les bureaux des postes seront constatés au moyen de coupons-reçus, émis spécialement à cet effet par l'administration des postes. Ces coupons seront collés dans le livret du déposant par le comptable, qui y apposera sa signature et la date.

Vous savez, Messieurs, quel est, chez nous, le régime légal de la télégraphie.

La télégraphie privée n'est soumise à aucune autorisation; la télégraphie accessible au public, moyennant péages, est, en principe, réservée à l'État.

Exceptionnellement, le Gouvernement est autorisé à concéder l'établissement et l'exploitation de télégraphes électriques dans le périmètre d'une commune ou de plusieurs communes ne formant qu'une seule agglomération.

Quand apparut le téléphone et que la question se posa de savoir quel en serait le régime légal, je pris l'avis de jurisconsultes éminents, et voici ce qui me fut répondu :

« Les concessions de téléphones doivent, quant à l'instruction administrative, être assimilées aux concessions de télégraphes. Ces deux modes de communication à distance, puisant leurs moyens d'action dans les mêmes phénomènes électro-magnétiques, diffèrent seulement par les appareils à manipuler dans les bureaux, et par cette circonstance que le téléphone reproduit le son articulé, tandis que le télégraphe transmet des signes conventionnels. Au point de vue juridique, il est incontestable que les concessions de téléphones doivent être soumises à la loi du 25 mai 1876. »

Cette solution s'est trouvée d'accord avec les décisions prises à l'étranger. Partout on a considéré le téléphone comme un dérivé du télégraphe et on l'a soumis au même régime légal.

En Angleterre, la question a été portée devant la justice. L'Edison Telephone Company avait la prétention d'établir ses réseaux sans se pourvoir de l'autorisation du Gouvernement. Elle a été, à la requête du Post-Master, poursuivie par l'attorney général pour infraction au privilége exclusif de la Couronne en ce qui concerne la transmission des télégrammes.

Après avoir, selon l'usage anglais, analysé les nombreuses dépositions des savants cités comme témoins par le Gouvernement et par la Compagnie, les juges disent :

« Nous ne pensons pas qu'il soit nécessaire de donner notre avis sur une controverse qui est plutôt scientifique que légale. Il suffit de dire que, quel que soit le mérite de la controverse, il ne nous semble pas que le fait, si c'est un fait, de transmettre le son par téléphone, établisse quelque distinction matérielle entre une communication téléphonique et une communication télégraphique, puisque la transmission, si elle a lieu, est faite par un fil mis en action par l'électricité. Nous sommes donc d'avis que, tout en admettant ce qui a été dit ou peut être dit quant à la nouveauté et à la valeur des transmetteurs et récepteurs téléphoniques, l'appareil entier, transmetteur — fil — récepteur, — pris ensemble, forme un fil employé pour établir une communication télégraphique, c'est-à-dire que c'est un télégraphe dans l'acception de l'acte de 1865, dont la teneur forme corps avec l'acte de 1869. »

La Compagnie soutenait, en second ordre, que, soit que le téléphone fût un télégraphe ou non, les conversations échangées par cet appareil n'étaient pas des télégrammes ou communications transmis par le télégraphe dans l'acception de l'acte.

Les juges anglais statuent sur ce second moyen en disant :

« Nous estimons qu'une conversation tenue par téléphone est un télégramme ou tout au moins une communication transmise par un télégraphe, ce qui est compris dans la définition d'un télégramme. »

Ils concluent enfin en disant : « Par tous ces motifs, nous estimons que les communications échangées par le téléphone constituent des infractions au privilége exclusif du grand maître des postes. »

Les compagnies se sont soumises. Elles ont demandé au grand maître des concessions que celui-ci leur a accordées à des conditions dont plusieurs ont été empruntées par nous et introduites dans le projet de cahier des charges.

En France, le Ministre des postes et télégraphes, agissant en exécution des lois des 29 novembre 1850 et 27 décembre 1851 qui assurent à l'État le monopole des lignes télégraphiques, a arrêté le cahier des charges des autorisations d'installer et d'exploiter des communications téléphoniques.

En Allemagne, le Ministre de l'intérieur a pris la décision dont voici le texte :

« L'article 48 de la constitution de l'empire allemand attribue au télégraphe comme institution de trafic de l'État une organisation uniforme pour toute l'étendue de la Confédération allemande.

« Sont également compris dans l'acception de télégraphes, dans le sens de l'article précédent, les postes téléphoniques.

« Elle peut donc, par voie de police, s'opposer à l'installation et à l'exploitation des communications téléphoniques, lorsqu'elles sont faites par d'autres administrations que celles des télégraphes de l'Empire ou même par celles auxquelles il a été accordé d'installer et d'exploiter des lignes télégraphiques pour des usages déterminés. »

Ainsi, partout, on a considéré le téléphone comme une variété du télégraphe.

Cela est conforme à la nature des faits.

Rien ne rend mieux compte de la fonction du téléphone que cette phrase dont j'emprunte le texte à un article du journal l'*Électricité*.

« Le grand mouvement qui anime les artères de la télégraphie, le téléphone donne le moyen de ne pas l'arrêter à la station télégraphique et de le faire pénétrer directement jusque dans le comptoir du commerçant, dans l'atelier du fabricant et dans le domicile de la famille. »

Le régime légal du télégraphe est donc de plein droit le régime légal de la téléphonie. C'est dire :

Que l'établissement et l'usage de lignes téléphoniques privées ne sont pas soumises à permission ;

Que l'établissement et l'exploitation de lignes téléphoniques accessibles au public sont, en principe, réservées à l'État;

Qu'exceptionnellement des concessions de téléphonie locales pourront être accordées par le Gouvernement d'après le mode et aux conditions réglées par la loi du 23 mai 1876.

Mon Département ne vous propose pas, pour le moment du moins, de modifier le régime légal.

Il lui paraît que les considérations, qui ont décidé les Chambres à voter à l'unanimité la loi du 23 mai 1876, ont conservé toute leur valeur, si même, elles n'en ont acquis davantage.

Le désir de ne pas surcharger de détails une administration dont la tâche est déjà assez encombrée, la nature même du service à rendre au public, les progrès à attendre dans cet ordre de faits tout nouveau d'une vive concurrence suscitée par l'intérêt individuel, le désir de voir les installations se faire partout, à la fois, très vite, nous ont porté à laisser les Compagnies tout au moins faire l'expérience.

Je viens de vous parler des progrès à attendre, dans cet ordre de faits tout nouveau, de la concurrence. C'est vous dire qu'il entre dans les intentions du Gouvernement de ne jamais accorder, en cette matière, des droits exclusifs. Le Gouvernement se réservera la faculté d'exiger que les bureaux centraux des divers concessionnaires soient reliés de façon à permettre aux abonnés d'une des concessions de correspondre promptement avec les abonnés des autres. Dans le même ordre d'idées, il stipulera le droit d'exiger que les bureaux centraux du réseau concédé soient raccordés aux bureaux télégraphiques qui se trouvent dans le périmètre de ce réseau.

Le Post-Master anglais n'a voulu accorder de concessions que pour un terme très-court et que sous la réserve du droit de racheter la concession, à l'expiration de chaque période de trois années.

Le cahier des charges français stipule au profit de l'État une quotité de 10 p. c. de la recette brute avec minimum annuel de 3,000 francs par réseau concédé et une réduction des prix moyens des tarifs en vigueur au profit des transmissions effectuées pour le service de l'État, des provinces et des communes.

Toutes ces clauses ont été introduites dans un projet de cahier des charges-type élaboré en exécution de l'article 8 de la loi du 23 mai 1876 par mon Département, avec le concours du comité du contentieux. Ce projet a été communiqué par moi à M. le Ministre.

des finances pour la rédaction de diverses clauses, notamment de la clause organique du droit de rachat. Il vient de me revenir avec quelques observations auxquelles je n'ai pas eu, ces jours-ci, le temps de répondre. Il sera publié au *Moniteur*, avant qu'aucun arrêté de concession soit soumis au Roi.

Si l'étude en a été un peu longue, c'est qu'elle a été faite avec le plus grand soin et qu'on a voulu y introduire toutes les conditions dont l'expérience a, en Belgique comme à l'étranger, signalé l'utilité. L'honorable M. de Moreau, qui m'a reproché de la lenteur et de l'indécision à ce sujet, eût été plus indulgent s'il avait bien voulu se ressouvenir que la loi réglant les tramways, installés en Belgique dès 1864, date du 9 juillet 1875.

Une question qui, en matière d'établissement de lignes téléphoniques, préoccupe beaucoup le public, et à juste titre, est celle de savoir quels sont les droits des propriétaires et des locataires des terrains et bâtiments sur lesquels ou sous lesquels on installe une ligne télégraphique ou téléphonique.

Je rappelle que les propriétaires et les locataires ne sont tenus de tolérer le placement des poteaux, la conduite des fils tant au-dessus qu'au-dessous du sol, que lorsque le Gouvernement a reconnu nécessaire d'établir une ligne télégraphique ou téléphonique; d'où il suit que, si le Gouvernement reconnaît nécessaire d'établir des lignes téléphoniques reliant, par exemple, les divers locaux occupés par l'État dans une même agglomération, les propriétaires et les locataires sont tenus de tolérer le placement des poteaux, la conduite des fils et tout ce que comportent l'installation, la surveillance et l'entretien des lignes; que, s'il s'agit de lignes dont la nécessité n'est pas reconnue par le Gouvernement comme, par exemple, d'une communication à établir entre la maison de ville et la maison de campagne, les propriétaires et locataires des terrains et bâtiments situés sur le parcours ne sont pas tenus de tolérer les travaux dont je viens de parler.

Vous savez du reste que, même quand ils doivent être tolérés, ces travaux ne peuvent être faits qu'à ces deux conditions, sans qu'une dépossession puisse être exigée et à charge d'indemnité ultérieure d'après estimation faite à l'amiable ou par le juge compétent.

Ce n'est pas seulement pour les propriétaires et les locataires des terrains et bâtiments traversés que l'établissement et l'exploitation des lignes télégraphiques ou téléphoniques peut offrir des inconvénients. Aussi, mon Département juge-t-il utile de se réserver le droit de faire exécuter par le concessionnaire ou à ses frais, pendant toute la durée de la concession, les modifications aux installations existantes et les nouvelles installations dont l'expérience aura fait connaître la nécessité.

Mon Département, d'accord avec les délégués du Gouvernement des Pays-Bas, poursuit l'exécution de la loi que vous avez votée pour l'éclairage et le balisage ds l'Escaut. Le balisage sera bientôt achevé. Les bateaux-phares n'ont pas encore été adjugés, parce que j'ai fait mettre à l'étude la question de savoir s'il n'y a pas lieu de placer à bord de ces bateaux les appareils phoniques appelés SIRÈNES, qui, par la puissance du son, avertissent, en temps de brume, le navigateur qui est dans les parages du bateau-feu, c'est-à-dire du danger à éviter.

Je fais former une collection complète de toutes les cartes de l'Escaut maritime. J'ai fait appel à l'obligeance du Gouvernement des Pays-Bas. Je demande de même le bienveillant concours des particuliers propriétaires de documents de ce genre. En nous les communiquant, ils feront chose bien utile au pays.

> Le produit des taxes de pilotage, etc., s'est élevé,
> en 1880, à. . . . . fr. 1,921,479 06
> Il n'était en 1877 que de. 1,600,446 09
>
> Le progrès, en trois ans, a été de . . fr.   321,032 97

Je passe aux services maritimes à vapeur. Je m'occupe d'abord de ceux qui ont été organisés en vertu de lois que nous avons trouvées en cours d'exécution.

L'article 6 de la convention du 1er juillet 1873, avenue entre M. Moncheur et M. von der Becke, est ainsi conçu :

« Dès qu'il y aura un aliment suffisant en passagers et en marchandises pour permettre l'établissement d'un service hebdomadaire entre Anvers et New-York, indépendamment du service entre Anvers et Philadelphie, les concessionnaires seront tenus d'organiser un départ par semaine pour New-York.

» Aussitôt que le service hebdomadaire sur New-York se trouvera régulièrement établi, le service sur Philadelphie pourra être réduit à un voyage mensuel. »

L'article 1er, litt. *D*, de la concession de 1877 dit à son tour :

« Si le Gouvernement et les concessionnaires sont d'accord pour le juger nécessaire, il pourra être ultérieurement établi un service hebdomadaire. »

En raison de l'importance croissante de notre trafic avec les États-Unis et des services rendus par la ligne Von der Beke au commerce anversois, services attestés par l'unanimité des personnes qui ont pris part aux débats sur cette question, je me suis décidé à organiser un service hebdomadaire.

Ce n'est là que l'exécution loyale du contrat.

En conséquence, il a été convenu qu'à dater du 1er avril 1880, moyennant la garantie d'un produit postal de 500,000 francs, prévue par la convention, il y aurait, à jour fixe, un départ pour New-York chaque semaine, le départ de la dernière semaine se faisant sur Philadelphie.

Nous avons eu, en 1880, 99 traversées au lieu de 79 en 1879.

Le mouvement commercial a été porté :

A l'entrée, de . . . . .tonnes	75,000	en 1879
A	100,675	en 1880
Excédent . . . tonnes	25,675	

À la sortie de . . . . .tonnes	37,914	en 1879
A	64,010	en 1880
Excédent . . . tonnes	26,096	

Vous savez que nous avons fait avec la Compagnie Lamport et Holt un traité pour l'établissement et l'exploitation d'un service maritime à vapeur vers le Brésil et la Plata.

Il arrive qu'à raison ou sous prétexte de fièvre jaune, le Gouvernement de la Plata impose aux navires qui ont fait escale au Brésil des quarantaines avec leur cortége de frais et de délais.

De là une suspension des rapports entre Anvers et le Brésil.

Les trois Départements des Affaires étrangères, des Finances et des Travaux publics ont nommé une commission chargée de rechercher les moyens d'obvier à ces interruptions.

Cette commission vient de déposer un rapport que je n'ai pu encore examiner.

Le mouvement a été :

A l'entrée, de	48,878	en 1879
—	51,624	en 1880
Excédent . . .	2,746	
A la sortie, de	28,137	en 1879
—	24,695	en 1880
Manquant . . .	3,442	

Le tonnage total des marchandises manutentionnées par les steamers qui accostent au quai du Rhin était :

A l'entrée, en 1879, de	230,895
— en 1880, de	285,620
Progrès . . .	54,725
A la sortie, en 1879, de	136,498
— en 1880, de	166,092
Progrès . . .	29,594

L'honorable M. Beernaert nous a entretenus des relations d'Anvers avec l'Asie australe, des mesures à prendre pour développer ces relations, particulièrement de l'affaire des laines.

La question, Messieurs, est simple et ancienne.

Le tarif général français frappe d'une surtaxe de fr. 5 60 c⁵ par 100 kilogrammes, les laines introduites par voie étrangère.

Par exception, en vertu du traité de commerce anglo-français, les laines de provenance australienne sont exemptes de cette surtaxe d'entrepôt.

Il suit de là que, sur les laines de la Plata débarquées à Anvers en destination de Roubaix et Tourcoing, on doit acquitter à la douane française fr. 3 60 c^s de plus par 100 kilogrammes que si elles étaient achetées directement et introduites par le Havre.

Le transport par chemin de fer du Havre à Roubaix-Tourcoing coûte, par 100 kilogrammes, fr. 2 40 c^s. Le transport par chemin de fer d'Anvers à Roubaix-Tourcoing coûte 85 centimes ; la différence n'est que de fr. 1 55 c^s.

Elle ne suffit pas à compenser la surtaxe d'entrepôt fr. de 3.50 c^s.

L'écart entre les prix de revient est donc de fr. 2.05 c^s par 100 kilogrammes.

On comprend qu'en raison de cet écart, un déplacement s'opère et que, graduellement, les fabricants de Roubaix-Tourcoing quittent Anvers pour se porter au Havre.

Mais ceci n'est vrai que pour les laines de la Plata, les laines de l'Asie australe étant exemptes de cette surtaxe d'entrepôt.

Le commerce anversois cherche donc à introduire les laines de l'Asie australe dans les fabriques de Roubaix-Tourcoing. Naturellement aussi, il cherche à en réduire le prix d'achat le plus possible.

Les négociants en laines d'Anvers pensent qu'une relation directe entre Anvers et l'Australie leur procurerait les laines à meilleur marché qu'ils ne peuvent les obtenir aujourd'hui en les achetant sur le marché de Liverpool à des intermédiaires anglais.

D'autre part, des producteurs belges pensent que l'exportation de leurs articles vers l'Asie australe n'a pas pris tout le développement dont elle est susceptible et croient qu'une relation directe ne pourrait qu'améliorer la situation.

L'honorable M. Beernaert et l'honorable M. De Decker recommandent tous les deux l'établissement d'un service à vapeur direct d'Anvers sur l'Australasie ou plutôt ils demandent tous deux qu'un subside soit accordé pour provoquer et encourager semblable service.

Ils diffèrent en ceci que M. Becrnaert voudrait que le subside fût accordé par le Département des finances, au nom de l'État, tandis que M. De Decker voudrait qu'il fût accordé par le réseau de chemins de fer, domaine industriel de l'État.

Le système de M. De Decker donne une apparence plus plausible à la demande de subside.

Il revient à ceci: l'État n'intervient pas à titre de pouvoir public, mais à titre d'industriel. Il n'accorde pas de protection, il fait une affaire. Il n'alloue pas de subside, il prend une participation fixe.

Alors, il faudrait charger aussi le Budget du chemin de fer des subsides aux communes pour accès aux gares; des subsides aux messageries pour transport de voyageurs; des sommes payées aux compagnies pour solde des revenus garantis.

Mais, subside de l'État ou subvention du chemin de fer, qui fournira les fonds? — Le contribuable, dans le système de M. Becrnaert. — Le client du chemin de fer, dans le système de M. De Decker. — Dans l'une comme dans l'autre hypothèse, un tiers qui n'aura aucune part au profit.

Dès lors, à mon avis, il faut de bien graves raisons pour justifier l'allocation d'un subside.

Il faut que le résultat à atteindre soit bien important, que l'impuissance des forces privées soit bien clairement démontrée, que le concours de l'État soit, dans sa durée et son intensité, réduit à la plus stricte mesure, toutes conditions à étudier de près et très-spécialement dans chaque affaire déterminée, sur lesquelles il est impossible de se prononcer d'une façon absolue et systématique.

Messieurs, me voici arrivé à la fin de cette revue que vous aurez, sans doute, trouvée longue. Je ne puis cependant pas terminer sans répondre à quelques-unes des observations générales qui ont été présentées dans les séances précédentes.

Le Budget des Travaux publics est un champ de souvenir et d'espérances. Chacun rappelle ce qu'il a fait et annonce ce qu'il fera.

C'est le fond de tous les discours; la différence n'est que dans la forme.

Écoutez, par exemple, deux de mes honorables prédécesseurs, MM. Wasseige et Beernaert.

M. Wasseige ne se gêne pas. De son temps, tout était pour le mieux dans le meilleur des mondes imaginables. Les règlements, qui aujourd'hui ne valent rien, alors, étaient excellents ; les traitements, dérisoires aujourd'hui, alors, étaient largement rémunérateurs ; les voyages, aujourd'hui si chers, alors, étaient d'un bon marché à peine croyable ; les routes étaient mieux entretenues, les fleuves mieux endigués, les trains mieux combinés, les voitures plus doucement suspendues. Surtout Namur, sa banlieue, son arrondissement, sa province étaient comblés.

Vous l'avez entendu : que de routes et de canaux, que de ponts et d'écluses, que de stations, que de bureaux de postes, que de bureaux de télégraphes ! M. Wasseige en a fait la nomenclature avec la satisfaction d'un homme qui ne perd pas son temps.

L'honorable M. Wasseige n'est donc pas mécontent.

Les griefs qu'il a articulés contre mon Administration, il en fait bon marché et je suis persuadé qu'il n'y insistera pas. Il est, par exemple, trop bon Namurois pour se plaindre que ce soit à Namur, et sur le territoire de Namur, que l'on construit les nouveaux ateliers. Il ne dit pas qu'il eût voulu les voir installés à Ronet. Ce qu'il me reproche, c'est seulement d'avoir fait connaître, avant les élections de juin, que les ateliers ne seraient pas établis à Ronet et que je chercherais à concilier les intérêts de l'État avec ceux de la ville de Namur.

Mais l'honorable M. Woeste, lançant un petit filet de vinaigre dans ce débat si calme, y est revenu et a commenté les allusions de M. Wasseige.

Voici, Messieurs, ce qui s'est passé.

Pour faciliter et hâter la prompte réparation du matériel roulant du chemin de fer, il a été décidé que des ateliers seraient installés sur divers points du réseau.

Depuis très-longtemps, il est question d'en établir à Mons, à Gand et à Namur.

M. le bourgmestre de Namur vint me voir et me demanda d'examiner immédiatement le projet concernant Namur.

Je lui répondis que cette affaire devait être étudiée avec soin. A cela, il répliqua avoir appris par les journaux que la question était résolue et qu'on savait que les directeurs compétents proposaient d'établir l'atelier non pas à Namur, mais à Ronet. Vérification faite, cela était exact. La proposition fut formulée; mais, avant qu'elle fût entrée dans mon cabinet, elle était annoncée à Namur, et la presse catholique de dire aux Namurois : Ce n'est pas à Namur qu'on va établir les ateliers, afin de ranimer votre ville, d'occuper votre population ouvrière, d'attirer chez vous des affaires nouvelles. Voilà ce que nous nous n'eussions point manqué de faire. Mais les libéraux ne font pas comme nous. C'est à Ronet, à quelque distance de votre ville, comme pour vous narguer, qu'on va construire ces ateliers. Insouciance ou incapacité, voilà bien les libéraux !

Le bruit s'accrédita. Aucune décision n'était prise; on ne pouvait pas savoir quelle elle serait; et, cependant, on criait sur tous les toits que l'atelier ne serait pas établi à Namur.

J'en fus averti, Messieurs, par une lettre de M. le bourgmestre de Namur, ainsi conçue :

MONSIEUR LE MINISTRE,

Nos adversaires politiques vont criant partout que les ateliers de construction ne seront pas établis sur le territoire de Namur; que c'est chose décidée.

Je viens vous prier, Monsieur le Ministre, de me dire ce qu'il y a de fondé dans ces affirmations de nos adversaires; s'il n'y a là qu'une manœuvre électorale ou s'ils sont bien informés.

Et voici ce que j'ai répondu à cette lettre :

MONSIEUR LE BOURGMESTRE,

Par votre lettre du 13 courant, vous me signalez une manœuvre électorale de vos adversaires annonçant que le Gouvernement a décidé l'établissement, à Ronet, des ateliers du chemin de fer de l'État pour le groupe dont Namur est le chef lieu.

J'ai l'honneur de vous déclarer que s'il est exact que l'administration m'a fait une proposition en ce sens, je n'ai pas voulu y donner mon approbation et que j'étudie, au contraire, les moyens de concilier les intérêts de l'État avec ceux de la ville de Namur.

Veuillez, etc.

J'ai étudié et j'ai chargé trois fonctionnaires de mon Département, le directeur des constructions nouvelles, celui des voies et travaux et celui de la traction et du matériel, d'aller, à Namur, voir le terrain, afin de se rendre un compte exact de la situation. Trop souvent, j'ai constaté qu'un examen des lieux suffit à faire disparaître bien des objections. C'est encore ce qui s'est produit cette fois. Après examen sur place, les fonctionnaires que j'avais envoyés à Namur ont reconnu qu'il était possible d'établir l'arsenal à l'endroit qui lui a été définitivement assigné.

Sur le vu du rapport qu'ils m'ont adressé et, de l'avis conforme du comité, j'ai sanctionné l'emplacement. Si, après ces explications, on a la moindre observation a faire contre cette décision, je m'engage à produire le dossier et à discuter les objections qui pourraient m'être faites.

Que peut-on me reprocher? De n'avoir pas voulu être dupe d'une petite comédie. On eût élevé, si je n'y avais pris garde, un formidable grief contre mes amis politiques, et l'élection une fois faite, MM. Wasseige et ses amis, désireux d'avoir l'atelier à Namur, eussent été les premiers à venir solliciter une décision dans ce sens. J'aurais cédé. Le résultat eût été le même matériellement; mais le bienfait fût venu de M. Wasseige. J'ai préféré qu'il vînt du Département. M. Wasseige est assez riche en actes de ce genre pour m'en permettre un.

Ce qui s'est passé à Namur s'est représenté à Bruges.

J'ai reçu une députation d'habitants de cette ville venant me demander s'il était vrai, comme nos adversaires politiques en répandaient le bruit, que la commission installée pour étudier la question des ports de Heyst et autres n'avait pas de mission sérieuse; que rien ne se ferait, que tout cela n'était qu'une vaine démonstration dans un but électoral.

J'ai dit à ces messieurs que lorsque j'avais nommé une commission, je l'avais fait sérieusement, que j'y avais introduit des hommes respectables, des ingénieurs, des savants, des fonctionnaires de mon Département et que je me respectais trop pour faire des membres de cette commission de simples marionnettes.

Ai-je d'ailleurs commis ce grand crime d'intervenir au moment de l'élection ?

Mais, Messieurs, si tant est que cela soit, il y a bien des précédents.

M. Woeste. — Est-ce que vous ferez les grands travaux que vous avez promis à Bruges? Voilà la question.

M. Sainctelette, *Ministre des Travaux publics.* — Quand j'aurai le dossier complet, j'examinerai et je déciderai comme de droit.

M. Woeste. — Et les travaux de Bruges port de mer?

M. Sainctelette, *Ministre des Travaux publics.* — Permettez-moi de continuer. Nous avons 70 kilomètres de côtes et j'ai dit à ces messieurs qu'à mon avis, la Belgique ne tirait pas un assez grand parti de cette situation si favorable; qu'il y avait beaucoup de choses à faire dans cet ordre d'idées.

M. Woeste. — Il s'agissait de Bruges port de mer.

M. Sainctelette, *Ministre des Travaux publics.* — C'est péché véniel, cela. Il y a quelques mois, à Anvers, n'ameutait-on pas toute la population contre moi à propos des expropriations? On savait pourtant que les expropriations se feraient, non pas en vertu de la loi sur l'expropriation par zones, mais en vertu de la loi de 1835, non pas par l'intermédiaire d'une Société, mais directement par l'État.

Je donnais ces informations, de la façon la plus catégorique, à plusieurs reprises, et, néanmoins, on a fait circuler des bruits contraires.

Procédé de parti, mouvement électoral, que je ne blâme pas, mais contre lequel on voudra trouver bon que je défende mes amis.

Je disais tout à l'heure que si j'avais besoin de précédents pour me justifier, j'irais les demander aux amis de M. Woeste. Je pourrais invoquer le dossier de certaine route d'Oostmalle à Saint-Léonard, à laquelle on me reproche de ne pas porter un intérêt assez palpitant.

Elle a été ordonnée par un arrêté royal du 3 juin 1878, mais ce qu'il y a de particulier, c'est que dans le dossier on a laissé le rapport au Roi. Ce rapport, qui est signé par qui il doit l'être, est daté du 8 juin. Les élections ont eu lieu le 11.

M. d'Andrimont. — Il y en a bien d'autres.

M. Sainctelette, *Ministre des Travaux publics*. — Je le crois! Mais revenons.

L'honorable M. Beernaert, lui, n'a fait aucun retour sur le passé; c'est de l'avenir qu'il se préoccupe et, selon lui, tout est au plus mal dans le plus noir des mondes possibles. Agriculture, industrie, commerce, rien ne va, et le Gouvernement, qui doit chercher les remèdes, ne propose rien. La conclusion, Messieurs, on ne la dit pas, mais elle se sous-entend de reste.

L'honorable M. Beernaert m'a réfuté dans ce que je n'ai pas dit et n'a pas répondu à ce que j'ai dit.

Ainsi, entrant dans de nombreux détails, il a insisté longuement sur ce fait, qui n'est pas contesté, qu'aujourd'hui divers produits se cotent à des prix que les vendeurs ne trouvent pas suffisants, mais il n'a rien dit du sentiment et de la situation de ceux qui achètent.

M. Beernaert fait ce raisonnement : les vendeurs souffrent, donc la société est malade. On lui répond : dans une société, il n'y a pas que des vendeurs, il y aussi des acheteurs. Quand une chose est vendue à bas prix, le marché mauvais, pour le vendeur, est bon pour l'acheteur. L'un s'enrichit dans la même mesure où l'autre s'appauvrit. Sans doute, il est très-regrettable, pour les houillères, de devoir accepter aujourd'hui 10 francs des charbons qu'elles vendaient 30 francs en 1874; mais, ceux qui payaient les charbons 30 francs en 1874, croyez-vous qu'aujourd'hui, ils se lamentent de n'en plus devoir donner que 10? Et, dès lors, pouvez-vous dire que la Belgique est malade?

Quand, à vos yeux, une société est-elle bien portante? Est-ce lorsque tout y est cher depuis le pain, le beurre et la viande jusqu'au capital? Est-ce lorsque tout n'y est offert qu'en quantités fort au-dessous des demandes et par conséquent des besoins. Soutenez-vous qu'un pays ne s'enrichit que lorsque le loyer de l'argent y est en hausse et qu'il s'appauvrit dès qu'il y est en baisse, qu'un État est en voie de prospérité quand la rente est beaucoup en deçà du pair et en voie de décadence quand elle est au delà?

Autant vaudrait prétendre que l'humanité s'est trompée en voyant dans l'abondance un bienfait et dans la disette un malheur.

Il ne faut donc point généraliser et conclure des souffrances de plusieurs, ou même de beaucoup, à une maladie générale.

Surtout, il faut se dire que l'évolution à laquelle nous assistons n'est pas plus sans précédents qu'elle ne sera sans suites.

L'offre et la demande dont la relation règle le prix sont rarement en équilibre. Le moindre excès dans l'offre amène la baisse, comme le moindre excès dans la demande amène la hausse. La production et la consommation se livrent un combat perpétuel. Quand la production possible excède les besoins de la consommation, le prix descend. Quand la consommation déborde la production possible, le prix monte. C'est la loi de tous les temps et de tous les pays. A une période de baisse succède une période de hausse, à son tour suivie d'une période de baisse.

Que peuvent les Gouvernements en pareille matière? Surtaxer les uns pour détaxer les autres? Grever les consommateurs pour subsidier les producteurs? C'est ce dont personne aujourd'hui ne veut plus dans cette Chambre. C'est une politique dont l'expérience a dégoûté la Belgique.

L'honorable M. Beernaert trouve que nous vivons dans un siècle étrange. On ne veut plus, s'est-il écrié, des droits protecteurs; les principes s'y opposent; mais on les rétablit, sous le nom nouveau de surtaxes d'entrepôt.

Non, le mot n'est pas plus nouveau que la chose. Les surtaxes d'entrepôt, les surtaxes de pavillon, sont très-connues. On les a non-seulement défendues en théorie, mais mises en pratique. C'étaient de ces droits différentiels que l'honorable Ministre des Affaires Étrangères a supprimés en 1850, aux applaudissements de tous et pour le plus grand bien du pays.

Nous n'y reviendrons pas. Nous ne prendrons pas dans la poche des uns pour mettre dans la poche des autres. Nous nous bornerons à débarrasser le plus possible le jeu naturel et légal de l'offre et de la demande des obstacles artificiels qui pourraient encore l'entraver.

Et comment nous y prendrons-nous pour arriver à ce résultat? Eh! mon Dieu, nous recourrons à des moyens bien anciens et bien simples.

Nous chercherons à faciliter les relations par la construction de nouvelles voies de communication, routes, canaux, chemins de fer.

Nous ferons pour la voirie vicinale ce qu'il est juste de faire.

Nous poursuivrons la construction des quais d'Anvers, l'amélioration du canal de Terneuzen, l'élargissement du canal de Charleroi à Bruxelles, le creusement du canal de Mons au Centre, l'achèvement du canal de la Lys à l'Yperlée, le complément du canal de Roulers à la Lys.

Nous achèverons les chemins de fer entamés depuis dix ans. Nous en commencerons de nouveaux.

Nous examinerons sans tarder ce qu'il sera possible de vous proposer quant aux droits de navigation.

Et quant aux tarifs des chemins de fer, nous continuerons de chercher les moyens d'approprier de mieux en mieux les prix à la nature des services rendus.

L'honorable M. Beernaert a insisté vivement pour connaître l'importance du relèvement des tarifs de voyageurs, mais il s'est bien gardé de demander le dégrèvement des marchandises.

Je vais lui fournir les deux renseignements du même coup.

En 1877, le produit moyen du voyageur embarqué était de 69 centimes. Il a été, en 1880, de 79 centimes. Augmentation, 10 centimes.

En 1877, le produit moyen de la tonne embarquée était de fr. 3.86 c⁵. Il a été, en 1880, de fr. 2.95 c⁵. Diminution, 91 centimes.

Pour le voyageur, comme pour la marchandise, je viens de parler du service intérieur.

Or, je le demande à tous, l'augmentation de 10 centimes par voyageur a-t-elle fait autant de mal que la diminution de 91 centimes par tonne de marchandises a fait de bien.

Nous n'avons pu, en 1880, juger de l'influence des nouveaux prix pour voyageurs sur le mouvement. L'année était trop anormale. Nous pourrons mieux observer le fait en 1881. Je ne crois pas qu'il soit contraire.

Je ne veux pas dire davantage que tout le progrès du mouvement des grosses marchandises, 2,500,000 francs, soit dû à la réduction. La reprise industrielle pendant l'hiver 1879-1880 y a certainement contribué. Mais on me permettra de penser que le moindre prix du transport n'a pas été sans quelque influence favorable.

Nous continuerons à chercher de plus en plus près le prix exact du transport qui, dans la situation présente, convient le mieux à un produit donné dans une direction déterminée. Nous continuerons à agir par voie de tarifs spéciaux, non de réforme générale. C'est dans cet ordre d'idées que, recevant récemment une députation de directeurs de houillères, je leur ai annoncé la mise à l'étude, précisément de ces tarifs spéciaux du Hainaut vers les Flandres, que l'honorable M. Beernaert me recommandait hier.

Il faut, dit M. Beernaert, chercher à augmenter nos exportations. Tenu par un ancien Ministre, sous lequel ce mouvement était descendu de 3,195,908 tonneaux en 1873 à 2,807,044 à un Ministre sous lequel il a monté de 2,807,044 à 3,915,861, le conseil peut paraître quelque peu superflu. Nous avons, en trois ans, gagné 1,100,000 tonnes et plus de 4 millions de recettes. Ce n'est évidemment pas un revers.

Et, puisqu'on me force à le dire, il faut bien que je répète que tout ce que l'on dit des faveurs accordées aux produits étrangers est inexact, profondément et complétement inexact.

Je vous ai dit tout à l'heure que le produit moyen de la tonne embarquée était pour le service intérieur de fr. 2.953 c'. En services internationaux et de transit, il a été de fr. 3.620 c'. Le produit moyen de la tonne embarquée a été :

En service intérieur de. . . . . . fr. 2.95
En service mixte de. 3 02
A l'exportation de. 3 20
A l'importation de. 4 64
En transit de. . . . . , 3 35

Voilà les faits généraux. Que, pour certaines marchandises dans certaines directions, les prix de transport soient, par unités, moindres pour le trafic intérieur que pour le trafic extérieur, je ne voudrais pas le contester ; mais en argumenter pour dire que tout est mauvais, que tout est à reviser et à refaire, qu'une Société est à l'agonie, c'est encore une fois conclure de faits particuliers à une situation générale et prendre des exceptions et des extrêmes pour des moyennes.

Séance de la Chambre des Représentants du 7 juin 1881.

MESSIEURS,

L'article 1er de la loi du 12 avril 1835 dit ceci :

« Provisoirement, en attendant que l'expérience ait permis de fixer, d'une manière définitive, les péages à percevoir sur la route susdite, conformément à l'article 5 de la loi du 1er mai 1834, ces péages seront réglés par un arrêté royal. »

C'est de ce pouvoir, parfaitement constitutionnel, de régler, par arrêté royal, les péages à percevoir sur les chemins de fer, que le Gouvernement vous demande aujourd'hui la prorogation. C'est vous dire que, selon lui, l'expérience ne permet pas de fixer, d'une manière définitive, le prix de transport par les chemins de fer, pas plus qu'elle ne permet de saisir et d'immobiliser les prix de transport par le roulage, la batellerie, le cabotage, la marine de long cours.

Le trafic a, selon les lieux et les circonstances, des besoins multiples, divers, mobiles. Les satisfactions à donner à ces besoins doivent être aussi nombreuses, aussi variées, aussi changeantes que les évolutions elles-mêmes du trafic. Il faut que le prix de la marchandise « transport » ait toute l'élasticité du prix de la « marchandise transportée ». Aussi n'a-t-on jamais songé à régler définitivement et uniformément le prix du roulage, les frets de la navigation intérieure ou de la navigation maritime.

Il est donc, de la part des exploitants de chemins de fer, très-rationnel et très-conforme à la nature des choses de vouloir conserver la liberté d'allures nécessaire pour mettre constamment les prix en rapport avec les conditions variables du trafic et avec les concurrences. La pensée d'assimiler, quant aux péages perçus, les chemins de fer aux chaussées et aux canaux, n'a pu venir qu'à une époque à laquelle on croyait pouvoir, en matière de transports par chemins de fer, distinguer entre la voie de communication et le moyen de communication.

Aujourd'hui que l'on s'accorde à confondre l'exécution du transport avec l'utilisation de la voie, à donner aux deux opérations une même rémunération indivisible, personne ne peut vouloir imposer aux chemins de fer de l'État, plutôt qu'à leurs concurrents, la fixité et l'inflexibilité du prix.

Vos sections et la section centrale sont, à ce sujet, en entière communauté de vues avec le Gouvernement et aucune objection n'a été faite au principe de la loi, c'est-à-dire à la demande de prorogation.

Les honorables orateurs qui viennent d'être entendus ont présenté quelques observations à l'occasion du projet de loi plutôt qu'ils ne l'ont combattu. Celles qui vous ont été soumises par MM. Gillieaux et Le Hardy de Beaulieu ne s'adressent même pas au système général de nos tarifs. Comme l'honorable M. Meeus, dans la discussion du Budget, comme l'honorable M. Gillieaux dans son rapport, ils n'ont signalé que des faits particuliers.

Quand je dis que l'on n'a point critiqué le système général de nos tarifs, ce n'est pas que je fasse abstraction de deux observations générales de l'honorable M. Le Hardy de Beaulieu. C'est que, selon moi, elles visent tout système de tarifs, quel qu'en soit le mode de construction.

L'honorable membre, s'autorisant de l'opinion d'un contrôleur général des chemins de fer de l'Inde, formule cet axiome : Toute augmentation du tarif amène une diminution de mouvement; toute diminution du tarif amène une augmentation de mouvement.

Ce n'est point de *gaieté de cœur* et de parti pris, ce n'est pas par amour de certaines théories, que le Gouvernement vous a soumis un ensemble de mesures propres à augmenter les ressources financières de l'État et qu'il a compris parmi elles le relèvement du tarif des voyageurs. Nous avons cru que ce tarif, moins élevé en Belgique qu'en aucun autre pays de l'Europe, pouvait, tout en restant le plus bas de tous, être relevé dans des proportions infimes. La majorité a partagé ce sentiment. La loi a été votée; elle est l'œuvre commune de la majorité et du Gouvernement. Ce serait se mettre trop à l'aise que de l'oublier aujourd'hui.

Il n'est pas, du reste, exact de penser avec l'honorable M. Le Hardy de Beaulieu que tout abaissement de tarif doive se traduire en une augmentation de mouvement et surtout en une augmentation de mouvement qui permette de regagner par la quantité ce que l'on a perdu par la réduction. En cette matière comme en beaucoup d'autres, il y a une question de tact et de mesure à résoudre. Il faut savoir apprécier ce que, dans certains cas, il est possible de faire sans arrêter le mouvement, comme il faut aussi, dans d'autres cas, ne pas hésiter à sacrifier une partie du prix pour augmenter le mouvement et accroître la recette générale.

L'autre considération générale présentée par l'honorable M. Le Hardy de Beaulieu a trait au prix de revient. Il faut, dit-il, ne jamais rédiger de tarif qu'en ayant sous les yeux le prix de revient. De quels prix de revient l'honorable M. Le Hardy de Beaulieu entend-il parler? A coup sûr, ce n'est pas d'un prix de revient moyen général.

M. Le Hardy de Beaulieu. — Évidemment.

M. Sainctelette, *Ministre des Travaux publics.* — Il veut donc savoir le prix de revient de la tonne embarquée en service intérieur, en services mixtes, en services internationaux, en services de transit. Il veut savoir ce prix de revient par voyageur, par tonne de marchandise, par classe, par nature de train. Il veut le savoir assurément par section de chemin de fer, car le prix de revient sur la ligne du Luxembourg est tout différent du prix de revient sur les lignes des Flandres ou sur celles du Nord. Or, établir le prix de revient par voyageur et par tonne de marchandise, par classe de train, par classe de marchandises ou de voyageurs, par section, c'est une œuvre colossale qu'aucune administration de chemin de fer n'a jusqu'à présent abordée dans aucun pays. Et si on ne l'a pas établi jusqu'à présent en Belgique, il faut reconnaître qu'il y a peu de justice à en faire un reproche à celui-là même qui, aujourd'hui, cherche à obtenir des approximations de ce prix de revient.

L'important, Messieurs, c'est le résultat final. Eh bien, quel a été ce résultat pour 1880? Loin de se solder en déficit, comme l'a prétendu l'honorable M. Coomans, cet exercice, après avoir payé tous les frais d'exploitation, toutes les redevances fixes ou variables dues aux concessionnaires dont l'État est le fermier, a pu servir l'intérêt et l'amortissement de toutes les avances faites par le Trésor et de toutes les annuités dues aux Compagnies pour rachat de leurs lignes. Il est même resté, après le prélèvement de toutes les dépenses, un léger bénéfice.

Nous avons, en 1880, et pour la première fois depuis longtemps, complétement couvert les charges du chemin de fer, et si, jusqu'à présent, on nous a dressé un reproche, ce n'est pas celui qu'a formulé l'honorable M. Coomans, c'est, au contraire, d'avoir exagéré les charges du chemin de fer, en le débitant de l'amortissement.

Quoi qu'il en soit, voyons les résultats des mesures décrétées en 1879. Si l'on compare les douze mois de l'année 1880 aux douze mois de l'année 1879, sans faire aucune espèce de distinction entre les mois, voici à quels résultats on arrive :

En 1879, le voyageur donnait en service intérieur 68 centimes, il en donne 79 en 1880, soit 11 centimes de plus.

En service international, le voyageur a payé fr. 2.76 c⁵ en 1879 et fr. 2.81 c⁵ en 1880.

Mais si l'on partage l'année 1880 en deux périodes, l'une de sept mois comprenant les cinq mois antérieurs à l'Exposition et aux fêtes jubilaires, ainsi que les mois de novembre et de décembre; l'autre comprenant les cinq mois consacrés à l'Exposition et aux fêtes jubilaires (juin, juillet, août, septembre, octobre), on trouve que la recette par voyageur a été, en 1880, savoir :

	En service			En
	intérieur.	mixte.	international.	moyenne.
1ʳᵉ période. . . . . fr.	0.72	0.98	2.58	0.79
2ᵉ —	0.86	1.12	3.17	0.97

Le rapprochement de ces chiffres prouve bien nettement que l'augmentation du produit du voyageur en 1880 est due surtout à l'allongement des parcours. On est, de l'intérieur ou de l'étranger, venu de plus loin visiter la Belgique, assister à ses fêtes.

L'honorable M. Beernaert m'a demandé des renseignements plus détaillés que ceux que j'avais d'abord donnés sur les résultats de l'exercice 1880 comparé à l'exercice 1879. Les voici :

J'ai d'abord fait éliminer du mouvement et de la recette les voyages faits par abonnements ([1]) et les voyages circulaires ([2]), et ramener le mouvement et la recette aux données les plus simples :

	Mouvement.	Recette.
1879 . . . . fr.	36,540,179	29,614,989
1880	37,311,756	36,507,098
Augmentation en 1880 . . fr.	771,577	6,892,109

Si, au mouvement de 1880, on applique les prix moyens par unité de 1879, on trouve qu'avec ces prix :

1880 eût produit. . . . . fr.	50,218,112
Il a fourni.	36,507,098
L'augmentation vraie n'est donc que de . . fr.	6,288,986

De cette somme, 1,510,000 francs sont attribuables à l'augmentation des 5 p. c.; 796,905 francs sont imputables à la substitution du kilomètre à la lieue. Cette substitution a été, d'après un ensemble d'observations, considérée par l'administration comme l'équivalent d'un allongement de parcours d'un demi-kilomètre.

([1]) Les voyages par abonnements étaient, en 1879, au nombre de 3,968,672. Ils se sont élevés, en 1880, au nombre de 5,712,726.

([2]) Les voyages par cartes circulaires étaient, en 1879, de 5,196. Ils se sont élevés, en 1880, au nombre de 8,400.

Et enfin, il reste une somme de 5,981,476 francs, qu'il faut imputer, pour la plus grande partie, à l'allongement des parcours provoqué par l'Exposition nationale et les fêtes jubilaires, et dans une moindre mesure, à l'arrondissement des taxes.

Je ne reviendrai pas sur le tarif des voyageurs, je ne m'arrêterai pas aux différences que l'honorable M. Le Hardy, recommençant, pour la troisième fois, une discussion déjà épuisée, vous a signalées; je ne reviendrai pas sur ce qui a été dit de la substitution du kilomètre à la lieue.

Cette substitution du kilomètre à la lieue a été une mesure essentiellement juste, contre laquelle personne ne réclame plus aujourd'hui et qui fait peser équitablement sur tout le monde, en raison du parcours, le prix du voyage.

Je n'ai pas à vous rappeler, Messieurs, les autres mesures par lesquelles nous avons augmenté les facilités données aux voyageurs : suppression de la surtaxe pour passage d'une classe à une autre ou d'un train omnibus à un train rapide, augmentation de la durée de validité des billets *aller* et *retour* et enfin, augmentation, très-marquante aussi, des cartes de voyages circulaires et des trains de plaisir.

Quant aux marchandises, Messieurs, que peut-on critiquer dans notre tarif? Veut-on parler des conditions générales d'application? On les a réformées depuis quelques années et cette réforme s'achèvera bientôt, lorsque les Chambres auront voté la nouvelle loi sur le contrat de transport.

Des frais fixes? — Ils sont à un taux plus faible qu'ailleurs. Vous savez qu'ils sont, sans distinction de classe et de vitesse, de 1 franc par 1,000 kilogrammes. Ils sont même réduits à 50 centimes pour les produits bruts à transporter à de courtes distances.

En Allemagne, ils sont pour la grande vitesse de 5 francs; de fr. 2.50 cˢ par tonne pour la petite vitesse (charges incomplètes), et de fr. 1.50 cˢ. par tonne, même pour les tarifs spéciaux et exceptionnels.

En Hollande, comme du reste dans tous les pays où l'on a distingué les frais fixes et les frais variables, les frais fixes sont beaucoup plus élevés que chez nous. Ils sont de fr. 2.978 c'. pour la grande vitesse, de 1,908 pour les charges incomplètes et de 1,484 pour les charges complètes.

Quant aux frais variables, Messieurs, faut-il faire encore l'histoire et la justification des tarifs différentiels selon les longueurs parcourues? Faut-il les justifier en théorie? les justifier par les précédents? vous les montrer pratiqués dans tous les temps, dans tous les pays, par toutes les industries de transport? Faut-il vous rappeler qu'ils ont été, en matière de chemins de fer, introduits par des Compagnies sous la direction des administrateurs de messageries devenus administrateurs de la Compagnie du Nord, de la Compagnie d'Orléans, etc.?

Faut-il d'après de savants rapports d'inspecteurs généraux français et belges, vous montrer quel usage on en a fait en Angleterre? Faut-il vous rappeler qu'en France ils ont été imposés par le Gouvernement impérial (décret de 1865) et qu'enfin en Allemagne, lors de la révision de tarifs faite par le prince de Bismarck, on a encore adopté des tarifs différentiels par zones pour tous les chemins de fer du sud-ouest de l'Allemagne?

Surtout faut-il faire l'éloge de notre tarif à la distance appliqué à toutes les marchandises et à toutes les distances, vous montrer combien il est supérieur aux tarifs par zones et surtout aux tarifs différentiels français? Faut-il vous dire que M. Waddington, ancien Ministre des Affaires Étrangères et M. le sénateur Georges, rapporteur d'une commission d'enquête sur les tarifs, ont demandé à cor et à cri l'application en France des tarifs belges?

Faut-il vous dire qu'émues de la vivacité de ces réclamations, les Compagnies ont spontanément adressé au Gouvernement français une lettre dans laquelle elles ont fait connaître leur intention d'adopter un tarif commun qui, d'un bout de la France à l'autre, soumet les marchandises à une même tarification et d'appliquer ce qu'elles ont appelé les tarifs belges, c'est-à-dire les tarifs décroissants à la distance?

L'application des tarifs différentiels, lorsque le tarif est, par exemple, de 8 centimes par tonne et par kilomètre entre le premier kilomètre et le centième, et de 5 centimes par tonne entre le premier kilomètre et le trois centième, amène parfois cette anomalie qu'une marchandise est tarifée plus cher dans la première zone que dans la seconde, et que celles qui sont transportées à 80 kilomètres et à 158 kilomètres payent le même prix.

Rien de tout cela ne se présente dans nos tarifs intérieurs et je défie que l'on nous cite de pareilles anomalies.

Les classifications ont été remaniées. Le tarif des produits bruts à de courtes distances a reçu de nouvelles applications. Le mouvement s'est augmenté de 5 millions et cependant le prix moyen de la tonne embarquée a baissé.

Il était en 1877, de fr. 3.55 c⁵; en 1880, il est descendu à fr. 3.42 c⁵.

On me demande de proposer au Gouvernement de nouveaux sacrifices en faveur des produits bruts.

J'ai montré, dans un discours précédent, et je rappelle aujourd'hui que nos tarifs de 1 à 25 kilomètres pour les produits bruts sont plus bas que ceux du Nord français, et qu'ils ne sont dépassés dans le sens du bon marché que par ceux de l'Est français.

Au delà de 50 kilomètres et jusqu'à 110 kilomètres, le tarif de l'État prussien est plus réduit que le nôtre; mais dans quelle faible mesure! Ainsi pour 50 kilomètres il ne prend que fr. 2.125 c⁵, au lieu de fr. 2.20 c⁵; et pour 100 kilomètres fr. 4.25 c⁵, tandis que nous percevons fr. 4.50 c⁵. Mais, à 50 kilomètres comme à 100 kilomètres, le tarif de l'État belge est plus réduit que ceux du Nord-Belge, du Rhénan, du Berg-Marche, de l'Alsace-Lorraine, de l'État autrichien, du Nord et de l'Est français.

Au delà de 110 kilomètres, les prix les plus bas sont, de nouveau et à toutes distances, ceux de l'État belge. A 200 kilomètres, nous demandons fr. 5.50 c⁵; l'État prussien, 7 francs; le Nord français, fr. 11.70 c⁵; l'Est français, fr. 10.40 c⁵.

Voilà, Messieurs, les tarifs des classes appliqués à toutes les marchandises et dans toutes les directions. Les faits que l'on vous a cités sont particuliers à certains transports dans certaines directions; mais quant aux faits généraux, l'avantage est tout à la Belgique.

Faut-il, sur ces prix si réduits, faire encore une réduction générâle? Mais ne perdons pas de vue, Messieurs, qu'en Belgique nous transportons au prix de la 4ᵉ classe ou à des prix analogues 14,800,000 tonnes. Qui oserait conseiller une réduction de 1 franc, de 50 centimes, voire même de 25 centimes, c'est-à-dire un sacrifice de 14,000,000, de 7,000,000 ou de 5,500,000 francs?

On me dit: réduisez vos dépenses; et ceci m'amène à m'expliquer sur les observations présentées, dans la discussion des articles du Budget, par l'honorable M. Le Hardy de Beaulieu, quant au service de la traction et du matériel.

Mes prédécesseurs au Département des Travaux publics, mes collaborateurs même les plus distingués et moi, nous en étions donc à ne pas savoir qu'il y avait 10 millions d'économies à réaliser de ce côté.

Comment l'honorable M. Le Hardy est-il arrivé à cette conclusion? Il a comparé, du point de vue des frais d'entretien et de renouvellement du matériel, nos dépenses avec celles d'autres administrations anglaises et françaises.

Mais, pour établir le montant de nos dépenses, il avait à consulter tout simplement, dans le compte rendu de 1879, l'annexe spécialement consacrée à la dépense totale du service de la traction et du matériel. Elle porte le nᵒ LXXIII.

Cette dépense s'est élevée à 24,598,708 francs; mais il faut déduire de cette somme :

1º Le salaire des machinistes, des chauffeurs, des serre-freins, c'est-à-dire . . . . fr.	4,880,800
2º La part afférente à la traction des convois dans les dépenses pour traitements.	559,000
3º La part afférente à la traction des convois dans les dépenses de combustible	5,548,000
4º Les matières fournies pour d'autres usages que l'entretien.	515,000
5º Les primes d'économie	594,500
6º Les dépenses pour travaux effectués à l'arsenal de Malines et dans les ateliers de Luttre, qui doivent être portées en compte du chauffage, de l'éclairage, du matériel de la voie, des stations.	856,000

Ensemble. . . . fr. 10,553,100

Il reste donc, pour l'entretien et le renouvellement du matériel, une dépense de 14,065,608 francs.

Comment, au lieu de prendre l'annexe donnant la dépense totale du service de la traction et du matériel et d'en éliminer les frais de traction pour ne conserver que les frais concernant le matériel, comment l'honorable M. Le Hardy de Beaulieu est-il arrivé à consulter de préférence une annexe insérée, dans le compte rendu, pour la première fois, en 1879 et en 1880, dans le but d'indiquer l'importance relative des ateliers?

Quand j'ai pris la direction du Département, il n'y avait dans le compte rendu ni une ligne de texte ni une annexe qui eussent trait aux ateliers. J'ai pensé qu'il ne pouvait plus en être ainsi; que le service des ateliers était trop considérable pour être passé sous silence. J'ai exigé que des annexes vinssent relater le nombre des ateliers et analyser leurs principales opérations.

C'est ce qui a été fait. Mais les renseignements donnés dans ces annexes XX et XXII n'ont certainement pas la valeur de bilans commerciaux.

Ces tableaux n'ont d'autre portée que de permettre de comparer, aussi approximativement que possible, l'importance et le travail des différents ateliers. On ne peut, du reste, en tirer de conclusion quant aux prix de revient, par l'excellente raison qu'il y a des doubles emplois, par exemple quant aux frais effectués en main-d'œuvre et en matières pour les objets de rechange et d'approvisionnement; confectionnés dans les ateliers de Malines et de Luttre, ces objets sont portés au compte de ces ateliers, et ils figurent une deuxième fois au compte des ateliers provinciaux, qui les mettent en œuvre et qui en tirent parti.

L'honorable M. Le Hardy de Beaulieu ne s'est pas borné à nous charger d'une quotité de frais plus élevée que celle que nous devons supporter en réalité. Bien involontairement sans doute, et probablement faute de plus amples renseignements, il a oublié de comprendre, dans le compte des Compagnies, des dépenses qui doivent nécessairement y figurer.

Ainsi, peut-on comparer les frais d'entretien et de renouvellement du matériel de l'État belge avec les frais d'entretien et de renouvellement du matériel des Compagnies anglaises, alors, que de notoriété publique, beaucoup de Compagnies anglaises font fournir par des particuliers les wagons affectés au service des dernières classes et laissent, par conséquent, au compte des particuliers les frais d'entretien et de revouvellement de ces wagons.

Ainsi, du Midland, j'ai sous les yeux, dans un numéro récent de la *Revue générale des chemins de fer*, un discours très-intéressant du président de cette Compagnie. Il n'évalue pas à moins de 60,000 à 70,000 le nombre de wagons particuliers qui circulent sur les lignes de cette exploitation. Or, ces 70,000 wagons ne figurent pour rien dans les frais d'entretien. Nous, au contraire, nous avons environ 20,000 wagons affectés au transport des produits bruts, nous devons comprendre dans nos dépenses d'exploitation non-seulement l'entretien, mais le renouvellement de ce matériel considérable.

Pour le dire en passant, j'ai été autrefois partisan de l'emploi, sur les chemins de fer de l'État, de wagons particuliers, mais la lecture de l'important document que je viens de citer a singulièrement ébranlé mes dispositions favorables. Les ingénieurs anglais démontrent fort clairement que l'intercalation dans les trains de wagons particuliers, construits et entretenus au moins de frais possible, cause une foule d'accidents, d'arrêts, de manœuvres, et provoque, en fin de compte, une augmentation considérable de frais.

Sur la ligne de Paris à Orléans, le renouvellement du matériel fait, dans le compte rendu de la Compagnie, l'objet de postes distincts et il n'est pas compris dans le chiffre de 1,062,975 francs cité par mon honorable ami comme représentant les frais d'entretien et de renouvellement du matériel roulant.

Par contre, dans la somme de 152,760,806 francs à laquelle s'élèvent les dépenses d'exploitation du chemin de fer de Lyon-Méditerranée, sont compris 8,042,932 francs payés par la Compagnie, à titre d'impôts, sur les transports à grande vitesse.

Or, cette dépense, dont l'équivalent n'existe pas chez nous, étant déduite du Budget total, le rapport entre ce dernier et les frais d'entretien est de 16 $^1/_4$ p. c., non de 14 p. c.

Je ne veux pas dire que notre organisation de la traction et du matériel soit la meilleure possible. Je suis le premier à reconnaître que des progrès peuvent encore être réalisés. Je m'en occupe très-activement et c'est surtout en vue du service de la traction et du matériel que je fais étudier un système de comptabilité industrielle. Mais, Messieurs, parce que ce service laissé encore un peu à désirer, parce qu'il y a des progrès possibles à réaliser, est-ce à dire que l'on y dépense 10 millions de trop ?

Je viens de déclarer qu'il ne peut être question de trouver dans une économie des frais de traction, de renouvellement et d'entretien du matériel, de quoi suppléer à la réduction considérable de recettes qu'entraînerait, par exemple, la création d'une cinquième classe.

L'honorable M. Beernaert a une autre panacée. Suspendez l'amortissement, dit-il, et, de ce chef, vous trouverez 3 millions environ. Mais parce que l'on aura suspendu l'amortissement, la dette de l'État n'en subsistera pas moins. Il faudra payer ces 3 millions de francs d'amortissement, que doit l'État, si le chemin de fer ne les paie, il faudra que ce soit le contribuable. Il faudra donc créer des impôts pour faire face à cette dette d'amortissement.

Je viens de dire qu'il ne peut être question de procéder par voie de réduction générale. J'ajoute qu'il ne peut pas davantage être question de concentrer sur un seul trafic tout le sacrifice que l'on croira pouvoir et devoir faire.

Ainsi l'honorable M. Houtart, dans son rapport sur l'enquête demandée en faveur des industries du fer, évalue à fr. 1 70 c° par tonne la réduction qu'il faudrait faire sur les prix de transport du minerai, pour maintenir l'équilibre entre les forges belges et les forges étrangères, après l'abolition que l'on demande du droit d'entrée sur les fontes. Or, nous avons, en 1880, transporté 1,062,423 tonnes de minerai dont 841,052 tonnes provenant du Luxembourg.

Ce serait donc un sacrifice de 1,800,000 francs qu'il faudrait faire en faveur d'une seule industrie, d'une industrie qui ne fournit que 6 p. c. du trafic des grosses marchandises, alors que le charbon et le coke en fournissent jusqu'à 47 p. c. Et, ce sacrifice considérable, il serait tout en faveur d'une industrie qui, déjà, est, en fait, mieux traitée que beaucoup d'autres!

Ainsi, le parcours le plus restreint des minières du Luxembourg aux forges belges est celui de Sterpenich à Charleroi. Il compte 185 kilomètres pour un prix de fr. 4.85 c°. Eh bien, si les marchandises venant de cette localité, au lieu d'être transportées sur les chemins de fer de l'État belge étaient transportées sur les chemins de fer prussiens, elles payeraient fr. 6.55 c°; si elles étaient transportées sur les chemins de fer d'Alsace-Lorraine, elles payeraient fr. 7.50 c°; sur les chemins de fer du Nord français fr. 11.20 c°, et sur l'Est français fr. 9.55 c°. Je parle des tarifs généraux.

Ces considérations s'opposent, selon moi, à ce que tout l'effort qui sera tenté, soit concentré sur une seule marchandise; mais il ne s'ensuit pas que, pour certains produits, dans certaines directions, il ne faille faire des concessions, et je déclare que, pour ma part, je suis disposé à consentir à des réductions spéciales.

On vous a parlé de la ligne du Luxembourg et l'on a semblé croire qu'elle est d'une exploitation facile. Il s'en faut de beaucoup qu'il en soit ainsi.

La ligne du Luxembourg, on le sait, est une ligne de grand trafic.

La carte figurative des transports par les chemins de fer de l'État que j'ai fait annexer au compte rendu de l'exercice 1879, montre que, pendant cette année, on a transporté d'Arlon à Marloie 1,100,000 tonnes et de Marloie à Arlon 900,000 tonnes environ de marchandises de toute espèce; de Marloie à Namur 1,000,000 et de Namur à Marloie 700,000; de Namur à Tamines 1,400,000 et de Tamines à Namur 750,000 tonnes.

Indépendamment des trains locaux de marchandises et des trains de transbordement, il part chaque jour d'Arlon quatre trains pour Namur vers Bruxelles, onze trains pour Namur vers Montigny et trois pour Liége; en tout dix-huit trains composés, en général, de vingt-cinq wagons et d'un fourgon, remorqués en double traction.

Les deux machines doivent être en tête du train sur les pentes un peu longues, tandis que l'une doit être en tête et l'autre en queue sur les rampes. Ces changements nécessitent de nombreuses manœuvres et ces manœuvres font perdre beaucoup de temps.

D'autre part, ces trains sont difficilement retenus sur les pentes et ils perdent du temps par la nécessité où ils se trouvent de ralentir longtemps d'avance lorsqu'il s'agit d'aborder un point dangereux.

Enfin, ils doivent fréquemment se laisser dépasser et devancer par les trains de voyageurs.

Il résulte de tout cela qu'il leur faut de onze à douze heures pour aller d'Arlon à Namur. Les mêmes machines et le même personnel ne peuvent donc pas effectuer le double trajet, aller et retour, en un jour. Il a fallu scinder le trajet à Jemelle. Les machines partant d'Arlon vont jusqu'à Jemelle et retournent de Jemelle à Arlon. Elles sont remplacées à Jemelle par deux autres machines qui font le trajet de Jemelle à Namur et le retour.

Il faut donc, pour faire le service des trains réguliers de l'horaire des marchandises entre Arlon et Namur, soixante-douze locomotives.

M. Bouvier. — Achevez l'Athus-Charleroi.

M. Sainctelette, *Ministre des Travaux publics.* — S'il était achevé, les conditions d'exploitation ne seraient guère changées.

Voilà, Messieurs, ce qu'il nous faut à Arlon, en dehors de toutes les machines nécessaires pour assurer la marche régulière des autres trains de marchandises, des trains pour le service de la voie, des trains de voyageurs.

J'ai, dans le cours de l'hiver et lors de la discussion du Budget des Voies et Moyens, dit que si, cet été, j'avais sans emploi un matériel de traction et de transport suffisant, je ne refuserais pas de faire un nouvel essai. Mais le disponible en wagons, considérable au commencement de l'année, diminue de jour en jour : il n'y a guère plus aujourd'hui que huit cents wagons qui chôment. Mais il n'en est pas de même des locomotives. Toutes indistinctement sont occupées et, malgré les nombreuses et importantes commandes faites l'an dernier, nous n'avons pas la moindre réserve. Il n'y a pas dix locomotives en réserve pour subvenir à des besoins immédiats.

Nous étudions en ce moment la question de la traction des trains sur la ligne du Luxembourg. Nous avons fait acheter en Angleterre une machine que l'on va mettre à l'essai et à l'aide de laquelle on espère pouvoir faire la traction simple des trains de marchandises. Ce sera là un progrès; mais il faudra bien attendre les résultats des expériences, et, si elles réussissent, la fabrication de toute une catégorie de machines nouvelles.

Il ne faut pas, Messieurs, que l'on se méprenne sur la portée de mes paroles. Je n'entends point dire qu'il ne sera rien fait. Je me borne tout simplement à constater qu'il est impossible de faire tout en faveur des minerais et rien pour les autres produits, surtout qu'il est impossible de faire en faveur des minerais tout ce que l'on demande.

Quel que soit mon désir d'abréger, force m'est de parler des tarifs d'exportation et de répondre aux observations présentées par l'honorable M. Mœus.

Quand on parle d'exportation, il faut remarquer que l'exportation de la Belgique à l'étranger se fait encore en grande partie par eau.

Le trafic vers la France est dirigé par les canaux de l'Ouest...; d'autres voies fluviales sont fréquentées par les transports d'exportation; ce sont les eaux du bas Escaut et les eaux intérieures de la Hollande, par où l'on transporte des grains jusqu'à Mannheim.

D'autre part, la plupart des lignes qui nous mettent en communication avec l'étranger sont entre les mains des compagnies.

Ce sont les suivantes :

Vers la France : Mons à Hautmont, Charleroi à Erquelinnes,

Chimay à Momignies, Grand-Central, Nord-Belge; vers l'Allemagne : Anvers-Gladbach, Anvers-Hasselt à Maestricht, Liége à Maestricht.

L'exploitation la plus importante de ce point de vue est aujourd'hui celle d'Anvers-Gladbach. Elle est entre les mains du Grand-Central. Vient ensuite l'exploitation d'Anvers à Maestricht, puis celle de Liége à Maestricht.

Cependant, bien que, pour une quantité très-minime du mouvement général d'exploitation, l'exportation emprunte les rails de l'État, elle ne fait qu'augmenter; elle était de 2,800,000 tonnes en 1877 et de 5,900,000 en 1880.

Les résultats obtenus prouvent que les tarifs d'exportation de la Belgique sont bien établis.

Mais, Messieurs, on critique ces tarifs; on leur reproche de nuire aux industries du pays ou du moins à certaines industries. C'est que l'on perd complétement de vue les caractères de tout tarif d'exportation.

Le premier caractère de tout tarif d'exportation par terre, c'est de n'être pas et de ne pas pouvoir être l'œuvre d'un seul exploitant de chemin de fer; c'est qu'il implique l'accord et la conciliation entre deux exploitations au moins, partant l'entente entre deux intérêts tout à fait distincts, sinon opposés. Or, qui dit entente nécessaire, dit concessions mutuelles et représailles possibles.

Il ne faut pas croire que les tarifs d'exportation soient homogènes, qu'il fassent à un trajet international l'application d'un même barème. Ce serait une erreur.

L'accord, jusqu'à présent, ne s'établit que sur les conditions générales et sur la classification. Mais le trajet, au lieu d'être considéré comme un et de n'être tarifé qu'une fois, est divisé en autant de sections qu'il y a de réseaux participant à la négociation, et chacune de ces sections a son barème propre.

Ainsi, le tarif hollando-belge, introduit à la suite du rachat de la ligne d'Anvers à Rotterdam, est le seul tarif international qui, comme notre tarif intérieur, décroisse avec la distance du point de départ au point d'arrivée.

A cette importante, mais seule exception près, nos tarifs d'exportation ne sont autre chose que la combinaison des tarifs intérieurs des diverses exploitations qui y participent. Décroissant à la distance sur le parcours belge, ils sont, le plus souvent, proportionnels sur le parcours étranger et quelquefois, bien rarement, ils décroissent par zones, par exemple, dans toutes nos relations avec l'Allemagne du sud-ouest.

On ne soutiendra certes pas qu'il faille refuser à un produit belge, par cela seul qu'il est envoyé au delà de notre frontière, le bénéfice du tarif réduit qu'on lui accorde à l'intérieur.

On admettra même qu'en raison de l'importance des débouchés extérieurs et surtout de la concurrence que l'on rencontre sur les marchés étrangers, de l'éloignement de ces marchés, et par conséquent aussi du taux élevé du prix de transport, on fasse, sur le parcours belge, quelques légères réductions de prix. Je citerai, par exemple, les houilles et les cokes qui sont généralement transportés en Belgique au tarif de 1868. Pour l'exportation par la frontière de terre, nous faisons ces transports à un tarif qui était en vigueur en 1867 et qui diffère du barême de 1868 en ce que, de la dixième à la vingtième lieue, il y a une réduction de 50 centimes par tonne. C'est une des rares exceptions et c'est peut-être la plus importante qui soit faite sur le parcours belge au profit des produits à exporter.

Voilà pour les produits bruts qui, dans toutes les exploitations du monde, sont rangés dans la dernière classe; mais, pour les produits autres que les produits bruts, la classification varie même beaucoup entre réseaux voisins et *à fortiori* entre réseaux éloignés. Quand on compare les nomenclatures des tarifs intérieurs de quelques exploitations, on constate que beaucoup d'articles rangés, chez nous, dans la 5e classe, le sont, à l'étranger, dans la 1re ou dans la 2e classe et inversement.

Nous ne pouvons imposer aux autres exploitations notre propre classification. Nous n'accepterions pas davantage qu'elles nous imposassent la leur.

Il faut donc bien négocier, et les tarifs internationaux ne sont pas autre chose que le résultat de ces négociations. Ce sont des transactions par lesquelles on accorde un déclassement pour en obtenir un autre et dans lesquelles on tient compte, non pas seulement de ce qui se passe chez nous, mais aussi de ce qui se passe à l'étranger. Par leur nature, par leur objet, par leur mode de construction et aussi par suite de la concurrence entre les diverses voies qui desservent une même région, — voie maritime, voie fluviale, voie ferrée, — les tarifs d'exportation diffèrent, dans tous les pays et non pas seulement en Belgique, des tarifs intérieurs.

Un second caractère de tout tarif d'exportation, c'est qu'il implique nécessairement un tarif d'importation, non pas seulement pour le partenaire, mais aussi pour nous-mêmes, car il est impossible de demander et surtout d'obtenir qu'un même article soit classé et tarifé dans un sens autrement que dans le sens inverse. Ainsi, par exemple, on s'étonne que le charbon français entre à de certaines conditions en Belgique par chemin de fer. Mais c'est tout simplement parce que l'on applique au charbon français venant en Belgique le même tarif, le même barème que l'on applique au charbon belge expédié en France. Mais ce n'est pas seulement pour un même article que tout tarif d'exportation implique un courant inverse d'importation; c'est aussi pour d'autres articles, car, pas plus en matière de frais de transport qu'en matière de droits de douane, on n'obtient quelque chose en ne cédant rien.

On ne peut donc contester qu'entre le tarif intérieur et les tarifs internationaux, il n'y ait des dissemblances de classifications et même parfois de taxations. Mais la question est de savoir si, en somme, le régime de nos transports est plus favorable aux produits étrangers qu'aux produits nationaux. A cela je réponds : Non; car, à prendre les faits dans leur ensemble, la tonne embarquée à l'intérieur pour l'intérieur ne paye que fr. 3.37 cᵗ, tandis que la tonne embarquée à l'intérieur pour l'étranger ou de l'étranger pour l'intérieur, paye fr. 3.62 cᵗ.

J'ai fait établir pour les deux cent trente principales espèces de marchandises du trafic extérieur entre la Belgique d'une part, la France, la Hollande, l'Allemagne, la Suisse et l'Austro-Hongrie d'autre part, la comparaison entre les prix que nous faisons payer en service intérieur et ceux que nous faisons payer dans ces relations directes. On comprendra que je n'entre pas ici dans les détails. Mais j'affirme qu'en somme nous avons obtenu beaucoup plus de déclassements que nous n'en avons concédés, ce qui se pressent à priori, notre tarif étant plus bas, et aussi parce que les déclassements obtenus par nous portent sur des objets plus importants, comme mouvement, que ceux sur lesquels portent les déclassement accordés aux étrangers. Ainsi, le mouvement de nos exportations est de 5,915,861 tonnes, tandis que le mouvement des exportations par chemin de fer de l'État n'est que de 1,952,651 tonnes.

Les tarifs internationaux ont eu ce double résultat de créer des relations directes, ce qui est considéré par les commerçants comme un avantage considérable, et, en second lieu, de fixer les prix de transport, de faciliter les transactions et de fournir au commerce des données certaines.

L'honorable M. Meeus m'a demandé si les tarifs internationaux ne constituaient pas l'État en perte. Non. Il n'en est rien. Il ne peut donc être question, Messieurs, de retourner à l'état barbare, de faire réinscrire à la frontière les produits étrangers qui nous arrivent, de faire des perceptions multiples de frais fixes, de relever toutes les taxes.

L'honorable M. Meeus a une conclusion subsidiaire; si les tarifs internationaux, dit-il, vous laissent quelque bénéfice, tarifez toujours les produits nationaux aussi bien que leurs similaires étrangers.

Mais, si, parfois, notre tarif international taxe moins que le tarif intérieur, c'est que les administrations étrangères ont demandé un déclassement, c'est qu'elles n'ont pas pu accepter notre classification, que nous ne pouvions admettre la leur, et que, alors, on a eu recours à une classification moyenne.

Nous devrions, pour déférer au vœu de l'honorable M. Meeus, accepter une classification étrangère; serait-ce celle de la France, de l'Angleterre ou de la Hollande? C'est alors qu'il y aurait bien plus d'anomalies, d'étrangetés.

Est-ce à dire qu'il n'y ait rien à corriger à l'état de choses exis-tant? Je ne le dis point. Je reconnais que nos tarifs présentent encore des imperfections. Je m'applique, chaque jour, à les faire disparaître et la Chambre a pu voir dans les documents joints au projet de loi que la révision des tarifs est l'objet d'un travail de tous les jours. Mais, encore une fois, il ne faut pas prendre les extrêmes pour des moyennes et des faits particuliers pour des faits généraux.

Je voudrais dire enfin deux mots des tarifs de transit. Ici encore, il faut d'abord se rendre un compte exact des faits. Le transit, — ce monstre qui a fait trembler, je ne dirai pas beau-coup de négociants, mais beaucoup de théoriciens belges, — le transit, sur un mouvement de 20 millions de tonnes, en repré-sente à peu près 840,000, c'est-à-dire, de 4 à 5 p. c., et il est transporté au prix de fr. 3.55 cˢ par tonne.

De tout temps, dans tous les pays, on s'est efforcé d'attirer el transit. Ce n'est pas seulement à cause des profits de transit, c'est surtout à raison des commissions, des courtages, des frets, des assurances, des changes qu'il provoque.

C'est aussi pour ajouter à l'importance des marchés. Les affaires vont de préférence aux grands marchés. Les grands ports ruinent les petits.

Attirer le transit, c'est augmenter le mouvement du port, c'est augmenter le nombre des relations directes, c'est nécessairement faire baisser le fret. Et c'est pour cela que, dans tous les pays, depuis l'Italie du XVIᵉ siècle jusqu'à l'Angleterre de nos jours, on s'est toujours efforcé de créer de grands marchés. C'est Liverpool qui a fait Manchester, et Anvers aidera au développement de beaucoup de nos centres industriels.

L'une des principales branches de notre transit, c'est le mou-vement commercial qui prend son origine en Angleterre et qui va aboutir dans l'Allemagne du Sud, dans la Suisse, dans l'Italie et inversement.

Ce n'est pas d'aujourd'hui, mais depuis plus de vingt-cinq ans, que les ports français du Havre et de Dunkerque, les ports hol-landais de Rotterdam et d'Amsterdam, les ports allemands de

Brême et de Hambourg disputent à Anvers le transit de l'Angleterre vers la haute Italie. Sur les diverses routes qui, de l'un de
ces pays, mènent à l'autre, c'est-à-dire les chemins de fer français du Nord et de l'Est, les canaux français, les chemins de fer
belges et allemands, la navigation par les eaux hollandaises et le
Rhin, les chemins de fer hollandais et allemands, sur toutes ces
voies, on se dispute ce trafic de 800,000 tonnes.

Dès 1862, M. Rouher défendait dans des termes très-vifs
les tarifs réduits proposés par les Compagnies françaises pour
attirer le trafic. Il faisait supprimer la disposition de la Législation française qui exigeait l'homologation, par le Conseil d'État,
de tous les tarifs de transports destinés à l'exportation ou au
transit.

Et, en 1877, c'est-à-dire quinze années après, j'ai lu un
discours de M. Christophe, Ministre de la République, où il
expose et soutient absolument la même théorie que M. Rouher
avait défendue en 1862.

Ce que MM. Rouher et Christophe ont voulu faire pour la
France, M. le prince de Bismarck veut le faire pour l'Allemagne.
Il cherche à faire dériver, le plus possible, du trafic de transit
vers les ports de Brême et de Hambourg.

Les tarifs de transit ont donc ce double résultat : 1° d'accroître
le mouvement de nos ports; 2° d'augmenter la somme de nos
transports.

Allons-nous, de gaieté de cœur, repousser ce trafic de transit
que nous envient toutes les autres nations?

Et, si nous voulons le conserver, ne faut-il pas faire le nécessaire? Or, les prix et les conditions du trafic de transit sont
commandés par les concurrences, et, pour nous, il s'agit, non
d'avoir au prix qui nous convient, mais d'avoir ou de ne pas
avoir.

J'ai, en ce moment, sous les yeux une étude sur le trafic des
cotons.

Il en résulte que, sur les marchés de Bâle, Benfeld, Colmar,
Dornach, Guebwciler, Logelbach, Mulhouse, Rothau, Haguenau,
Thann, Metz, Munster, les cotons peuvent venir du Havre,

d'Anvers et de Gand, de Rotterdam et d'Amsterdam, de Brême et de Hambourg.

Faut-il nous laisser enlever cette clientèle ?

Soit, dira-t-on, va pour les cotons. Les cotons ne sont pas un produit belge! Mais pourquoi favoriser, sous ce rapport, des produits étrangers qui font la concurrence aux produits nationaux ?

C'est ainsi qu'en 1868 on s'indignait de voir le chemin de fer belge transporter à prix réduit des fers d'Angleterre en Suisse.

On s'en émut, on fit pétition sur pétition, on adressa au Gouvernement les remontrances les plus vives. Eh bien, ce petit trafic, commencé en 1868 entre la Belgique et la Suisse à l'état de transit, a grandi, s'est développé et il a amené derrière lui un trafic aujourd'hui considérable, le trafic direct des produits entre la Belgique, la Suisse et l'Italie.

De même, Messieurs, pour les charbons de la Rühr qui passent par la Belgique. Croit-on que si le Gouvernement belge avait dit aux charbons de la Rühr : Vous ne passerez pas sur mes rails, croit-on que ces charbons n'eussent pas franchi nos frontières? Ils auraient pris une autre voie. Malgré nos prix réduits, une grande partie abandonne les rails, suit la route d'eau, passe par les canaux de la Campine, par l'Escaut et par la Dendre, et va jusqu'à Paris par eau.

De même, Messieurs, pour les sucres de Bohême. La Bohême est un pays grand producteur de sucre. Nous cherchons à attirer ces transports à Anvers.

Le tarif international qui leur est appliqué est établi sur des bases un peu plus réduites que celles du tarif des sucres à l'intérieur.

Mais, de Bohême en Angleterre, il y a plus d'une route, et, si nous refusions ces transports, ils seraient, sans nul doute, acceptés par les Hollandais et, à leur défaut, par les Allemands. Les sucres de Bohême n'en iraient pas moins à Londres. Ils prendraient une autre voie ferrée et, en cas de non-entente entre les chemins de fer, ils suivraient la voie fluviale.

Qu'est-ce qui a fait du port d'Anvers ce qu'il est? Évidemment

les routes qui y aboutissent, les canaux, les fleuves, les chemins
de fer, le régime simple et à bon marché de toutes ces routes, la
liberté du fleuve, le péage réduit de nos canaux, le tarif si bas de
nos chemins de fer.

Voilà pour le transit par les ports de mer. Quant au transit par
les frontières de terre, il est, en général, traité sur le même pied
que le trafic entre l'étranger et l'intérieur. L'exception est relative au trafic entre les provinces rhénanes, le Grand-Duché de
Luxembourg et l'Alsace-Lorraine par Herbesthal-Gouvy et Bley-
berg-Gouvy.

Là encore, il y a une concurrence avec laquelle il faut compter,
et nous n'avons pu avoir ces transports de transit qu'à la condition d'adopter, pour le parcours en Belgique, les mêmes unités
de taxe que les Allemands et les Luxembourgeois ont établies sur
leur parcours.

Ces réductions d'ailleurs sont justifiées, parce qu'il n'y a ni
vérification, ni écritures, ni manœuvres de gares, et si nous
n'avions pas voulu y consentir, les transports se seraient faits par
l'Eifel et la concurrence aux charbons belges n'en existerait pas
moins.

Mais, encore une fois, ce sont là, Messieurs, des exceptions,
des faits particuliers, presque des accidents. D'ailleurs, on peut
être certain que nous ne les avons pas créés; nous les avons
subis.

Séance du Sénat du 14 juin 1881.

———

Messieurs,

Mon éloquent prédécesseur au Département des Travaux publics, recueillant, sur la situation de l'industrie houillère en Belgique, toutes sortes de renseignements, si anciens, si exagérés, si insignifiants qu'ils fussent, les rajeunissant, les groupant avec une certaine habileté, et procédant de même à l'égard de l'agriculture, a tenté de démontrer que la Belgique est malade; que la société belge est en péril. Mais, comme conclusion, il en est arrivé à proposer l'allocation d'une subvention pour l'établissement d'un service régulier de bateaux à vapeur entre Anvers et l'Asie Australe, conclusion singulièrement disproportionnée, on en conviendra, avec les prémisses de l'argumentation et avec la pompe du discours.

L'honorable M. Balisaux a repris les mêmes faits : plaintes sur les marchés étrangers que nous avons perdus depuis quarante ou cinquante ans; plaintes sur la perte de ceux mêmes que nous n'avons jamais possédés que par aventure, dans des moments où, par exemple, les charbons anglais n'accostaient plus au continent, ou bien dans des moments où la demande de combustible était partout à son apogée; danger imminent de l'invasion du marché belge par les houilles étrangères; tarifs de faveur établis par le Gouvernement belge pour le transport des charbons étrangers. Comme M. Beernaert, M. Balisaux a gardé le silence sur ce qui a été fait en vue de cette situation, et aussi un silence absolu sur l'inaction des Gouvernements qui nous ont précédés, qui ont connu tous ces griefs prétendus, absolument comme nous pouvons les connaître, et qui n'ont pas, eux, du tout cherché à donner satisfaction à l'honorable M. Balisaux et à ses amis.

Mais si l'honorable M. Balisaux a le même point de départ que l'honorable M. Beernaert, je reconnais qu'il décrit les faits d'une façon moins lugubre et qu'il arrive à des conclusions plus immédiatement relatives aux intérêts qu'il entend défendre.

Je ne veux pas reprendre l'ensemble de la discussion; je ne veux point engager un débat philosophique sur la question de savoir s'il est juste, s'il est exact de dire qu'une société est malade, quand souffrent quelques-uns de ceux des éléments qui la composent.

Je pourrais vous dire que le contraire est démontré par tout un ensemble de faits historiques.

L'histoire ne nous montre-t-elle pas des Gouvernements éclairés, des aristocraties puissantes par l'intelligence, par le dévouement, qui ont transformé des nations barbares, sauvages, vénales, en peuples civilisés? N'a-t-il pas suffi d'un grand homme pour faire de hordes presque barbares des nations dont la civilisation le dispute aujourd'hui à celle des nations occidentales? Et, en sens inverse, contre le gré des Gouvernements les plus négligents, les plus incapables, les plus dépravés, contre le gré de toute une aristocratie ou de toute une bourgeoisie dissolue, des classes moyennes résolues, éclairées n'ont-elles pas su sauver des sociétés, les guérir de toutes leurs plaies morales et matérielles, les élever au premier rang?

Quand on veut formuler une sentence générale, quand on veut prononcer de ces anathèmes ou de ces éloges généraux, c'est aux faits généraux qu'il faut prendre garde et non pas à quelques faits particuliers.

Dans nos sociétés démocratiques, ce à quoi il faut surtout prendre garde, c'est au sort du plus grand nombre. Si considérables que puissent être d'autres éléments, quelque bonne opinion que l'on ait d'eux et qu'ils aient d'eux-mêmes, c'est le plus grand nombre qui fait le fond de la société moderne.

Eh bien, je vous le demande, le grand nombre souffre-t-il en Belgique? L'Exposition nationale a été, l'an dernier, visitée par un grand nombre d'étrangers appartenant aux nationalités, aux situations sociales les plus différentes. Vous y avez vu des Anglais, des Allemands, des Français, des Italiens, des Américains. Vous avez entendu ce qu'ont dit de nous des hommes très-distingués, vous avez recueilli aussi l'expression du sentiment populaire.

Que disaient ces étrangers de la Belgique? — « Comme ce pays est bâti! comme il est cultivé! Quelle incroyable agglomération, dans certaines régions, de constructions industrielles, de constructions privées! On pourrait, disait-on, parcourir des lieues entières dans votre pays sans jamais perdre de vue les habitations. Et quels beaux jardins, quelles magnifiques cultures! Quelle partie de l'Europe est mieux cultivée? Ni la Normandie, ni la banlieue de Francfort, ni l'Alsace ne l'emportent sur la Belgique sous le rapport de l'agriculture. La population porte sur ses traits, dans ses vêtements, dans ses habitudes, l'expression de l'aisance et du bien-être. Elle est avide de s'instruire, car, à l'Exposition, nous la voyons se grouper autour des machines agricoles, en étudier et en saisir vite le jeu. Elle a l'air heureux, content de son sort. Elle est complétement étrangère à ces sentiments d'envie qui, dans d'autres pays, divisent la société en classes et arment celles-ci les unes contre les autres. »

J'ai, Messieurs, grand'peine à concilier ce sentiment des étrangers, si favorable à la Belgique, ce jugement que Mme de Staël appelait celui de la postérité contemporaine, avec le sombre langage que j'ai entendu tenir ici et dans l'autre Chambre.

Mais l'examen des faits vient complétement confirmer le jugement des étrangers.

Quand peut-on, du point de vue où nous nous plaçons ici, dire d'une société qu'elle est malade? Lorsque les populations qui doivent travailler pour vivre ne peuvent pas, en travaillant, trouver à gagner le pain de chaque jour.

Est-ce là la situation de notre pays? Où y a-t-il chez nous des mendiants et des révoltés?

Il y a eu, à une époque lointaine déjà, certaines régions du pays où véritablement il y avait des mendiants. On a pu autrefois citer

certaines classes qui s'agitaient, certains groupes d'hommes cou-
rageux, laborieux, qui étaient mécontents de leur sort. Là situation est-elle encore telle aujourd'hui?

Il y a bien encore, en petit nombre, des déclassés, des gens qui
n'ont jamais rien fait et qui ne feront jamais rien.

Mais de révolte contre l'état social, de mécontentement d'une
classe entière, de détresse dans une région de quelque importance, cela n'existe pas en Belgique.

On ne rencontre chez nous rien de pareil à ces sentiments qui,
dans d'autres pays, animent les ouvriers contre les patrons,
les laboureurs contre les fermiers, les fermiers contre les propriétaires.

J'ai dit, dans l'autre Chambre, que le trait caractéristique de la
société belge contemporaine était le travail, que tout le monde
travaillait en Belgique, que le grand seigneur, aujourd'hui, était
très-souvent un agronome très-distingué ou un financier très-
avisé, connaissant le mérite et la solidité des placements, qu'il n'y
avait presque plus d'oisifs.

L'honorable M. Balisaux n'a pas ébranlé ma conviction. Après
l'avoir entendu comme avant, je pense qu'en Belgique chacun
travaille dans une mesure conforme à ses aptitudes, à sa situation.
La société belge honore et pratique le travail à tous les degrés de
la hiérarchie sociale.

Mais je laisse ces considérations générales : on pourrait les
développer longuement et discuter à perte de vue les mérites
et les défauts de notre état social. J'en viens aux faits spéciaux
par lesquels l'honorable M. Balisaux entend justifier ses conclusions.

Je ne parlerai pas de l'agriculture. Je suis personnellement
trop peu compétent pour me risquer sur ce terrain qui vous est
si familier à tous. Du reste, la question est plus spécialement de
la compétence de mon honorable collègue M. le Ministre des
Finances.

Mais je puis peut-être vous parler, avec moins de chances d'erreur, de ce qui concerne les grandes industries, celles de la houille,
de la fonte, du fer, des machines.

Que s'est-il passé là?

En 1872, la guerre avait causé des désastres qu'il fallait réparer, épuisé des approvisionnements qu'il fallait reconstituer, montré, dans l'outillage des grandes nations, des lacunes à combler, distrait des œuvres de la paix des forces qu'il fallait restituer à leur mission naturelle. De grands besoins se révélèrent de toutes parts. On y voulut pourvoir de tous les côtés à la fois et tout de suite. D'énormes quantités de houille, de fonte, de fer, de machines furent demandées dans tous les pays et à bref délai.

Que devait-il résulter de là? Inévitablement une hausse de prix. Les charbons, qui se payent aujourd'hui 10 francs, se payèrent alors 25 francs. En même temps, de nouveaux établissements se créaient. Alléchés par les taux exagérés des profits, les capitaux affluaient vers ces industries; les établissements anciens se transformaient, s'agrandissaient, augmentaient leurs forces. La production était partout surexcitée.

Mais on ne peut pas avoir toujours la fièvre.

Au bout d'un an, la société s'est, non pas arrêtée, non pas reposée, mais ralentie dans sa course. Depuis lors, elle marche non plus d'un pas précipité, mais de son allure régulière et normale. Elle travaille, elle travaille beaucoup, mais ce n'est plus avec les mêmes profits.

Nous sommes d'accord, je pense, sur ce point si important, que si l'on travaille sans grand profit, on travaille beaucoup. La demande est grande, on en convient, mais ce que l'on déplore, c'est le taux des prix. Les commandes ne manquent pas, mais les bénéfices ne sont plus les mêmes et, comme on dit vulgairement, on a de la peine à joindre les deux bouts. Que faut-il pour que les prix haussent, pour que les commandes de houille, de fonte, de fer, de machines deviennent d'abord égales, puis un peu supérieures à la production possible de nos usines, hauts-fourneaux, forges, ateliers? Il faut que la demande normale devienne ce qu'était la demande extraordinaire de 1873 et même davantage.

Dans tous les pays et dans tous les temps, l'excès de la production sur la consommation a amené la baisse des prix; dans tous les pays et dans tous les temps, le progrès de la consommation a fini par avoir raison de l'excès de la production. C'est de la sorte que se sont résolues les crises antérieures.

En 1840, la Belgique produisait moins de 4 millions de tonnes de houille; en 1880, elle en a produit beaucoup plus de 16. Croit-on que ce progrès de 500 p. c., accompli en quarante ans, se soit uniformément réparti entre les quarante exercices, par une progression rigoureusement géométrique?

Évidemment non, n'est-ce pas. Il y a eu de nombreuses et importantes fluctuations. Il y a eu des exercices pendant lesquels se sont produites de vigoureuses poussées en avant, et d'autres, pendant lesquels la consommation s'est ralentie; mais, en somme, c'est la consommation qui a mené la production de 4 millions à plus de 16 millions.

Et ici, Messieurs, je ne puis me dispenser d'opposer à tout ce qui a été dit des souffrances des industriels contemporains, un hommage au courage, bien autrement grand, de ceux qui furent les fondateurs de notre industrie houillère.

Ils apportaient à cette industrie des capitaux, des machines, un personnel éclairé et instruit, des relations étendues. Ils en déve-loppèrent rapidement la production, mais comme la consommation ne s'accroissait pas aussi vite, ils ont eu à traverser plus de crises et de plus longues crises que celles dont nous avons eu à souffrir.

En 1836, les actions des Sociétés houillères furent émises par la Société Générale au taux nominal de 1,000 francs. Aujourd'hui ces actions sont cotées deux fois, trois fois et jusqu'à cinq fois leur valeur nominale. Mais il n'en a pas toujours été de même, et en 1853-1854, avant la guerre de Crimée, ces actions ne faisaient pour ainsi dire pas de prime. Les plus recherchées aujourd'hui faisaient à peine 100, 120, 150 francs de prime et, pendant plus de quinze ans, ceux qui avaient fondé nos grandes Sociétés houil-lères eurent à lutter, tous les jours, contre une situation plus rude, plus pénible, plus laborieuse que celle dans laquelle nous nous débattons aujourd'hui.

Que disaient-ils cependant lorsqu'ils voyaient leurs rivages encombrés? Ils disaient courageusement : Le progrès de la consommation finira par avoir raison de cet excès de la production. Vous aussi, Messieurs, vous verrez revenir le bon temps, parce que vous verrez la consommation s'accroître de plus en plus.

J'ai, Messieurs, une confiance inébranlable dans cette force du progrès de la consommation.

La raison en est dans ce qui se passe, depuis 50 ans, quant au prix de la main-d'œuvre.

Je lisais, il y a quelques jours, le travail très-intéressant d'un statisticien norvégien sur les services comparés de la navigation à vapeur et de la navigation à voiles. Il démontre qu'un navire à vapeur représente aujourd'hui, comme force de transport, quatre navires à voiles du même tonnage. La pensée m'est alors venue de rechercher de combien d'ouvriers d'autrefois l'ouvrier d'aujourd'hui est l'équivalent.

A la puissance productive native de l'ouvrier, nous avons grandement ajouté, en l'armant d'outils perfectionnés, d'outils pour tous les métiers, depuis la machine à perforer, dont on se sert au fond de la mine, jusqu'au métier à filer, à tisser, à coudre, à tricoter.

Nous avons donné à l'ouvrier des suppléants, beaucoup plus puissants que lui, dans les machines mues par la vapeur, par l'air comprimé, par l'eau sous pression. Nous avons augmenté ses forces en mettant à sa disposition, comme agents auxiliaires, des actions chimiques ou physiques.

Ce n'est pas tout.

En même temps que nous accroissions la puissance productive de l'ouvrier, nous avons étendu de beaucoup la durée de son travail effectif, en éliminant les pertes de temps que subissaient les générations précédentes.

L'éclairage des usines par le gaz a allongé de plus de 50 p. c. le temps pendant lequel l'ouvrier peut travailler en certaines saisons. De même, les voies de communication rapides ont abrégé la durée des déplacements en même temps que les transmissions rapides des commandes, des ordres, ont fait disparaître beaucoup de chômages, de retards, d'intervalles, entre l'achèvement d'un travail et la mise en train d'un autre travail.

Du manœuvre au capitaliste, tout le monde aujourd'hui fait beaucoup plus que l'on ne faisait autrefois dans le même laps de temps et tout le monde aussi consacre au travail plus de temps que l'on n'y consacrait autrefois.

En même temps que se sont passés ces faits qui ont tant ajouté à la puissance productive de l'ouvrier, vous avez vu la population s'accroître et la durée moyenne de la vie augmenter.

Toutes ces causes si puissantes réunies : l'augmentation de la durée moyenne de la vie, l'accroissement énorme de la population, la réduction des pertes de temps, les progrès inouïs de la puissance productive, — toutes ces causes ont multiplié, dans des proportions extrêmement considérables, la quantité de main-d'œuvre mise à la disposition de ceux qui font travailler.

Ce n'est plus ici par dix ou vingt fois, mais bien par cent fois qu'il faudrait calculer.

Quelle a été l'influence de cette énorme quantité de main-d'œuvre sur le taux des salaires.

Les salaires ont-ils baissé? Mais non, tous vous avez pu constater et vous entendez dire constamment que la main-d'œuvre manque, que l'on ne sait plus, à n'importe quel prix, se procurer, ici des maçons, là des ouvriers d'atelier; et la moyenne de l'augmentation du salaire depuis 1830, c'est-à-dire depuis cinquante ans, est évaluée par les économistes les plus éclairés et les plus exacts, notamment par M. Paul Leroy-Beaulieu, à 80 p. c.

Je ne nie pas qu'il n'y ait eu des périodes transitoires, des difficultés, des peines, parfois des souffrances, voire même des souffrances très-vives. Je ne veux, pour le moment, que constater le fait général : c'est qu'en somme, après quelque temps, la force de la consommation a eu raison du progrès de la production.

Dès lors, je me demande pourquoi il en serait aujourd'hui autrement qu'autrefois et des industries citées par l'honorable M. Balisaux autrement que des autres.

La consommation de la houille, en Belgique, diminue-t-elle ou même reste-t-elle stationnaire? Vous en allez juger. En 1869, la Belgique consommait 8,600,000 tonnes; en 1880, elle en consomme 12,070,000.

Dans cette année extraordinaire de 1873, la consommation du pays s'était élevée à 11,181,000 tonnes. Après des fluctuations en baisse, elle est, en 1879, remontée à 11,103,000 tonnes; et en 1880 à 12,070,000. La consommation de la houille a donc repris sa marche ascendante.

L'honorable M. Balisaux reconnaît lui-même que l'activité des transports est l'expression synthétique, mais exacte, de l'activité industrielle.

Consultons-en les chiffres.

Le tonnage absolu des grosses marchandises transportées à petite vitesse sur les chemins de l'État, embranchements industriels non compris, était, en 1877, de 14,524,000 tonnes.

Il a été, en 1880, de 18,812,000 tonnes. Donc, en trois années, le mouvement des grosses marchandises transportées à petite vitesse s'est augmenté de 4,500,000 tonnes, soit de plus de 23 p. c.

L'honorable M. Balisaux veut-il que je lui cite des chiffres plus récents, de 1879 à 1880? D'une année à l'autre, le mouvement des grosses marchandises s'est élevé de 16,900,000 tonnes à 18,800,000 tonnes.

C'est, en une année, un progrès de 1,900,000 tonnes.

Et, remarquez-le bien, je ne parle que des transports faits sur le réseau des voies ferrées de l'État. Je ne parle ni du progrès des transports faits par les voies navigables, ni du progrès des transports faits par les chemins de fer concédés, parmi lesquels il en est de très-importants, comme le Grand-Central et le Nord-Belge.

Mais, dira-t-on, il s'agit là de l'ensemble de vos transports.

Voyons donc ce qui se passe en service intérieur, abstraction faite et des transports internationaux et des transports en transit.

Le mouvement des transports dans le pays était en 1879 de 8,500,000 tonnes. Il a été en 1880 de 9,700,000 tonnes, soit un progrès de 1,400,000 tonnes.

A ces traits, Messieurs, j'ai peine, je l'avoue, à reconnaître une société qui languit, qui dépérit. Mais, dit-on, nos exportations diminuent, j'entends nos exportations de houille. Mais d'abord, qu'importe, si la consommation propre du pays grandit. Ce que doivent désirer les producteurs de houille, c'est que les quantités produites soient consommées. Plus elles le seront près d'eux, et plus ils seront assurés de ne point se voir disputer leur clientèle. Mais est-il exact que nos exportations de houille diminuent? Non. Nous avons, il est vrai, vu se rétrécir la zone que nous approvisionnions autrefois, mais les marchés que nous avons conservés consomment aujourd'hui plus qu'ils ne consommaient autrefois. Nous avons perdu en surface et gagné en intensité. Les chiffres sont là. En 1869, nous exportions 4,560,000 tonnes; en 1879, 5,088,000 et en 1880, 5,740,000 tonnes.

Veut-on opposer entre eux les chiffres les plus considérables? Eh bien, l'exportation la plus forte de toute la période de 1870 à 1879 est celle de 1872 : 5,680,000 tonnes, et celle de 1880 est de 5,740,000 tonnes.

Vous le voyez : même en fait d'exportation, le mouvement de 1880, loin de diminuer, a rejoint et dépassé celui de l'année extraordinaire.

Les importations augmentent! Effectivement, en 1869, nous importions 227,000 tonnes de houille; en 1879, c'est-à-dire dix ans après, 744,000 ; en 1880, 944,000. Il y a là incontestablement un accroissement.

Mais avez-vous la prétention d'exporter sans importer?

Prenez, si vous le voulez, telle mesure que vous jugerez propre à empêcher l'importation des houilles étrangères. Refoulez ces houilles étrangères sur les territoires d'où on les extrait, il faudra bien que ces houilles se placent sur ces territoires. Au lieu de vous gêner ici, elles vous gêneront là; au lieu de provoquer la baisse des prix ici, elles la provoqueront là.

D'ailleurs, en fait de commerce extérieur, je ne comprends pas que l'on sépare l'importation de l'exportation. De quoi pouvons-nous nous plaindre, même en nous plaçant au point de vue le plus égoïste, même en nous laissant étroitement guider dans nos appréciations par cette fausse théorie de la balance du commerce, inexactement et incomplétement appliquée à l'échange des marchandises? De ce que l'équilibre serait rompu à notre désavantage? De ce que l'importation dépasserait l'exportation? Or, c'est

le contraire qui a lieu. Tout compte fait, l'excédent de nos exportations sur nos importations de houille se maintient considérable.
En 1869, il était de 4,300,000 tonnes; en 1879, de 4,340,000 tonnes;
en 1880, il est de 4,796,000 tonnes.

Je n'ai point, jusqu'à présent, parlé de l'exercice courant. Je
crois cependant que c'est surtout des résultats des premiers mois
de l'exercice courant dont se plaint mon honorable contradicteur,
je crois que c'est surtout des premiers chiffres de cet exercice
qu'il s'alarme.

Mais il est trop tôt pour juger du résultat final d'une année
entière. En quelques semaines, l'allure des affaires peut complétement changer; je suis, d'ailleurs, moins alarmé que l'honorable
membre et en voici la raison. Au commencement de l'année, nous
avions un disponible considérable de wagons. Chaque semaine, il
en restait de trois à quatre mille sans emploi. Depuis quelque
temps, cet état de choses s'est modifié. Dans la semaine du 30 mai
au 5 juin, par exemple, nous avons fourni 46,969 wagons, soit
7,268 de plus que pendant la semaine correspondante de 1880.
Nous avons fourni notamment 15,667 wagons à houille et à coke,
soit 2,190 wagons de plus qu'en 1880, et il ne nous restait plus
de disponible qu'environ 960 wagons, ce qui est bien peu de
chose, on en conviendra, pour un mouvement tel que celui du
réseau.

J'ai démontré, je crois, qu'à considérer les faits dans leur
ensemble et d'un peu haut, il n'y a pas de raison de s'alarmer.

La consommation de toutes choses, et notamment des houilles,
des fontes et des fers est en progrès. Cela est incontestable. On
est donc en vue du bon temps. Déjà, l'année dernière, on a cru
l'apercevoir à l'horizon et les acclamations les plus enthousiastes
l'ont salué d'une façon un peu prématurée. Mais les événements
des derniers mois de 1879 et des premiers mois de 1880 ont montré qu'un très-léger progrès dans la demande suffira pour provoquer tout de suite une hausse marquée.

Parce que quelques spéculateurs américains avaient trouvé le
moyen d'introduire de vieux rails en Amérique, immédiatement
la hausse est arrivée. Il faudra donc, cette année ou l'année pro-

chaine, de bien légers écarts entre les quantités offertes et les quantités demandées pour déterminer le retour de cette prospérité si ardemment désirée.

Mais, si la situation est moins sombre que ne l'a décrite l'honorable sénateur, est-ce une raison de se croiser les bras et de ne rien faire? A Dieu ne plaise. Un gouvernement doit toujours être en quête de progrès, ne fussent-ils pas immédiatement nécessaires.

Que faut-il faire?

Améliorer l'outillage national, c'est-à-dire, dit l'honorable M. Balisaux, compléter notre voirie vicinale, notre système de voies navigables, notre réseau de voies ferrées.

Y manquons-nous? Notre réseau de voies ferrées représente aujourd'hui, par 100 kilomètres carrés de superficie, 13 kilomètres et demi de longueur en voies ferrées, quand les plus grands pays, comme l'Allemagne et la France, en comptent 6.30 ou 4.75, moins de la moitié, à peu près le tiers. Nous avons, par unité de superficie, deux fois plus de chemins de fer que l'Allemagne et trois fois plus que la France.

M. Balisaux. — Nous sommes d'accord. Je vous ai même félicité.

M. Sainctelette, *Ministre des Travaux publics.* — Vous verrez tout à l'heure que nous ne sommes pas toujours d'accord, ni sur ce que vous dites ni sur ce que vous taisez.

Nous avons, l'an dernier, fait pour 70 millions de travaux publics par voie de crédits spéciaux, indépendamment de ceux qui ont été imputés sur les crédits budgétaires.

Nous avons, en 1880, payé 70 millions de travaux extra-budgétaires dont 50 millions en espèces et 20 millions en titres de rente.

Il me paraît que, pour un pays comme la Belgique, cela commence à devenir satisfaisant. J'espère qu'en 1881 nous pourrons faire aussi bien. Et, pour 1882, la campagne sera préparée par une loi de crédits spéciaux qui vous sera proposée avant la fin de la saison.

Vous mêmes, peut-être, Messieurs, qui demandez avec beaucoup d'insistance tant de travaux de toutes sortes et des plus coûteux, quand vous verrez ce projet élaboré par les administrations, émondé par le Ministre des Travaux publics, émondé une seconde fois par le Ministre des Finances et une troisième fois par le conseil des Ministres, vous reconnaîtrez qu'ils est encore bien touffu, bien gros.

Que pouvons-nous faire pour notre voirie vicinale ? Faciliter par des subsides l'établissement des chemins de grande communication, surtout quand ils viennent aboutir à ces gares de chemin de fer qui, aujourd'hui, constituent les principaux centres de la création. — Y manquons-nous ? — Favoriser la création de tramways, de chemins vicinaux ferrés, de raccordements ? — J'ai exposé dans l'autre Chambre et je vous demande la permission de rappeler succinctement ce que nous avons fait dans cet ordre d'idées.

Une Commission composée de membres des deux Chambres et de fonctionnaires a été chargée d'examiner s'il y a lieu de modifier la législation sur les tramways, de préparer une loi sur les chemins vicinaux ferrés.

Elle vient de m'adresser son rapport, je l'examine et j'aurai prochainement l'honneur de faire des propositions.

Nous avons un nombre de raccordements plus considérable que dans d'autres pays. Il n'y a que le chemin de fer du Berg-Marche qui compte autant de raccordements que les chemins de fer belges. Nous en avons près de 800 et, tous les jours, le nombre de ces raccordements augmente à raison des grandes facilités que l'on accorde pour les établir.

La navigation intérieure ? Nous en avons revisé les règlements. Nous avons débarrassé la navigation à vapeur de toutes les entraves qui l'embarrassaient.

Mon honorable collègue, M. le Ministre des Finances, ne se refuse pas à reviser la législation sur les péages. L'honorable M. Balisaux le sait.

Ce qu'il nous reproche, c'est de ne pas charger l'État de l'exploitation des voies navigables.

L'honorable membre voudrait, avec un de ses amis, que l'exploitation des voies navigables fût faite par l'État suivant un système qui, en fait, constituerait un véritable monopole.

Nous pensons qu'au lieu de faire, aux frais de l'État, l'essai d'un système tout nouveau qui n'a jamais été appliqué ni en Belgique, ni ailleurs, qui n'a rencontré d'appui que chez les théoriciens, et non chez les capitalistes et les industriels, nous pensons qu'il vaut mieux continuer à marcher dans le sentier battu de la libre concurrence.

Anvers a, en ce moment, un mouvement annuel de 54,000 bateaux d'intérieur (entrées et sorties).

Ce chiffre a son importance. Une organisation qui donne de pareils résultats doit être respectée. Il y a lieu non-seulement d'en tenir compte, mais de tenter de la développer. Il est naturel de chercher à faire remonter ce mouvement d'Anvers dans l'intérieur du pays, vers le haut des rivières. Je ne vois pas pourquoi ce qui se passe à Anvers ne pourrait pas se passer à Gand et aussi ailleurs.

Le système qui a amené à Anvers cette affluence considérable de bateaux d'intérieur, bateaux à vapeur, bateaux à voiles, bateaux hollandais, bateaux français, bateaux belges, ne me paraît pas devoir être abandonné, du jour au lendemain, pour faire place à un système que je considère comme une utopie.

Je préfère laisser faire la liberté. S'il se trouve soit des industriels qui recommandent l'exploitation des canaux par l'État et qui consentent à renoncer aux bienfaits de la libre concurrence pour faire de la traction l'objet d'un monopole, soit des capitalistes qui aient confiance dans cette entreprise, j'aurai à examiner, à aviser; mais, quant à prendre l'initiative, à faire d'office un essai au nom de l'État, je ne le ferai pas, car je manque de confiance dans le succès du projet.

J'arrive maintenant, Messieurs, à ce qui concerne nos chemins de fer. Dans nos chemins de fer, ce qui a surtout préoccupé l'honorable préopinant et d'autres membres de cette assemblée, c'est la tarification.

Je voudrais m'expliquer une bonne fois pour toutes et à fond sur cette question des tarifs.

J'ai été assez étonné d'entendre dire ou de lire qu'il était certains de ces tarifs que l'on ne pouvait pas se procurer. Je crois que l'honorable sénateur a même dit qu'il s'était en vain adressé à des fonctionnaires de l'État pour obtenir communication des tarifs relatifs au marché avec le Gaz parisien.

M. Balisaux. — J'ai parlé des tarifs de transit.

M. Sainctelette, *Ministre des Travaux publics.* — Messieurs, il y a beaucoup de fonctionnaires des chemins de fer. Je crois qu'il y a, en ce moment, au Département des Travaux publics, environ 34,000 agents, dont 11,000 fonctionnaires pourvus de nominations royales ou ministérielles.

Parmi ces fonctionnaires, il en est qui sont compétents en matière de tarifs, et beaucoup qui ne le sont pas. Je ne sais pas à quel agent ou à quelle catégorie d'agents l'honorable M. Balisaux s'est adressé, mais il est certain que si, dans le service de l'exploitation, il s'est adressé à des agents du mouvement au lieu de s'adresser à des agents du service commercial, on a pu très-bien lui répondre : Nous ne savons pas de quel tarif vous voulez parler.

Mais si M. Balisaux s'était adressé soit au bureau commercial, soit à moi-même, il aurait reçu ces renseignements. Il n'y a là aucun secret : nous ne sommes point une maison d'affaires; nous n'avons ni le droit ni le goût de faire mystère de quoi que ce soit.

Je vais donc parler des tarifs, d'abord des tarifs intérieurs, puis des tarifs d'exportation, des tarifs d'importation et des tarifs de transit, et, pour chaque catégorie de tarifs, des tarifs dans chaque direction.

Notre tarif intérieur, Messieurs, est, vous le savez, ce tarif décroissant à la distance que M. le sénateur Georges et M. Richard Waddington, ancien Ministre français, dans leurs rapports, recommandent, sous le nom de tarif belge, et dont les Compagnies françaises viennent de demander au Ministre des Travaux publics de France l'adoption en principe.

Il est établi d'après le mode le plus conforme à la vraie nature des choses, le plus fidèle aux précédents des autres industries de transport, et le plus rationnel.

Le plus conforme à la nature des choses, car, nécessairement, les frais de transport vont en diminuant en raison de l'éloignement du parcours. Le centième kilomètre ne coûte pas autant que le premier.

Le plus fidèle aux précédents, car les messageries, les maisons de roulage ou de batellerie ont, en tout temps, pratiqué des tarifs décroissant à la distance.

Il est établi à un taux très-modéré : 1° un franc de frais fixes, tandis qu'en Allemagne, le taux des frais fixes, même le plus réduit, est de fr. 1.50 c°; 2° des frais variables très-réduits, puisque, pour la 4ᵉ classe, par exemple, ils sont comme ceci : 4 centimes d'abord, puis 3, puis 2 et 1 centime au delà de 100 kilomètres, par tonne et par kilomètre.

Il y a, pour tout transport, un minimum de frais qu'il faut nécessairement couvrir. On ne peut, on en conviendra, sans une rémunération suffisante, recevoir la marchandise, la peser, l'enregistrer, faire venir des wagons, y charger la marchandise, former le train, le pourvoir du personnel nécessaire, le mettre en marche, l'arrêter au point de destination, décharger le wagon, etc. Il y a donc pour tout transport, quel qu'en soit le parcours, un minimum de frais qui doit nécessairement être couvert; puis il y a aussi des frais qui, sans disparaître complétement, diminuent cependant beaucoup après quelque distance; ce double minimum remboursé, le transport se paye chez nous à raison d'un centime par tonne et par kilomètre.

Il n'y a pas d'exploitation en Europe qui fasse cela.

On ne peut pas, en deux chiffres comparer entre eux deux tarifs; par exemple, celui de l'État belge et celui du Nord français; il faut faire la comparaison distance par distance. Dans le tarif décroissant à la distance, il n'y a pas de taxe unitaire, ou plutôt il y en a autant que de distances. De ce que l'État belge fait payer fr. 4.50 c° pour 100 kilomètres, on ne peut tirer cette conclusion que c'est 4 c° ¹/₂ par tonne et par kilomètre, tandis que le Nord français ne fait payer que 0,557. Je répondrais que, pour 200 kilomètres, le tarif de l'État belge compte fr. 5.50 c⁵, tandis que celui du Nord français compte fr. 7.14 c⁵.

Il convient donc de comparer les distances entre elles. Or, je puis mettre sous les yeux du Sénat une comparaison des prix perçus pour le transport des produits bruts de 1 à 250 kilomètres sur les chemins de fer de l'État belge, du Nord belge, du Rhénan, du Berg-Marche, de l'État prussien, de l'Alsace-Lorraine, de l'État autrichien, du Nord et de l'Est français aux diverses distances. Vous y verrez que, pour la plupart des distances, les prix de l'État belge sont inférieurs à ceux de toutes les autres Compagnies, sauf entre 50 et 120 kilomètres, et encore, pour ces distances, l'État belge vient-il en deuxième ligne dans l'ordre du bon marché.

Ce n'est pas tout, Messieurs. Nous avons reconnu que dans le transport de produits bruts à de courtes distances, on peut doubler l'utilisation du matériel et, par conséquent, diminuer les frais fixes de moitié en relevant un peu le taux des frais variables, pour payer la plus grande fatigue du matériel.

On a donc établi le tableau des transports des produits bruts à de courtes distances et, comme on faisait la substitution du kilomètre à la lieue, voici le résultat auquel on est arrivé.

On paye, pour une tonne transportée à 1 kilomètre, un prix minimum de 56 centimes, au lieu de fr. 1.20 c⁵; à 5 kilomètres 80 centimes au lieu de fr. 1.20 c⁵; à 10 kilomètres fr. 1.10 c⁵ au ieu de fr. 1.40ᶜˢ; à 15 kilomètres fr. 1.40 c⁵ au lieu de fr. 1.60ᶜˢ; à 20 kilomètres fr. 1.70 c⁵ au lieu de fr. 1.80 c⁵; à 25 kilomètres, le prix n'a pas changé.

M. Balisaux. — Les frais fixes exercent une influence.

M. Sainctelette, *Ministre des Travaux publics.* — Il faut bien qu'ils soient remboursés. Notre tarif pour le transport des produits bruts à de grandes distances est le plus bas de tous les tarifs analogues des Compagnies, à l'exception de celui de l'Est français et encore, seulement pour les cinq premiers kilomètres.

Autrefois, quand, comme cela arrive souvent dans notre pays, une mine et une usine étaient reliées à une même gare, les transports de la mine à l'usine, ou inversement, avaient à payer le minimum de fr. 1.20 c'; aussi se faisaient-ils par le roulage.

J'ai voulu acquérir au chemin de fer ces transports qui lui échappaient et j'ai décidé que lorsque deux usines ou deux mines, deux établissements industriels quelconques sont reliés à une même gare, la distance n'est comptée que pour un kilomètre; lorsque l'on fait les transports au moyen du matériel de l'État, on paye le prix d'un kilomètre, soit 56 centimes au lieu de fr. 1.20 cˢ. Avec un matériel privé, on paye 20 centimes seulement.

Autrefois, Messieurs, il existait des taxes d'embranchement. On payait une taxe spéciale, fixée par hectomètre, sur l'embranchement qui menait de l'usine ou de la mine à la ligne principale. Cette taxe était assez lourde et donnait lieu à des complications.

J'ai pensé qu'il était équitable de traiter la mine ou l'usine absolument comme un village et aussi qu'il était équitable de considérer comme gare une usine qui fournit 100,000 tonnes de marchandises, aussi bien qu'un village de quelques centaines de feux.

En conséquence, les taxes d'embranchement ont été supprimées et les prix de transport sont aujourd'hui calculés du point de départ au point d'arrivée, de telle sorte que le transport sur l'embranchement n'est plus grevé que du prix beaucoup moindre du tarif général, et que le parcours de l'embranchement entre dans la distance à taxe décroissante. C'est là un sacrifice de 120,000 francs. On ne méconnaîtra certes pas que ce soit une réforme très-avantageuse aux industriels.

Autrefois, on payait des taxes de manœuvres, c'est-à-dire que l'on faisait payer à l'industriel toutes les manœuvres nécessaires pour ajouter son wagon au train, tandis que l'on n'exigeait rien du fermier ou de l'industriel qui arrivaient avec leurs chariots encombrer les cours aux marchandises et donner lieu à des manœuvres tout aussi compliquées. Ces taxes supplémentaires de manœuvres n'étaient pas justifiées; elles ont été supprimées.

Ainsi, nous avons, pour le transport des produits bruts, le tarif le plus bas; de plus, nous avons supprimé les taxes d'embranchement, les taxes de manœuvres et nous avons compris la distance à parcourir sur les embranchements dans la distance tarifée en décroissant.

Incontestablement, ces réformes réalisées depuis trois ans ont été favorables à l'industrie.

Je passe aux tarifs d'exportation.

Je parlerai d'abord des tarifs destinés à favoriser l'exportation par mer, des tarifs qui règlent le transport de la marchandise entre la mine ou l'usine et la mer.

Là, selon l'importance des expéditions, nous avons deux tarifs différents.

C'est le seul exemple de tarifs différentiels par quantité. L'expédition de 10 tonnes au minimum paye 0.026 par tonne kilométrique, toutes les fois que la distance est supérieure à 84 kilomètres. L'expédition de 100 tonnes au minimum paye 2 centimes par tonne kilométrique avec minimum de 100 kilomètres ou 2 francs.

Par terre, nous exportons des houilles vers la France, vers l'Allemagne et vers le Grand-Duché du Luxembourg. On leur applique le tarif intérieur (frais fixes et frais variables), sauf que du 50e au 100e kilomètre, les prix sont diminués de 1 centime par tonne et par kilomètre. C'est ce que l'on appelle, dans le langage administratif, le barême de 1867 par opposition au barême de 1868, qui régit nos transports à l'intérieur. Pour 100 kilomètres, ce barême de 1867 donne 4 francs : 1 francs de frais fixes, 3 francs de frais variables.

A cette tarification qui constitue la règle, il n'y a d'exception qu'en ce qui concerne certains marchés français. Ainsi, du Centre vers Erquelinnes, il y a 25 centimes de réduction sur ce barême. De Charleroi vers Blandain et Mouscron, il y a 50 centimes de réduction.

Vers l'Allemagne, vers le Grand-Duché, vers le réseau de l'Est de la France, les transports se font, sans exception, aux prix du tarif intérieur réduits, du 50e au 100e kilomètre, d'un centime par tonne et par kilomètre.

Pour aider à l'exportation de nos charbons en France, l'État a fait tout récemment un très-grand sacrifice.

Vous vous rappelez les discussions engagées à l'occasion du service de la fourniture du matériel pendant l'hiver de 1879-1880. Vous savez que la fourniture du matériel était alors partagée entre le Nord français et l'État belge, que celui-ci devait fournir tout le matériel nécessaire pour transporter les charbons belges dans une zone dont les points extrêmes étaient Laon, Tergnier et Amiens, et que le Nord français devait fournir le matériel nécessaire aux transports vers tous les points situés au delà de Laon, Tergnier et Amiens.

Vous vous rappelez aussi que le Nord français ne put pas mettre à la disposition des chargeurs belges tout le matériel nécessaire pour les transports dans cette seconde zone et que l'État belge dut, par sollicitude pour nos industriels et autant qu'il lui était possible, fournir le matériel, tant pour la première que pour la seconde zone.

Vous vous rappelez les récriminations des industriels. Vous vous souvenez que la Compagnie du Nord, dont la bonne foi était suspectée, dont la loyauté même était mise très-injustement en doute, s'émut de ces accusations. Elle fit connaître au Gouvernement son intention de dénoncer la convention.

Qu'avons-nous fait? — Nous avons traité avec la Compagnie du Nord sur le pied que voici. — Nous lui avons dit : Nous nous chargerons de la fourniture de tout le matériel sans distinction de zones. La Compagnie du Nord a accepté cette proposition, mais en déclarant ne pouvoir consentir à ce que la circulation de notre matériel sur ses rails nous valût quelque bénéfice. Elle perçoit les prix du transport. Nous ne sommes remboursés que du coût de la construction et de l'entretien des wagons.

Il en résulte que les wagons, qui, en Belgique, nous laissent un certain bénéfice, ne rapportent, pendant qu'ils sont sur les lignes de la Compagnie du Nord, que juste ce qu'ils coûtent.

Ce sacrifice, appliqué à un nombre de wagons pendant un certain nombre de mois, a été consenti en faveur de qui? — En faveur de l'industrie houillère qui se plaint cependant de ce que l'on ne fasse jamais rien pour elle.

MM. Balisaux et **d'Andrimont.** — Nous protestons!

M. Braconier. — Vous exagérez nos plaintes.

M. Sainctelette, *Ministre des Travaux publics.* — Lorsque l'honorable M. Balisaux a été annoncer à l'assemblée générale d'exploitants de Charleroi la conclusion de ce traité avec la Compagne du Nord, il a été, il me l'a dit lui-même, couvert d'applaudissements.

M. Balisaux. — C'est l'honorable Ministre qui a été applaudi.

M. Sainctelette, *Ministre des Travaux publics.* — ... Mais, il y a quelques jours, faisant le procès au Gouvernement, il s'est bien gardé de rappeler ce traité, qui m'a coûté assez d'efforts.

M. Balisaux. — J'ai dit que j'adressais à l'honorable Ministre mes plus sincères félicitations au sujet de l'exploitation des chemins de fer, qu'il y apportait toutes les améliorations possibles.

Je ne puis être plus clair, plus explicite que je ne l'ai été en ce qui concerne les améliorations qu'il cherche à introduire dans cette exploitation.

M. Sainctelette, *Ministre des Travaux publics.* — Je remercie beaucoup l'honorable sénateur, mais je suis surtout touché de ses conclusions. Je ne prends pas tant garde à la bienveillance et à l'affabilité des considérants qu'à la rigueur de la sentence.

Voilà pour ce qui concerne l'exportation. Parlons maintenant de l'importation et, ici, distinguons ce qui est le fait de la Belgique de ce qui est le fait de l'étranger. Voyons quelle est, dans le prix de transport des houilles importées, la part belge et quelle est la part de l'étranger.

Voyons si le Gouvernement belge a failli à ses devoirs, s'il a établi des tarifs de faveur pour le transport des produits de l'étranger.

Les charbons qui viennent en Belgique sont de trois provenances; il y a des charbons français, des charbons anglais, des charbons allemands.

Les charbons anglais sont transportés dans l'intérieur du pays au prix du tarif intérieur, sans réduction aucune.

Les charbons français sont transportés, de la frontière belge à l'intérieur de la Belgique, au même tarif que les charbons belges destinés à l'exportation en France sont transportés, de l'intérieur de la Belgique à la frontière belge. (*Interruption.*)

Vous ne prétendez pas, je suppose, que l'on puisse faire des tarifs qui ne soient applicables qu'à l'aller et non pas au retour?

Pour les charbons allemands, c'est le même tarif, c'est-à-dire le barême de 1867, que pour les charbons français qui viennent en Belgique, et le même tarif que pour les charbons belges qui vont en Allemagne.

M. Braconier. — Mais à 50 centimes meilleur marché pour les charbons étrangers que pour les nôtres qui circulent en Belgique.

M. Sainctelette, *Ministre des Travaux publics.* — C'est le même tarif que pour les charbons français qui viennent en Belgique et que pour ceux de nos charbons qui vont en Allemagne.

Comment voulez-vous que, traitant avec l'Allemagne, on lui dise : Vous nous ferez tel prix pour les charbons belges allant en Allemagne, mais dans la même direction, sur les mêmes rails, pour les charbons allemands venant en Belgique, vous payerez 50 centimes de plus?

M. Braconier. — On n'en envoie pas en Allemagne.

M. Sainctelette, *Ministre des Travaux publics.* — Comment! Vous n'envoyez pas de houilles et surtout de cokes à Ars-sur-Moselle, à Hayange, dans Alsace-Lorraine? Ceci est du nouveau et de l'imprévu. Mais enfin, ce serait là un fait, et ce fait

14

dépendrait de vous; mais vous critiquez le régime, vous critiquez les conventions internationales, vous accusez le Gouvernement de faire un traitement de faveur aux produits étrangers.

Je vous dis : Notre tarif de l'importation des charbons allemands en Belgique est le même que celui de l'exportation des charbons belges en Allemagne; où est la faveur accordée à l'étranger?

M. Braconier. — Vous transportez pour nous, Belges, à 50 centimes plus cher que pour les Allemands. Réduisez votre tarif alors !

M. Sainctelette, *Ministre des Travaux publics.* — Contestez-vous qu'il faille encourager les exportations et prétendez-vous qu'il soit possible de distinguer entre l'importation et l'exportation ?

M. Braconier. — Vous parlez d'un pays où l'on n'importe rien; où est la réciprocité?

M. d'Andrimont. — C'est évident.

M. Sainctelette, *Ministre des Travaux publics.* — Il y aurait à examiner la question de savoir s'il faut nécessairement rédiger les tarifs d'importation et d'exportation absolument comme le tarif intérieur. Vous pouvez soutenir cette thèse; vous pouvez dire : « Point de faveur pour l'exportation; l'exportation doit être faite aux mêmes conditions que le mouvement intérieur.» Mais vous ne pouvez vouloir deux prix, l'un pour l'importation, l'autre pour l'exportation; on ne peut traiter l'aller et le retour à des conditions différentes.

M. Braconier. — Vous faites bien une différence de prix de transport pour l'exportation par mer, pourquoi ne la feriez-vous pas pour l'exportation par terre?

M. Sainctelette, *Ministre des Travaux publics.* — Je fais une différence pour l'exportation par terre.

M. le comte de Mérode-Westerloo. — Pas pour les charbons anglais.

M. Sainctelette, *Ministre des Travaux publics.* — Comprenons-nous bien. Ces chiffres, je le sais, sont difficiles à saisir à la simple audition; je les résume : tarif intérieur, fr. 4.50 c[s] pour 100 kilomètres; tarif d'exportation par terre, 4 francs pour 100 kilomètres ; tarif d'exportation par mer 2 francs par 100 kilomètres.

M. le baron de Woelmont. — Nous demandons la même faveur que pour l'exportation par Anvers.

M. Sainctelette, *Ministre des Travaux publics.* — Vous demandez l'application à un trafic de 5 millions de tonnes d'un tarif qui, jusqu'à présent, n'a été appliqué qu'à un trafic de moins de 100,000 tonnes, dans des conditions exceptionnellement difficiles.

M. d'Andrimont. — Vous nous faites un cadeau dont nous ne pouvons pas profiter. C'est absolument comme si vous ne nous donniez rien. Les Allemands seuls en profitent.

M. Sainctelette, *Ministre des Travaux publics.* — Les charbons allemands n'arrivent à Anvers par les lignes de l'État que dans une très-mince mesure.

M. d'Andrimont. — Nous verrons cela plus tard.

M. Sainctelette, *Ministre des Travaux publics.* — Quand vous voudrez, mais il ne faut pas changer le terrain du débat.

Il ne s'agit pas de savoir s'il faut appliquer à l'exportation par terre le barême de l'exportation par mer : tel n'est point le reproche auquel je réponds. Vous traitez, dites-vous, les charbons étrangers plus favorablement que les charbons belges; vous accordez à l'importation des faveurs que vous refusez à l'exportation.

Je viens de vous montrer que cela n'est pas exact. J'ai indiqué que l'exportation est, à cinquante centimes près, tarifée de la même façon que le trafic intérieur, et je viens de vous montrer qu'il n'y a, pour la part belge, aucune différence entre l'importation et l'exportation.

Parlons maintenant des parts étrangères dans le prix des charbons importés.

D'après ce qui m'est revenu, on a dit que le Gouvernement a été assez faible ou assez niais pour consentir à des tarifs dans lesquels la part belge reste ce qu'elle doit être, tandis que la part étrangère a été, selon le sens, augmentée ou diminuée : augmentée, quand il s'agit de notre exportation; diminuée, quand il s'agit de notre importation.

Eh bien, la Compagnie du Nord applique, sur le territoire français, aux charbons français exportés par elle en Belgique, le même barême qu'aux charbons belges importés par elle en France.

Ce n'est pas nous seulement qui pratiquons l'égalité entre l'aller et le retour, c'est aussi notre correspondant, la Compagnie du Nord français.

A l'autre extrémité du pays, le Berg-Marche, le Rhénan, le Cologne-Minden, le Venloo-Visé appliquent aux charbons allemands exportés par eux en Belgique le même tarif qu'ils appliquent aux charbons belges importés par eux en Allemagne.

Parlons maintenant du transit.

Il faut distinguer entre le transit vers la frontière de mer et le transit de l'une à l'autre frontière de terre.

Occupons-nous d'abord du transit vers la côte.

Il n'y a point jusqu'à présent de charbons français allant en transit par la Belgique vers la côte.

En ce qui concerne les charbons allemands, nous avons été amenés à adopter pour la ligne Herbesthal-Liége-Anvers, les prix du Grand-Central, Aix-Maestricht-Aerschot-Anvers.

MM. les sénateurs savent que les trois grandes lignes charbonnières allemandes sont au départ du bassin de la Rühr :

Le chemin Rhénan *via* Aix-Aerschot ou Herbesthal-Verviers;

Le chemin du Berg-Marche *via* Aix-Aerschot ou Bleyberg-Verviers;

Le chemin de Cologne-Minden *via* Venloo, Maestricht-Aerschot ou *via* Venloo-Maestricht-Liége.

Pour mener les charbons du bassin de la Rühr à Anvers, il y avait naguère deux lignes : l'une, par Verviers, Liége, Anvers; c'est la ligne de l'État belge; l'autre, par Aix-la-Chapelle, Maestricht, Aerschot et Anvers, c'est la ligne du Grand Central. Celle-ci est la plus courte. C'est elle qui commandait les prix. Toutes les fois que deux concurrents sont en lutte, celui qui a les prix les plus bas fait la loi à l'autre.

Nous avons adopté les prix du Grand-Central, et nous les avons appliqués à nos parcours. Les prix par unités sont de 0.026 par tonne et par kilomètre, ce qui fait par 10,000 kilogrammes :

De Gelsenkirchen à Anvers, 97 francs, de Stolberg à Anvers, fr. 60.20 c⁵, tandis que, du Trooz à Anvers, c'est fr. 34.20 c⁵, de Châtelineau à Anvers, fr. 29.40 c⁵, de Bascoup à Anvers, fr. 26.30 c⁵, du Flénu à Anvers, fr. 30.20 c⁵.

Ainsi, celui des charbons belges qui paye le plus cher, celui qui va du Trooz à Anvers, fr. 34.20 c⁵, ne paye que la moitié du prix de Stolberg à Anvers par les voies de l'État belge, et à peu près le tiers du prix de Gelsenkirchen à Anvers par la même route.

M. d'Andrimont. — Je vous prouverai le contraire.

M. Sainctelette, *Ministre des Travaux publics.* — Depuis lors, la ligne d'Anvers à Gladbach a été livrée à l'exploitation et les transports de la Rühr vers Anvers suivent exclusivement cette voie, plus courte que les deux autres, et payent un tarif plus réduit que celui des routes de Verviers ou de Maestricht.

J'ai fait dresser un état comparé des prix de transport depuis les gares allemandes de Gelsenkirchen, Stolberg, Sarrebruck, jusqu'aux gares de Paris, Maubeuge, Nancy, Longwy, Esch sur l'Alzette, Anvers et Gand.

M. Braconier. — Nous avons cela dans les tarifs ; mais ce qui serait plus curieux à connaître, ce sont les prix depuis Herbesthal jusqu'à destination.

M. d'Andrimont. — Ces chiffres n'ont pas varié depuis deux ans ; je les ai cités moi-même dans un discours que j'ai prononcé au Sénat.

M. Sainctelette, *Ministre des Travaux publics.* — Nous venons de parler du transit vers la côte.

Parlons du transit d'une frontière de terre à une autre frontière de terre. Ceci ne concerne que les charbons allemands. Il n'y a pas de charbons français qui traversent la Belgique pour aller en Allemagne ni ne charbons anglais qui aillent de la côte en France ou en Allemagne.

Le transit se fait donc d'Allemagne en France par la Belgique. On applique à ce transit le barême intérieur sans réduction aucune, même de frais fixes. Voilà la règle.

Je le répète : les charbons allemands qui vont en France, en transit par la Belgique, payent, sans aucune diminution, les prix du barême intérieur. Il n'y a qu'une seule exception. Les mines allemandes ont fait un marché avec la société du Gaz parisien. Après s'être mises d'accord avec les chemins de fer allemands et avec les chemins de fer du Nord français, elles nous ont dit : Voulez-vous transporter nos charbons à un prix de...

Si vous vous y refusez, nous les ferons entrer par Visé, nous les dirigerons par Liége-Maestricht, le Nord-Belge et le chemin de fer de Chimay et nous les conduirons ainsi à Paris sans votre intervention.

L'État belge, à une époque à laquelle je n'avais pas l'honneur de le représenter, a, pour ces transports, traité au prix du barême intérieur de 1867, c'est-à-dire au prix de notre tarif intérieur, réduit de 50 centimes entre le 50ᵉ et le 100ᵉ kilomètre.

C'est le tarif auquel nous-mêmes nous exportons en France et ce barême qui est appliqué sans aucune réduction, même de frais fixes.

M. Braconier. — Et vers le Grand-Duché !

M. Sainctelette, *Ministre des Travaux publics.* — Je ne puis parler de tout à la fois. Je n'ai pas fini sur un point que, déjà, vous m'arrêtez par des interruptions qui en concernent d'autres.

Voici un passage du rapport officiel de la Compagnie du Nord pour l'exercice 1880 qui vous édifiera sur la portée de ce trafic, si considérable, qui alarme tant mes amis et dont on fait tant de bruit !

« Le progrès des transports des combustibles doit, cette année encore, appeler particulièrement notre attention. L'accroissement a été, pour la seule année 1880, de plus de 1,000,000 de tonnes. Il y a dix ans, en 1869, le tonnage des combustibles transportés par la Compagnie du Nord n'était encore que de 3,567,089 tonnes, et le produit de 14,896,000 francs. Le tonnage et la recette ont plus que doublé depuis cette époque.

» La plus grande partie de ces combustibles est actuellement fournie par les bassins du Nord et du Pas-de-Calais. Leurs provenances représentent, dans nos transports, 4,546,786 tonnes, ou 62 p. c. La part des houilles belges est de 52.50 p. c. Les houilles anglaises et celles du bassin de la Rühr ne figurent dans nos transports que pour 3.55 p. c. et 1.95 p. c.

» Nous n'avons pas besoin de rappeler que ces résultats sont dus tout d'abord au bas prix de nos tarifs qui, pour les grandes distances, descendent au-dessous de 5 centimes par kilomètre. Cette année encore, le tarif moyen est de fr. 0,0357 pour l'ensemble des transports à toutes les distances et dans tous les sens. »

Ainsi, les charbons de la Rühr transportés vers Paris représentent simplement 2 p. c., alors que l'exportation belge représente 52 $^{1}/_{2}$ p. c. Je comprends les regrets, je comprends même un certain sentiment, je ne dirai pas de jalousie, mais de concurrence, mais je ne comprends pas que l'on fasse un grief à un Gouvernement qui est, de sa nature, un marchand de transports, d'avoir pris pour lui un transport qui, s'il l'avait refusé, se fût fait sans lui.

Si nous l'avions refusé, la direction Maestricht-Visé-Chimay l'eût certainement accepté; et si l'on s'était entendu avec ces Compagnies pour élever une espèce de muraille de la Chine entre le bassin de la Rühr et la frontière française, les charbons allemands auraient été dirigés vers Paris par les eaux intérieures de la Hollande.

J'ai ici un tableau de la navigation entre la Belgique et la Prusse par le canal de Zuid-Beveland en 1880; j'y vois que 157,540 tonnes de charbon ont transité par les eaux intérieures pour aller en France.

Les charbons allemands en destination de l'usine à gaz de Paris sont donc transportés sur le territoire belge au prix du barême auquel nous exportons nos propres charbons en France. Il n'y a pas la moindre réduction.

D'Allemagne en France, vers l'Est, *via* Athus, c'est le barême intérieur, sans réduction même des frais fixes.

D'Allemagne vers le grand-duché de Luxembourg ou d'Allemagne en Allemagne, d'Herbesthal à Gouvy, et de Bleyberg à Gouvy, nous avons, dans le prix du transport, une part, calculée d'après le barême allemand, proportionnelle à notre parcours, et la base de cette part, c'est que les frais fixes et les frais variables sont confondus ou plutôt qu'il n'y a point de frais fixes, car c'est là un trafic tout en transit. Le taux est de fr. 0,0277 par tonne et par kilomètre. (*Interruption.*)

L'honorable M. Braconier prête une oreille attentive, et il faut bien que j'explique clairement à l'assemblée quelle est la nature de ce transport.

L'Allemagne possède, au nord de la Belgique, les mines de Westphalie. Ces mines ont des clients dans le grand-duché de Luxembourg; elles en ont d'autres et d'importants dans l'Alsace-Lorraine. L'Allemagne a tout intérêt à ce que les charbons allemands de la Rühr aillent dans le grand-duché de Luxembourg et en Alsace-Lorraine. Elle peut leur faire prendre la voie de l'Eifel, aller de Gelsenkirchen à Duren, de Duren à Trèves et de Trèves à Luxembourg. Elle peut aussi passer par la Belgique, y entrer par Herbesthal ou Bleyberg, suivre la voie belge jusqu'à Gouvy et de là entrer dans le grand-duché de Luxembourg, puis en Alsace-Lorraine.

Il y a donc deux voies concurrentes, la ligne de l'Eifel et la ligne belge. On a dit au Gouvernement — et ce n'était pas moi qui le représentais alors: — Voulez-vous une part de ce trafic? — Vous ne l'aurez qu'à la condition d'admettre les prix dont nous nous contentons nous-mêmes. Vous aurez le prix allemand par tonne et par kilomètre.

Eh bien, Messieurs, le Département a accepté. Qu'y a-t-il de critiquable dans cette opération et quel en est le résultat? C'est que, de Bleyberg à Gouvy, on paye pour 99 kilomètres fr. 2.7433, tandis que si, pour cette même distance de 99 kilomètres, on appliquait le tarif belge intérieur, on aurait à payer fr. 3.980, soit fr. 1.2377 en plus.

M. Braconier. — C'est ce qu'on nous fait payer pour les transports de Liége.

M. Sainctelette, *Ministre des Travaux publics.* — Un moment. Je ne ferai même pas observer, Messieurs, qu'il eût été parfaitement rationnel d'appliquer un prix de faveur à un transport qui n'emprunte qu'une petite partie de notre territoire pour passer d'un point de départ allemand à une destination allemande.

Je dirai seulement que ces transports se font par trains complets, qu'il n'y a de manœuvres ni à l'entrée ni à la sortie du territoire belge. Le train entre en notre pays et en sort comme il y est entré. Il n'y a qu'une lettre de voiture pour le train. La différence se justifie donc.

Mais il ne suffit pas de s'exclamer sur les conditions auxquelles les charbons allemands vont dans le Grand-Duché et en Allemagne, en transit par la Belgique. Il faut aussi voir comment y vont les nôtres.

M. le baron de Woelmont. — Le papier coûte bien cher au Département des Travaux publics.

M. Sainctelette, *Ministre des Travaux publics.* — Oh ! ce n'est pas la feuille de papier qui coûte cher ; c'est l'ensemble des opérations qui viennent se résumer dans la lettre de voiture: le chargement, le pesage, la mise en train, les manœuvres, le personnel du train, etc.

Comment les charbons de Liége vout-ils dans le Grand-Duché ? A Esch sur l'Alzette, par exemple, point important de consommation?

Ils sont transportés d'après la distance la plus courte, c'est-à-dire celle de Gouvy-Bleyberg, mais ils sont tarifés d'après la base la plus favorable, d'après le tarif *viâ* Athus; de telle sorte, Messieurs, que l'on arrive à ceci qui résume tout : les charbons allemands payent de Stolberg à Esch pour 212 kilomètres fr. 73,75 c⁵ par wagon de 10,000 kilogrammes, et les charbons belges d'Angleur à Esch, distance 184 kilomètres, payent fr. 59.80 e⁵.

Ainsi, Messieurs, ceux qui se placent au point de vue des théoriciens, des mathématiciens, qui disent : Vous ne transporterez pas les houilles allemandes à meilleur marché que les houilles belges; vous tariferez le parcours de la même façon, avec la même taxe unitaire, vous l'appliquerez de la même manière, ceux-là ont raison, ils triomphent.

Mais si l'on envisage les affaires, si l'on néglige le côté théorique, voici le résultat pratique : c'est une différence par wagon de fr. 13.95 c⁵, en faveur des charbons belges.

M. Braconier. — Avec des distances plus grandes.

M. Sainctelette, *Ministre des Travaux publics.* — Qu'importe le trajet si le prix est moindre.

M Braconier. — On favorise les charbons allemands qui traversent le pays.

M. Sainctelette, *Ministre des Travaux publics.* — Croit-on, d'ailleurs que, de gaieté de cœur, un Gouvernement, quel qu'il soit, de gauche ou de droite, puisse créer de ces tarifs, les provoquer? Non, Messieurs, on ne provoque pas de ces tarifs, on les accepte faute de mieux. Nous n'avons pas inventé une prime à l'exportation du charbon allemand. Nous avions à accepter ou à refuser un transport. Nous avons pensé que, le refusant, il ne s'en ferait pas moins et qu'il y aurait un préjudice pour le chemin de fer de l'État, pour le Trésor de l'État, sans avantage aucun pour les industriels belges.

M. d'Andrimont. — J'ai déjà dit à votre prédécesseur que nous avions fait là un marché de dupes.

M. Sainctelette, *Ministre des Travaux publics.* — Il est temps de se résumer. Qu'il s'agisse de longues ou de courtes distances, nous avons, à de très-rares exceptions près, le tarif le plus bas de l'Europe continentale. Nous n'avons rien à faire pour conserver cette situation. Nous n'accordons en fait aucune faveur aux produits étrangers, et, même en théorie, pour avoir un transport, nous n'accordons de réduction importante que dans un seul cas.

La situation a été beaucoup améliorée depuis trois ans. Il serait injuste de le méconnaître, mon prédécesseur lui-même l'a déclaré.

Le débat se réduit donc à ceci : faut-il, dans l'intérêt de nos industries, abaisser encore nos prix de transport, si réduits qu'ils soient déjà?

L'honorable M. Balisaux dit qu'il faut le faire dans une mesure considérable et d'une façon générale. Le Gouvernement, de son côté, répond qu'il cherche à réduire les prix par l'établissement, là où ils seront nécessaires et où ils pourront être utiles, des tarifs spéciaux qu'il sera possible de faire sans troubler notre situation financière. Le Gouvernement ajoute qu'il continuera de faire ce qu'il a fait depuis trois ans, des déclassements, des modifications qui, en réduisant le prix par unité de transport, n'altèrent pas cependant le chiffre de la recette générale.

La Chambre a partagé le sentiment du Gouvernement et je suis convaincu que le Sénat fera de même, que le pays sera assez juste, même dans les districts charbonniers, pour reconnaître tout ce qui a été fait et pour encourager le Gouvernement à faire plus encore.

Quelles sont les raisons qui s'opposent à la création d'une 5e classe?

Voyons d'abord l'importance du sacrifice à faire. Dans un discours presque improvisé pendant la discussion du Budget des Voies et Moyens, en 1880, j'ai indiqué le chiffre de 6 millions. Je pensais alors uniquement au mouvement de la 4e classe qui était, pour 1879, de 6,474,000 francs. Mais l'observation m'a été faite que, si l'on établissait une 5e classe de produits bruts, il faudrait adopter une réduction non pas seulement pour la 4e classe, mais aussi pour les transports exécutés par voie de tarifs spéciaux.

Or, ces derniers transports réunis à ceux de la 4e classe forment, pour 1880, un trafic de plus de 14 millions de tonnes.

C'est, en ayant ce chiffre sous les yeux, que j'ai dit : selon que vous ferez une réduction d'un franc, d'un-demi franc, ou d'un quart de franc, vous ferez un sacrifice de 14 millions, de 7 millions ou de 3 millions et demi. A mon avis, faire une réduction sur deux tarifs aussi importants que ceux-là, la faire dans toutes les directions, la faire pour tous les marchés, sans s'inquiéter des allures du commerce, sans s'informer si la concurrence la justifie, c'est donner en aveugle un coup de hache; c'est un sacrifice considérable et dangereux.

Considérable, je n'ai pas besoin de dire pourquoi, 14 millions et même 7 millions, c'est déjà beaucoup pour la Belgique. Dangereux, car, si vous voulez compléter l'outillage de la nation, si vous voulez achever nos réseaux de voirie, de navigation, de railways, il faut vous en ménager le moyen. Une dépense extraordinaire de 70 millions par an ne vous suffit déjà plus.

Dans l'autre Chambre, pendant une seule discussion, on m'a demandé des travaux qui ne coûteraient pas moins d'un milliard, et bientôt, à coup sûr, on ne transigera pas pour moins de 100 millions par an.

Or, voter tous les ans 100 millions de travaux publics, c'est augmenter le Budget des dépenses de 5 millions et demi de rentes. Où irez-vous les chercher? Voterez-vous 5 millions et demi d'impôts chaque année? Non, sans doute, vous aimerez mieux trouver cette somme dans les recettes du chemin de fer de l'État. Il faut donc en prendre son parti. Si vous voulez continuer l'outillage national, si vous voulez faire, ce que je crois nécessaire, les choses grandement, si vous voulez marcher du même pas que les autres peuples, alors il faut ménager les ressources, non seulement pour une année, mais pour plusieurs années de suite. Ce n'est point par considération des générations futures, ce n'est point par intérêt pour nos arrière-petits-neveux, c'est par considération de ce que nous avons à faire nous-mêmes, c'est par intérêt pour nous-mêmes que nous devons y regarder à deux fois, avant de nous priver de ce qui est un moyen d'action nécessaire, de ce qui pourrait être, à un moment donné, une ressource très-utile.

Je dis que le sacrifice serait dangereux. Pourquoi? Parce que les tarifs de chemins de fer ont ceci de particulier, qu'ils s'abaissent facilement, mais qu'on ne les relève qu'au prix des plus grands efforts. L'idéal des amis de l'honorable M. Balisaux, ne l'oubliez pas, Messieurs, ce n'est pas seulement de faire transporter leurs produits au meilleur marché possible, c'est aussi de vendre au chemin de fer ce dont il a besoin en charbons, machines, etc., et cela au plus haut prix possible.

M. Balisaux. — C'est incontestablement l'idéal des industriels.

M. Sainctelette, *Ministre des Travaux publics.* — Quand vous aurez abaissé les tarifs, il vous sera bien difficile de les relever, même quand les prix des marchandises transportées se relèveront, et alors, ce n'est pas de 14 ou de 7 millions que vous serez en mali, c'est de beaucoup plus.

M. d'Andrimont. — C'est pour exporter que nous demandons les tarifs les plus bas.

M. Sainctelette, *Ministre des Travaux publics.* — Ceci est plus raisonnable, plus pratique, moins difficile.

Messieurs, la situation financière du chemin de fer de l'État est en équilibre pour la première fois depuis 1873.

Un mali de 9 millions a disparu et cela malgré les reprises de lignes qui n'ont pas été productives, malgré l'ouverture des lignes nouvelles qui, dans une seule année, j'en ai le relevé sous les yeux, nous ont coûté une aggravation de dépenses de 1,878,000 francs.

Laissez-nous donc continuer à tenir le Budget du chemin de fer en équilibre, à couvrir par les recettes ses dépenses en frais d'exploitation, en redevances aux compagnies, en intérêts et amortissements de la Dette publique. Laissez-nous remanier les différents tarifs, selon les besoins du trafic, selon les directions, suivant les concurrences.

Je promets, quant à moi, de ne pas rester inactif. J'ai promis à l'autre Chambre et je répète ici que tous les tarifs spéciaux qu'ils sera possible de créer seront établis ; mais, je vous en prie, ne votez pas une mesure générale qui serait sans opportunité, sans utilité et pleine de dangers.

Séance du Sénat du 21 juin 1881.

MESSIEURS,

Il me semble qu'il est temps d'abandonner les considérations générales si brillamment exposées, si intéressantes qu'elles puissent être, pour donner à ces débats, déjà plus longs qu'ils ne le sont d'ordinaire au Sénat, leur conclusion légale et obligée. A vrai dire, Messieurs, ce n'est pas le Budget ordinaire des Travaux publics que l'on a discuté pendant dix jours : c'est ce que l'on pourrait fort bien appeler le Budget extraordinaire. Vous n'avez point parlé des ouvrages à entretenir, ni même des travaux considérables qui sont en cours d'exécution : vous n'en avez tenu aucun compte. Les lois qui les ont autorisés ont été promulguées, les crédits nécessaires ont été accordés; il semble qu'il n'en doive plus être question ici. On signale de nouveaux besoins, on réclame de nouveaux travaux.

Je vais rencontrer, un peu par anticipation, Messieurs, ce qui a été dit de ces demandes nouvelles et je vais m'expliquer sur les articles que chacun d'entre vous désirerait voir introduire dans la loi de crédits spéciaux qui, selon l'usage, vous sera présentée à la fin de la session.

Je ne contesterai ni l'utilité, ni l'urgence d'aucun des travaux dont il a été parlé. Les honorables membres que vous avez entendus sont trop sérieux, trop pratiques pour venir entretenir le Sénat de réclamations qui ne seraient point parfaitement fondées.

Ainsi, Messieurs, quant aux voies de communication, on a incontestablement fait beaucoup depuis cinquante ans. Vous pourrez vous en convaincre en examinant la série des cartes que j'ai fait dresser pour la voirie vicinale, pour les voies hydrauliques, pour les chemins de fer, et qui, à ces points de vue, représentent la situation de notre pays de dix en dix ans.

J'ai aussi fait comparer, sous le rapport du développement des routes, la situation de la Belgique avec celle des autres pays de l'Europe. Eh bien, il résulte du tableau qui m'a été fourni et que je me permettrai d'insérer aux *Annales*, que la Belgique occupe le premier rang si l'on tient compte de l'étendue des territoires, et, si l'on envisage la densité de la population, elle vient immédiatement après la France et la Suède et se trouve sur la même ligne que l'Angleterre, la Bavière et le Duché de Bade.

Cependant, malgré tout ce que l'on a fait, il y a encore, dans diverses parties du pays, à construire des voies de terre très utiles. En tout cas, il y a lieu de rattacher beaucoup de voies vicinales de grande ou de petite communication, aux gares de fer ou d'eau.

Rien ne peut être plus utile que de donner à nos gares les communications, les issues qui leur manquent. Je suis parfaitement d'accord, à cet égard, avec vous tous et notamment avec l'honorable baron Pycke de Peteghem, qui a insisté sur ce point. Je reconnais qu'il peut être très-utile de reprendre beaucoup de chemins construits par les comités cantonaux et par les communes, et avec les honorables MM. Fléchet et de Lhoneux, je trouve juste de remettre ces chemins en bon état, de les entretenir, de les libérer de tous péages. L'honorable sénateur de Huy peut être assuré que j'aurai grand égard aux réclamations qu'il m'a recommandées quant aux routes de Huy à Hamoir, de Huy à Tirlemont et de la vallée du Condroz.

Il est absurde d'avoir encore, dans le pays, à côté d'un réseau complet exonéré de péages, des routes grevées de droits de barrières, causes de dépenses et, en même temps, de gêne pour la circulation.

Dans les grandes villes, nous voyons la population ouvrière, allant le matin à l'ouvrage, rentrant le soir au logis, subir au passage des ponts un impôt plus odieux, plus vexatoire que le droit de barrière ou que le droit d'octroi.

Il faut évidemment en arriver à la suppression de ces charges, il faut racheter les concessions de ponts et supprimer les péages; il faut ne plus accorder de concessions de péages.

L'honorable M. Van den Kerchove a demandé que les ponts à reconstruire à Gand soient établis à double voie; je reconnais l'utilité de cette mesure dans les grandes villes, où le temps est si précieux pour la population ouvrière.

Construire des routes, racheter des routes concédées, paver des chemins de grande communication, construire ou reconstruire des ponts, supprimer des péages, sont incontestablement toutes mesures très-utiles, mais aussi coûteuses qu'utiles.

On demande que, pour venir en aide à l'agriculture, le Gouvernement facilite l'établissement soit de tramways, c'est-à-dire de chemins de fer dont l'infra-structure serait l'accotement de routes ou de chemins de terre, soit de chemins de fer, dont l'infrastructure serait à faire?

Qu'entend-on par faciliter?

Apporter un changement à la législation? Je ne le pense pas.

La législation actuelle n'élève aucun obstacle à la construction des tramways pas plus qu'à la construction des chemins de fer à voie étroite. Dans tous les cas, si des modifications devaient y être apportées, elles ne seraient guère importantes.

On veut plus que la concession de péages.

Il y a donc certains autres avantages que l'on voudrait obtenir en même temps que des modifications à la législation?

Derrière ces demandes qui se formulent assez timidement, il y a le vœu d'obtenir le concours pécuniaire de l'État, de le voir ferrer les chemins, c'est-à-dire y poser des rails, au lieu de les paver comme autrefois? Ce n'est pas moi, Messieurs, qui m'y opposerai, car je reconnais que les tramways et les chemins de fer secondaires peuvent être d'une certaine utilité pour les populations industrielles, voire même pour les populations agricoles. Seulement, il pourra y avoir lieu de restreindre beaucoup la durée des concessions ou même de changer la forme du contrat d'exploitation.

Séance du Sénat du 22 juin 1881.

MESSIEURS,

Je viens de résumer le plus succinctement qu'il m'a été possible ce qu'il nous faut pour donner satisfaction à des aspirations très-légitimes et très-pressantes. Du seuil de la période décennale qui commence et qui, de 1881 ira à 1890, il y a, vous le voyez, sans imprévus, sans faire aucune part aux nécessités qui ne manqueront pas de se présenter dans le cours de ces dix ans, de quoi nous occuper largement.

Il y a là une demande de plus de travaux que l'on n'en pourra faire, même en dépensant le plus d'argent possible, et ces travaux, Messieurs, il ne s'agit pas de les faire pour les générations futures, pour nos arrière-neveux, il faut les faire pour nous. C'est à nos besoins immédiats, urgents qu'il s'agit de parer.

Comment payer tous ces travaux. Évidemment par le produit des impôts, soit que leur rendement aille en croissant, soit qu'il faille recourir à des impôts nouveaux ; mais, au moins, pendant ces dix années, on ne pourra pas les payer sur le boni de l'exploitation du réseau, puisque, tout le monde en convient, ce boni est à peu près insignifiant.

Cette situation même peut venir à se modifier, soit par la diminution du trafic et par conséquent de la recette brute, soit par l'augmentation des dépenses, augmentation qui résultera tout naturellement de la mise en exploitation; cette année encore, d'environ une centaine de kilomètres de lignes nouvelles

C'est en cet état de choses, alors que, pour compléter l'outillage national, pour obtenir de cet outillage tout l'effet utile dont il est capable, vous avez besoin de pouvoir disposer de tout le rendement des impôts, c'est alors que l'on vient vous proposer de diminuer, dans une mesure considérable, la recette brute des chemins de fer.

Je dis, Messieurs, que l'on vient vous proposer de *diminuer,
dans une mesure considérable, la recette brute totale des chemins
de fer,* parce que c'est là ce qui caractérise les propositions de
M. Balisaux.

Entre les idées de l'honorable sénateur et les nôtres, il y a une
différence immense. La voici : l'honorable membre veut qu'à
l'équilibre actuellement existant on substitue une situation sol-
dant en mali. Il ne se le dissimule pas et il ne vous le dissimule
pas davantage. Il vous dit : créez une cinquième classe pour le
transport des produits bruts; cela réduira la recette de plusieurs
millions, le compte d'exploitation des chemins de fer se soldera
en mali. — Qu'importe! — Vous suspendrez l'amortissement, vous
grèverez l'avenir, au besoin vous voterez de nouveaux impôts.

Nos idées, Messieurs, sont toutes différentes. Le Gouvernement
lui, ne veut pas, de propos délibéré et de gaieté de cœur, la substitution d'un mali à l'équilibre actuel.

Il ne veut pas, de parti pris et de gaieté de cœur, constituer le
chemin de fer en déficit; il ne croit pas que la situation actuelle
des grandes industries du pays justifie une mesure aussi extrême.
Il est disposé à adopter pour certains produits, dans certaines
directions, des tarifs mieux appropriés que les tarifs actuels aux
nécessités de certains commerces, aux exigences de certaines relations, de façon à augmenter le trafic sans diminuer la recette.

L'honorable M. Balisaux vous a dit hier : « Le Gouvernement
est d'accord avec moi : on accorde d'une façon indirecte ce que je
demandais indirectement. » C'est, Messieurs, une erreur, une
double erreur.

Ce que nous ferons, l'honorable M. Balisaux ne l'a point
demandé, et ce que l'honorable membre a demandé, nous ne le
ferons point.

Messieurs, dès le lendemain de mon entrée au Département, je
commençai la révision des tarifs, procédant partiellement, successivement, graduellement, ayant toujours les yeux fixés sur la
recette et cherchant à augmenter le trafic par des déclassements
qui n'altérassent point la recette.

Si grand cas que je fasse des conseils de l'honorable sénateur de Charleroi, je ne les ai ni demandés, ni attendus, ni reçus pour agir de la sorte et je continuerai de même. Vous pouvez voir par l'exposé des motifs de la loi de prorogation, combien ont été nombreux et importants les déclassements, les remaniements de tarifs qui ont été opérés.

Je pose en principe que, dans leur ensemble, ces déclassements, ces remaniements des tarifs n'ont fait qu'augmenter les recettes; j'offre et j'accepte la discussion sur ce terrain tant que l'on voudra.

J'ai, sans altérer les recettes, remanié tous nos tarifs d'exportation vers la mer, créé des relations nouvelles dans l'Allemagne du Sud, l'Est français et la Suisse, remanié les tarifs agricoles au double point de vue des produits obtenus et des matières premières employées, modifié tout le régime de nos embranchements et raccordements, étendu à 25 kilomètres et à toutes les marchandises de la 4ᵉ classe, les tarifs de nos courtes distances. Je continuerai; je l'ai annoncé depuis longtemps et je le répète encore aujourd'hui.

Quels ont été, Messieurs, les résultats de cette façon d'agir? Je regrette d'avoir à le rappeler, mais je crois qu'il est indispensable de le faire. En trois ans, le trafic des grosses marchandises s'est accru de 4 $\frac{1}{2}$ millions de tonnes et la recette s'est augmentée de 14,000,000 de francs. Et cependant, le prix moyen de la tonne embarquée et transportée est descendu de fr. 3.55 cᵗ à fr. 5.42 cᵗ. Me blâme-t-on de ces résultats? Et si l'on ne m'en blâme pas, pourquoi veut-on m'empêcher de continuer?

M. Balisaux. — Vous vous arrêterez alors dans le rachat des mauvaises lignes.

M. Sainctelette, *Ministre des Travaux publics*. — Je vais y venir. L'honorable M. Balisaux veut une 5ᵉ classe pour les produits bruts, c'est-à-dire un acte considérable. Je vous en ai dit la portée : 14 millions, si vous faites un écart de 1 franc; 7 millions, si l'écart est de 50 centimes; 3 millions et demi si vous vous contentez du mince écart de 25 centimes.

L'honorable M. Balisaux veut cela et il sait que, même en des temps prospères, on ne relève pas un tarif de transport pour les marchandises, en sorte qu'après avoir décidé une baisse considérable, sous l'empire d'une panique momentanée et d'une façon peu raisonnée, vous ne pourrez pas songer à relever les tarifs, même si, dans quelques mois, une reprise des affaires venait à se produire.

On vous propose donc d'adopter une mesure qui constituerait le chemin de fer en déficit maintenant et pour de longues années. Et pourquoi veut-on imposer pareil sacrifice à l'État?

Laissons de côté, je ne dis pas la philosophie économique, mais les considérations vagues et les idées confuses.

Recherchons quelles raisons précises il pourrait y avoir de créer une 5e classe.

Y a-t-il quelque part un tarif de transport des produits bruts plus bas que le nôtre? S'il y en a un, qu'on le désigne, et je m'engage à faire immédiatement modifier le nôtre. Ce que fait une autre exploitation, l'État belge peut le faire, il doit le faire; précisément, parce que c'est une exploitation d'État, parce que, comme telle, elle doit servir le public aussi et mieux encore qu'aucune autre exploitation.

Mais non, notre tarif de produits bruts est, quoi qu'on en dise, le plus bas de tout le continent. J'ai cité des chiffres, j'ai publié des tableaux, ces chiffres et ces tableaux n'ont point été contredits. On m'a opposé des allégations vagues. On m'a dit: dans telle région, pour tel transport, on fait ceci ou cela. Je parle des faits généraux, des moyennes, non pas des extrêmes et des exceptions, je vise l'ensemble et je porte le défi que l'on établisse que notre tarif pour le transport des produits bruts ne soit pas le plus bas.

Mais fût-il le plus bas, s'il exerçait une influence fâcheuse, je serais le premier à déclarer qu'il faut le modifier. Car, il ne suffit pas à la Belgique que son tarif de transport soit le plus bas de tous, il faut encore que ce tarif serve bien les industries nationales. Si le tarif des produits bruts ralentissait le mouvement, s'il comprimait ou suspendait pendant quelque temps la production, je serais le premier à reconnaître qu'il y a un pas à faire en avant.

Mais quels sont les faits? Est-ce que la production est le moins du monde influencée par le taux des tarifs de transport pour les produits bruts?

Voyons les chiffres.

L'honorable M. Balisaux s'est principalement occupé des transports de l'industrie houillère. Je le comprends, c'est l'industrie principale de l'arrondissement qu'il représente. Or, à l'intérieur du pays, les transports du seul chemin de fer de l'État ont augmenté de 650,000 tonnes; ils étaient de 5 millions de tonnes en 1879, ils ont atteint 5 millions 630,000 tonnes en 1880. Un tarif qui permet de réaliser, en un an, un semblable progrès, est-il un obstacle, une entrave au développement de la production, à l'essor des industries?

Voulez-vous que je vous cite un autre fait? On a dit que la civilisation d'un peuple se mesure à la quantité de houille qu'il consomme. Nous sommes au second rang dans cet ordre d'idées. Nous consommons 1,900 kilogrammes de houille par an et par habitant, alors qu'en France on n'en consomme que 659, en Allemagne que 806, aux États-Unis même que 1,200 seulement et cette consommation de la houille par habitant et par an, a doublé depuis 1850. Elle était de 900 kilogrammes en 1850, elle est de 2,165 kilogrammes en 1880 et elle va constamment en augmentant.

M. Balisaux. — Ce sont nos nombreux établissements qui consomment.

M. Sainctelette, *Ministre des Travaux publics.* — C'est donc que votre production intérieure a fait de très-grands progrès, et c'est ce que je vous signalais l'autre jour, en vous rappelant qu'en 1840 la consommation intérieure du pays était de 4 millions de tonnes seulement et qu'en 1880 elle s'est élevée à 16 millions. Je vous disais que l'on pouvait donc considérer l'avenir sans crainte, si noir que vous le fassiez. Nous sommes devenus aujourd'hui nos principaux clients, nos principaux consommateurs, et nous pouvons considérer sans faiblesse les événements qui, peut-être, se préparent chez d'autres peuples. Qu'importe que la folie de la protection reprenne quelque empire, passager d'ailleurs, si nous-mêmes nous restons fidèles à nos doctrines, fidèles à nos mœurs, fidèles aux qualités énergiques qui ont fait la prospérité du pays.

Ici, Messieurs, je dois rencontrer l'objection que l'honorable M. Balisaux signalait tout à l'heure, sur laquelle il n'a pas insisté dans sa réplique, mais qu'il avait indiquée dans son premier discours. Cette objection consiste en ceci : ce qui élève, dit-il, le coefficient de la dépense d'exploitation, c'est la reprise des lignes concédées. Vous faites un coefficient moyen et les bonnes lignes payent pour les mauvaises. C'est bien là l'objection, n'est-ce pas? (*M. Balisaux fait un signe d'assentiment.*)

M. le comte de Mérode-Westerloo. — Cela se fait partout.

M. Sainctelette, *Ministre des Travaux publics.* — Or, de cela il y a diverses raisons. Et d'abord, est-il bien juste de dire que toutes les lignes concédées soient mauvaises? Évidemment non !

Il y en a de bonnes, il y en a de mauvaises, il y en a de médiocres, mais toutes au bout d'un certain temps s'améliorent.

L'exploitation par l'État a certainement cette vertu de développer le trafic. Je ne dis pas qu'elle ne soit plus chère, dans une certaine mesure, que l'exploitation par les Compagnies; mais l'État fait, pour servir le public, ce que ne font pas les Compagnies, et il est sans exemple jusqu'à présent qu'un trafic de Compagnie ait dépéri dans les mains de l'État et qu'au contraire un trafic de Compagnie ne s'y soit pas grandement développé.

Je citerai notamment la ligne d'Anvers-Rotterdam. Certes c'était une bonne ligne dans les mains d'une Société puissante et intelligente. Eh bien, ce trafic a augmenté de 60 p. c. depuis huit mois que nous la possédons.

Mais quand on veut considérer les conséquences de la reprise d'une ligne concédée, il ne faut point se préoccuper exclusivement du trafic propre à cette ligne.

Toutes les lignes reprises sont aux extrémités du réseau. Toutes viennent s'embrancher sur des lignes mères, et si l'on veut être juste, il faut tenir compte du trafic de réaction que les embranchements apportent à nos lignes.

Ainsi, quand on a repris la ligne de Pepinster à Gouvy, ce n'était point certainement en soi une affaire bien considérable, mais chaque wagon de minerai qui arrivait par cette ligne parcourait une centaine de kilomètres sur le réseau de l'État belge et ces kilomètres venaient augmenter le prix moyen de la tonne embarquée et le coefficient des bénéfices.

Jusqu'en 1870, l'État n'était possesseur que des lignes principales du pays ; sa tâche n'était accomplie qu'au tiers. On ne pouvait pas en rester là.

On ne reprend pas une ligne concédée seulement en vue des résultats de l'exploitation. On la reprend parce qu'il y a dans ce monde d'autres raisons et d'autres intérêts que les raisons et les intérêts de l'ordre financier. On reprend les chemins de fer concédés par les mêmes considérations qu'on les a construits ou concédés, c'est-à-dire qu'on les reprend parce qu'il faut, dans un pays comme le nôtre, l'unité de régime, l'égalité de conditions, parce que l'intérêt de la défense nationale, parce que l'intérêt si considérable de l'indépendance du Gouvernement exigent que les principales voies de communication soient sous la main des grands pouvoirs publics.

Je veux bien, pour un moment et par voie d'hypothèse, entrer dans l'ordre d'idées exposé par l'honorable M. Balisaux, je veux bien admettre que l'on tarife chaque section isolément, en raison des frais d'exploitation et aussi de son coût de construction ou de rachat.

A quel résultat arriverait-on ? La province de Hainaut, par exemple, aurait-elle beaucoup à se féliciter de voir établir sur la ligne du Luxembourg des tarifs proportionnels aux prix de rachat de ce chemin de fer et aux frais d'exploitation.

Par considération pour certaines industries du pays, on a non seulement racheté la ligne du Luxembourg à un taux qu'il serait peut-être permis de trouver un peu exagéré, mais on a décidé la

création d'une seconde voie presque parallèle. Entendez-vous que
le trafic de ces deux voies, Sterpenich à Charleroi et Athus à
Tamines, soit tarifé à raison du coût de construction et d'exploitation ? Vous n'en recevriez plus un kilogramme de minerai et
vous n'y enverriez plus un kilogramme de charbon.

Il est impossible de raisonner de la sorte dans un pays comme
le nôtre. Nous en avons fini avec les fédérations des communes et
des provinces. Nous sommes un peuple un et homogène, et nous
irions créer les fédérations de groupes industriels ? Nous devrions
avoir autant de tarifs qu'il y a de centres de consommation !
Arrière ces idées, ce n'est pas du progrès !

J'ai dit que la réduction de la recette brute recommandée par
l'honorable M. Balisaux, sous la forme de la création d'une
5ᵉ classe, n'était pas nécessaire, qu'elle n'aurait qu'une influence
très-restreinte sur la progression du trafic des industries, de
celles-là mêmes auxquelles le Gouvernement désire venir en aide.

Quand un pays transporte et consomme pour ses propres besoins des quantités aussi considérables de houille que celles que
j'ai citées, quand les prix de transport sont les plus bas du continent, ce n'est pas une réduction de quelques centimes qui augr-
menterait de beaucoup la consommation.

J'ai dit aussi que la réduction demandée par l'honorable
M. Balisaux serait considérable. Lui-même s'en rend si bien
compte, qu'il a cherché à atténuer les effets de sa proposition au
moyen d'une combinaison financière qui compenserait cette diminution de recette brute.

Je ne reviendrai pas sur ce que mon honorable collègue, M. le
Ministre des Finances, vous a dit, en termes excellents, de cette
combinaison, qui, on se le rappelle, se résume dans la création
d'une dette spéciale amortissable de fr. 66.66 cᵉ, remboursables
par 100 francs avec ou sans prime.

Mais admirez la contradiction !

On nous reproche à nous, Gouvernement, d'avoir, en dressant
le compte du chemin de fer, pris garde à l'amortissement. Voilà
le grand grief. Que vous préoccupez-vous, nous dit-on, de nos
petits-neveux ; que vous préoccupez-vous de l'avenir financier du

pays? Pourquoi faites-vous figurer l'amortissement dans le compte du chemin de fer? Vous avez la propriété, l'immeuble vous reste. Au besoin, vous en tireriez parti.

Et pourtant, Messieurs, nous, Gouvernement, à qui l'on adresse ce reproche, nous nous sommes borné à faire une simple opération de comptabilité, à dresser un compte fictif, et demain, au moindre signal, à la moindre nécessité, on peut n'en pas tenir compte, on peut défaire cette opération de comptabilité, car les pouvoirs publics ne sont en rien engagés, et si demain, pour des raisons majeures, il devenait nécessaire de disposer de l'amortissement appliqué aujourd'hui aux chemins de fer, rien ne s'opposerait à ce qu'on le fît.

Mais ceux-là mêmes qui nous reprochent d'avoir tenu compte de l'amortissement dans les écritures de l'État, proposent de convertir la dette des chemins de fer en une dette émise à fr. 66.66 c¹ et remboursable, *à péril de faillite*, par 100 francs.

Dans notre système, s'il surgissait telle circonstance difficile où il fallût user des ressources extrêmes, nous serions libres de suspendre l'amortissement, de l'ajourner, de le réduire.

Mais, si l'on adoptait le système qui a été préconisé, celui d'une dette exigible et remboursable par 100 francs, taux comprenant une part d'amortissement, cet amortissement deviendrait obligatoire; il serait le résultat d'un *contrat* et, comme je viens de le dire, vous ne pourriez, à péril de faillite, vous dispenser de le faire.

Nous conservons la pleine et entière liberté d'allures du Gouvernement, nous restons maîtres de modifier les tarifs. Que demain, cette mesure soit reconnue nécessaire, même dans des proportions considérables, après-demain cela sera fait, et personne au monde, autre que les pouvoirs publics, n'aura d'objection à élever.

Mais supposez adopté le système qui vous a été recommandé, supposez qu'il y ait dans les mains de tiers une somme considérable en titres remboursables avec un amortissement déterminé, est-ce que les porteurs de ces titres ne s'alarmeront pas à la seule annonce d'une mesure de nature à compromettre l'amortissement? Évidemment, et le Gouvernement aura, en fait, aliéné sa liberté d'allures.

Voilà le sens de l'interruption que je faisais hier à l'honorable M. Balisaux; je lui disais : Votre système est, avec un déguisement, le retour à ces théories, préconisées autrefois, de l'exploitation des chemins de fer de l'État par une Compagnie. Ce n'est pas, cette fois, une Compagnie qui, de nom, serait l'exploitant; l'État serait encore en apparence tout-puissant; en réalité, il serait sous le joug des porteurs des titres de la rente.

M. Balisaux. — Mais d'après la théorie de M. le Ministre des Finances, l'amortissement est dès aujourd'hui obligatoire: vous devez l'opérer alors même que vous seriez en perte. Il l'a posé en principe absolu.

M. Sainctelette, *Ministre des Travaux publics.* — J'ai l'honneur de vous répéter que nous n'avons fait qu'une opération d'écritures, de comptabilité. Nous n'avons point passé de contrat. Nous n'avons fait qu'interpréter la loi de 1854 qui, en décrétant la création des chemins de fer, a décidé qu'il y aurait un amortissement.

Nous pourrions d'ailleurs, par une loi nouvelle, modifier la portée de la loi de 1834.

Dans notre système, les pouvoirs publics restent seuls maîtres de la fortune des chemins de fer, tandis que dans le vôtre, il y a un contrat passé avec des étrangers, avec des tiers qui n'auront nul souci de l'intérêt national.

Aussi l'honorable M. Balisaux est-il à peu près seul à persister à demander la création d'une 5e classe.

Ni l'honorable M. Braconier, ni l'honorable M. d'Andrimont n'appuient les conclusions de M. Balisaux.

M. d'Andrimont a pour desideratum l'extension des tarifs spéciaux; notamment, des tarifs d'exportation. Il s'est borné à conseiller de faire les sacrifices nécessaires pour acquérir un trafic nouveau, pour ajouter un supplément de transports à ceux que nous avons déjà; mais il a rejeté très nettement l'idée d'un sacrificé considérable en faveur d'un trafic qui n'en a pas besoin, puisqu'il s'accroît de 600,000 tonnes en une année.

Voilà qui est sage et pratique. Je l'ai reconnu et je m'engage bien volontiers à faire, dans cette voie, tout ce qu'il faudra.

Nous avons, entre les mains, le plus puissant instrument d'exportation qui existe sur le continent ; nous avons le port d'Anvers outillé comme ne l'est aucun port, entouré d'une étoile de chemins de fer plus importante qu'aucune de celles qui desservent les ports concurrents et de chemins exploités à tarifs plus bas qu'aucun autre réseau en Europe. Nous saurons nous en servir.

Nous ne négligerons pas davantage l'exportation par les frontières de terre.

L'honorable sénateur de Liége paraît n'être pas persuadé que nos voisins et amis ne nous fassent, quant à certains articles, sur leurs tarifs normaux, les rabais qu'ils obtiennent de nous dans les tarifs d'importation.

Je ne puis, Messieurs, entrer ici dans la discussion de pareils détails, je ne puis faire ici une comparaison des chiffres. Mais j'ai remis à mes honorables amis des tableaux dressés par mon administration et qui établissent des comparaisons dont l'examen, j'en suis convaincu, dissipera tous leurs doutes.

Mes honorables collègues ont reconnu qu'il n'est pas plus possible de tarifer une voie de communication dans un sens, autrement qu'elle ne l'est dans un sens inverse, qu'il ne serait possible, par exemple, d'exploiter une voie de chemin de fer avec des locomotives à l'aller et des chevaux au retour.

L'importation doit nécessairement être régie par les mêmes tarifs que l'exportation. Ils l'ont admis, ils l'ont reconnu.

M. Braconier. — Je ne l'ai pas reconnu du tout.

M. Sainctelette, *Ministre des Travaux publics.* — Vous devez admettre, cependant, qu'il ne serait pas possible de traiter avec n'importe qui dans les conditions que voici : j'exporterai des houilles belges en Allemagne, par exemple viâ Pepinster-Gouvy, mais les houilles allemandes qui viendront en Belgique, sur ces mêmes rails, de Gouvy à Pepinster, en sens inverse, pour le même parcours, pour le même tonnage, payeront un prix plus élevé de 50 p. c.

M. d'Andrimont. — C'est ce qui existe.

M. Sainctelette, *Ministre des Travaux publics.* — Pas du tout.

M. d'Andrimont. — Je vous demande pardon.

M. Sainctelette, *Ministre des Travaux publics.* — Je vous demande pardon, à mon tour; cela n'existe pas.

M. d'Andrimont. — Voulez-vous me permettre une observation.

M. Sainctelette, *Ministre des Travaux publics.* — Volontiers.

M. d'Andrimont. — Voici le fait. De Liége à Gouvy, vous avez pour la Belgique le tarif intérieur; et pour l'Allemagne, Bleyberg-Gouvy-Herbesthal, vous avez un tarif réduit.

Nous avons demandé de jouir de cet avantage en Allemagne, c'est-à-dire que nous avons demandé à pouvoir jouir des tarifs dont profitent les Allemands sur la ligne de Gouvy à Luxembourg.

M. Sainctelette, *Ministre des Travaux publics.* — Et je vous ai procuré ces avantages.

M. d'Andrimont. — Nous ne les avons pas.

M. Sainctelette, *Ministre des Travaux publics.* — Pardon, cela a été fait; les houilles belges sont tarifées aujourd'hui sur la ligne de l'Alsace-Lorraine absolument comme en Belgique (¹).

(¹) Voir le 4ᵉ supplément au tarif spécial des houilles et cokes Belge-Grand-Ducal-Alsace-Lorraine du 1ᵉʳ février 1878. Ce supplément a été mis en vigueur le 1ᵉʳ octobre 1879.

M. d'Andrimont. — Je ne dis pas le contraire pour la partie au delà de Luxembourg, mais jusqu'à Luxembourg nous avons toujours une différence de tarif pour le transport des cokes allemands et ceux de Liége, à tel point que nous allons par la ligne de l'Ourthe et non par celle de Gouvy à Luxembourg.

M. Sainctelette, *Ministre des Travaux publics.* — Messieurs, je me résume; la situation n'est pas ce que l'on vous a dit. Je ne veux point rentrer ici dans de longues dissertations sur l'état général de notre industrie agricole.

Je suis trop étranger à l'agriculture pour pouvoir en parler en connaissance de cause. Cependant, dans mon humble bon sens, il me semble que l'honorable sénateur de Charleroi n'a pas assez tenu compte d'une différence caractéristique entre la situation de la population ouvrière agricole et celle de la population ouvrière industrielle.

Que regrettons-nous toujours, Messieurs, à propos des ouvriers d'industrie?

C'est l'absence d'intérêt personnel dans la production. Que cherchons-nous à leur donner? C'est cet intérêt. Quel langage tient-on constamment à l'Administration du chemin de fer? On lui dit : «A raison de ce que vous êtes l'État, de ce que vous ne pouvez intéresser vos principaux collaborateurs, vos fonctionnaires, vos employés et jusqu'à vos moindres agents, votre gestion est plus chère que ne serait celle d'une Compagnie? Ah! s'il pouvait y avoir pour eux une petite parcelle de bénéfice, comme les choses en iraient mieux!» Si ce raisonnement est juste, combien est bonne la situation de l'industrie agricole? Les agents subalternes de la production agricole y ont un intérêt direct, immédiat, personnel, sans cesse ils peuvent accroître cet intérêt, — dans une mesure restreinte, je le veux bien. Mais là existe le mobile que nous cherchons en vain à créer ailleurs.

Je ne crois pas non plus, Messieurs, qu'il soit bien juste de faire un reproche à l'agriculture belge d'avoir négligé le côté industriel; je ne pense pas que la ferme doive devenir une usine; mais s'il est un pays où cela soit en train de se faire, c'est bien la Bel-

gique. Que de cultures industrielles n'avons-nous pas? La bette-
rave, le lin, la chicorée, le colza, le tabac, les houblons, etc., et le
produit de ces cultures industrielles s'exporte, j'en puis donner
l'assurance à l'honorable sénateur de Charleroi.

Le mouvement d'exportation des produits agricoles est très-
considérable. On ne se fait pas d'idée des quantités de chicorée
que le chemin de fer de l'État transporte, chaque année, en destination de l'Allemagne.

La situation n'est donc pas, à beaucoup près, aussi sombre
qu'on vous l'a dépeinte. Le fût-elle, le remède ne serait que dans
l'accroissement et le perfectionnement de l'outillage national :
voilà ce qu'il faut créer, voilà le progrès qu'il faut chercher à
atteindre. Il faut consacrer des sommes importantes à améliorer,
à augmenter, à perfectionner l'outillage national qui sert à toutes
les industries, à toutes les productions, qui crée constamment de
nouvelles valeurs ; ou bien il faut supprimer une partie de vos
recettes au profit d'une classe déterminée de producteurs et d'une
partie déterminée du pays. Il vous faut choisir entre les deux
solutions. Si vous voulez développer l'outillage national, vous
devez ne pas entamer à coups de hache les recettes du chemin de fer. La Chambre a repoussé ce dernier système sans la
moindre hésitation. J'espère que vous ferez de même. Quant au
Gouvernement, il se refuse à diminuer sans discernement, sans
mesure, sans savoir ce qu'il fait ni où il va, les recettes brutes du
chemin de fer et il continuera à agir, comme il a fait jusqu'à présent, par voie de tarifs spéciaux, par révision de notre tarif général des chemins de fer, article par article, avec modération, avec
graduation, avec réflexion.

ANNEXES.

État comparatif du développement des routes dans divers pays d'Europe.

PAYS.	DENSITÉ de la population. POPULATION par kilomètre carré.	Superficie en kilomètres carrés.	POPULATION.	Développement des routes et chaussées en kilomètres.	NOMBRE DE KILOMÈTRES de routes et chaussées.		Observations.
					par 100 kilomètres carrés de superficie.	par 4,000 habitants.	
1	2	3	4	5	6	7	8
Belgique [1]	Col. 4/3. 188	29,455	5,536,000	32,526	100×col.5/3. 110 k.	1000×col.5/4. 5 k. 59	[1] Les données se rapportent à l'année 1880. Le développement des routes comprend : 8,526 kilom. routes grande voirie ; 24,000 kilom. environ chemins vicinaux.
France [2]	68	(Reclus.) 527,577	(Reclus.) 56,103,000	478,300	90 k.	13 k. 50	[2] Les données se rapportent à l'année 1875. Les routes comprennent : 37,500 kilom. routes nationales ; 41,000 kilom. envir. routes départem^les ; 400,000 kilom. environ chemins vicinaux.
Angleterre [7] (3 royaumes.)	103	313,128	32,270,000	199,500 [5]	63 k.	6 k. 17	[3] Ce chiffre comprend : 160,900 kilom. chemins vicinaux ; 38,600 kilom. routes.
Autriche [7]	57	622,518	35,293,000	87,859 [4]	14 k.	2 k. 1/2	[4] Ce chiffre comprend : 21,112 kilom. routes nationales ; 66,747 kilom. routes provinc. et autres.
Suède [7]	9 1/3	439,813	4,114,141	55,867 [5]	12 k.	13 k.	[5] Routes et chaussées.
Ancienne Confédération germanique [7]	65	362,658	24,989,941	57,716 [*]	10 k. 4	1 k. 1/2	[*] Ce chiffre paraît ne se rapporter qu'aux routes, abstraction faite des chemins vicinaux.
Bavière [7]	65	75,722	4,744,130	27,110	56 k.	5 k. 71	
Duché de Bade [7]	94	15,260	1,428,000	8,563 [6]	56 k.	6 k.	[6] Ce chiffre comprend : 5,031 kilom. routes ; 3,532 kilom. chemins vicinaux. [7] Les renseignements donnés se rapportent à l'année 1868.

BELGIQUE. — *Production, importation et consommation indigène, en combustibles minéraux.*

ANNÉES.	PRODUCTION.	EXPORTATION.			IMPORTATION.			Consommation et stock ou provision indigène.	PRIX de vente de la houille.
		Houille.	Coke.	Ensemble (1).	Houille.	Coke.	Ensemble (1).		
				Tonnes métriques.					
1869 . . .	12,945,994	3,581,235	687,584	4,563,498	214,539	9,124	227,373	8,607,869	10 51
1870 . . .	13,697,118	5,175,828	576,501	3,999,403	220,656	8,108	252,259	9,929,956	10 86
1871 . . .	15,735,176	3,678,024	508,180	4,405,995	200,769	3,191	205,550	9,554,531	11 20
1872 . . .	15,658,948	4,608,016	749,072	5,678,119	210,829	8,043	222,516	10,303,145	13 32
1873 . . .	15,778,401	4,157,903	801,820	5,503,560	671,836	24,312	706,567	11,181,608	21 40
1874 . . .	14,669,029	3,902,585	599,020	4,758,123	454,869	8,790	467,420	10,378,522	16 42
1875 . . .	15,011,351	4,065,960	645,787	4,986,512	704,518	20,262	733,123	10,757,942	15 31
1876 . . .	14,320,578	5,828,482	571,125	4,644,371	805,580	26,716	845,745	10,528,952	13 55
1877 . . .	13,938,525	3,515,020	575,632	4,338,217	656,278	21,841	687,511	10,287,817	10 97
1878 . . .	14,999,175	5,889,411	576,607	4,713,959	701,416	20,362	750,554	10,915,750	9 92
1879 . . .	15,447,292	4,235,751	596,064	5,088,123	727,906	11,571	744,453	11,103,622	9 39
1880 . . .	16,866,698	4,525,085	850,346	5,741,079	917,033	19,217	944,515	12,070,152	10 56

(1) La conversion du coke en houille crue a été faite à raison du rendement de 70 kilogrammes de coke pour 100 kilogrammes de houille.

Excédents des exportations sur les importations.

1869 . . .	4,336,125	1873 . . .	4,596,793	1877 . . .	3,650,706
1870 . . .	3,767,164	1874 . . .	4,290,707	1878 . . .	3,983,425
1871 . . .	4,198,645	1875 . . .	4,253,389	1879 . . .	4,343,670
1872 . . .	5,455,803	1876 . . .	3,800,626	1880 . . .	4,796,566 (augment. de 26 % par rapport à 1876).

Transport des produits bruts. — Tarifs généraux.

Prix en francs par 1,000 kilogrammes.

Distances en kilomètres.	État belge.	Nord belge.	Rhénan.	Berg-Marche.	État prussien.	Alsace-Lorraine.	État autrichien.	Nord français.	Est français.
1	0.56	0.60	1. »	1. »	1. »	1.125	1.204	1. »	0.48
2	0.62	0.65	1.125	1.125	1.125	1.125	1.204	1. »	0.56
3	0.68	0.75	1.125	1.125	1.125	1.125	1.204	1. »	0.64
4	0.74	0.80	1.125	1.125	1.125	1.25	1.204	1. »	0.72
5	0.80	0.90	1.125	1.125	1.125	1.25	1.204	1. »	0.80
10	1.10	1.50	1.375	1.375	1.375	1.375	1.511	1.40	1.20
15	1.40	1.70	1.625	1.625	1.625	1.625	1.591	1.80	1.60
20	1.70	2. »	1.75	1.75	1.75	1.75	1.870	2.10	2. »
25	2. »	2.20	2.125	2.125	2. »	1.875	2.15	2.50	2.40
30	2.20	2.40	2.25	2.25	2.125	2.375	2.429	2.80	2.80
35	2.40	2.55	2.50	2.50	2.25	2.50	2.709	3.20	3.20
40	2.60	2.65	2.75	2.75	2.375	2.625	2.988	3.50	3.60
45	2.80	2.75	3. »	3. »	2.625	2.875	3.246	3.90	4. »
50	3. »	3. »	3.25	3.25	2.75	3. »	3.504	4.20	4.40
60	3.40	3.50	3.50	3.50	3.125	3.375	4.020	4.90	5.20
70	3.80	3.90	3.875	3.875	3.375	3.625	4.536	5.60	5.40
80	4.10	4.30	4.125	4.125	3.75	4. »	5.052	6.10	5.40
90	4.30	4.70	4.50	4.50	4. »	4.375	5.504	6.60	5.40
100	4.50	5.10	4.75	4.75	4.25	4.625	5.955	7.10	5.40
110	4.60	5.50	5.125	5.125	4.50	5. »	6.407	7.60	5.90
120	4.70	»	5.375	5.375	4.75	5.375	6.858	8.10	6.40
130	4.80	»	5.75	5.75	5.125	5.75	7.31	8.60	6.90
140	4.90	»	6. »	6. »	5.375	6. »	7.761	9.10	7.40
150	5. »	»	6.375	6.375	5.625	6.375	8.215	9.60	7.90
170	5.20	»	7. »	7. »	6.125	7. »	9.05	10.50	8.90
190	5.40	»	7.625	7.625	6.75	7.75	9.804	11.30	9.90
200	5.50	»	7.875	7.875	7. »	8. »	10.191	11.70	10.40
220	5.70	»	8.50	8.50	7.50	8.375	10.965	12.50	11.40
240	5.90	»	9.125	9.125	8.125	9. »	11.696	13.30	12.40
250	6. »	»	9.50	9.50	8.375	9.375	12.04	13.60	12.40

Transport des produits bruts. — Tarifs pour les courtes distances.

RHÉNAN ET BERG-MARCHE.

Kilomètres.	Grande VITESSE par 100 kil.	PETITE VITESSE, PRIX PAR 1,000 KILOGRAMMES.						
		Charge in- complète.	A¹	B	A²	I	II	III
1	0.275	1.375	1.375	1.125	1.125	1.00	1.00	1.00
2	0.50	1.50	1.375	1.125	1.125	1.125	1.125	1.125
5	0.40	2.00	1.624	1.375	1.375	1.25	1.25	1.125
10	0.475	2.375	2.15	1.75	1.625	1.625	1.50	1.375
15	0.65	3.25	2.625	2.25	2.125	2.00	1.75	1.625
20	0.825	4.125	3.00	2.625	2.375	2.25	2.00	1.75
25	1.00	5.00	3.625	3.125	2.875	2.625	2.375	2.125

ÉTAT NÉERLANDAIS.

Kilomètres.	Grande VITESSE par 100 kil.	PETITE VITESSE, PAR 1,000 KILOGRAMMES.			
		Charge incomplète.	1re classe.	2me classe.	3me classe.
1	»	»	»	»	»
2	»	»	»	»	»
5	»	»	»	»	»
10	0.509	3.18	2.55	2.12	1.91
15	0.615	3.816	2.76	2.44	2.12
20	0.721	4.452	3.18	2.76	2.34
25	0.827	5.088	3.61	3.07	2.54

NORD FRANÇAIS.

Kilomètres.	Grande VITESSE par 100 kil.	PETITE VITESSE, PAR 1,000 KILOGRAMMES.					
		1e série.	2me.	3me.	4me.	5me.	6me.
1	»	0.90	0.80	0.70	0.60	0.60	0.60
2	»	0.90	0.80	0.70	0.60	0.60	0.60
5	»	0.90	0.80	0.70	0.60	0.60	0.60
10	0.615	1.60	1.40	1.20	1.00	1.00	1.00
15	0.855	2.40	2.10	1.80	1.50	1.50	1.40
20	1.055	3.20	2.80	2.40	2.00	1.90	1.70
25	1.275	4.00	3.50	3.00	2.50	2.40	2.10

EST FRANÇAIS.

Kilomètres.	Grande VITESSE par 100 kil.	1e série.	2me.	3me.	4me.	5me.	6me.
1							
2	0.44	0.95	0.85	0.60	0.50	0.50	
5							
10	0.615	1.60	1.40	1.00	0.80	0 80	
15	0.855	2.40	2.10	1.50	1.20	1.20	
20	1.055	3.20	2.80	2.00	1.60	1.60	
25	1.275	4.00	3.50	2.50	2.00	2.00	

ALSACE-LORRAINE.

Kilomètres.	Grande VITESSE par 100 kil.	PETITE VITESSE, PAR 1,000 KILOGRAMMES.						
		Charge incomplète.	A^1	B	A^2	I	II	III
1	0.337	1.75	1.625	1.125	1.125	1.125	1.125	1.125
2	0.362	1.875	1 75	1.25	1.25	1.125	1.125	1.125
5	0.45	2.25	2.00	1.375	1.375	1.375	1.25	1.25
10	0.587	3.00	2.50	1.75	1.75	1.625	1.50	1.375
15	0.737	3.75	2.875	2.125	2.125	1.875	1.75	1.625
20	0.875	4.375	3.375	2.375	2.375	2.125	1.875	1.75
25	1.025	5.125	3.75	2.75	2.75	2.50	2.125	1.875

ÉTAT AUTRICHIEN.

Kilomètres.	Grande VITESSE par 100 kil. Marchand. ordin.	PETITE VITESSE, PAR 1,000 KILOGRAMMES.						
		Classe normale.		A	B	C	Tarif spécial.	
		I	II				1	2
1	0.64	2.25	1.82	1.80	1.67	1.40	1.80	1.67
2	0.64	2.25	1.82	1.80	1.67	1.40	1.80	1.67
5	0.64	2.25	1.82	1.80	1.67	1.40	1.80	1.67
10	0.74	2.55	2.02	2.00	1.87	1.52	2.00	1.87
15	0.99	3.32	2.55	2.50	2.37	1.85	2.50	2.37
20	1.24	4.10	3.05	3.00	2.87	2.17	3.00	2.87
25	1.49	4.87	3.57	3.50	3.37	2.50	3.50	3.37

ÉTAT BELGE.

Kilomètres.	Grande VITESSE par 100 kil.	PETITE VITESSE, PAR 1,000 KILOGRAMMES.				
		Minimum.	1re classe.	2e classe.	3e classe.	4e classe.
1	0.80	0.60	1.50	1.40	1.50	0.56
2	0.80	0.60	1.50	1.40	1.50	0.62
5	0.80	0.60	1.50	1.40	1.50	0.80
10	0.90	0.80	2.00	1.80	1.60	1.10
15	1.00	1.00	2.50	2.20	1.90	1.40
20	1.10	1.20	3.00	2.60	2.20	1.70
25	1.20	1.40	3.50	3.00	2.50	2.00

Relevé des prix de transport des charbons de la Rühr, du Sarrebrück, du Pas-de-Calais et d'Anzin, vers d'Aix-la-Chapelle, de Liége, de Charleroi, du Centre, du Borinage, quelques centres importants de consommation.

Prix en francs par 40,000 kilogrammes.

STATIONS D'EXPÉDITION.	PARIS.		MAUBEUGE.		NANCY.		LONGWY.	
	Distances.	Envois de 40,000 kil.	Distances.	Envois de 40,000 kil.	Distances.	Envois de 40,000 kil.	Distances.	Envois de 40,000 kil.
Wanne (1) [Gelsenkirchen], par le Grand-Central	—	—	—	—	—	—	—	—
Id., par l'État belge	582	174. » (2)	335	104. »	447	156.75	367	110.50
Stolberg (1), par le Grand-Central belge	—	—	—	—	—	—	—	—
Id., par l'État belge	429	139.20	202	72.20	315	123.75	234	78.70
Sarrebrück	426	136.50	369	119.30	139	75. »	168	76.30
Le Trooz	376	117.70	149	50.70	308	106. »	181	56.50
Châtelineau	276	98. »	49	34. »	317	106.90	190	57.40
Bascoup	270	93.90	43	26.90	340	109.20	213	59.70
Flénu-Central	246	84.30	24	17.30	374	112.60	247	63.40
Lens	240	74. »	98	54. »	394	140.50	299	113. »
Anzin	256	79.50	45	27.50	340	124.50	293	81.90

STATIONS D'EXPÉDITION.	ESCH-s/Alzette.		ANVERS (local).			ANVERS (exportation).				GAND (local).		GAND (export.)	
	Distances.	Envois de 40,000 kil.	Distances.	Envois de 40,000 kil.	Envois de 50,000 kil.	Envois de 40,000 kil.	Envois de 60,000 kil.	Envois de 100,000 kil.	Envois de 250,000 kil.	Distances.	Envois de 40,000 kil.	Envois de 40,000 kil.	Envois de 100,000 kil.
Wanne (1) [Gelsenkirchen], par le Grand-Central	—	—	234	81.30	75. »	81.30	65.60	65.60	62.50	—	—	—	—
Id., par l'État belge	651	108.63	317	97. »	97. »	97. »	79.50	79.50	79.50	349	100. »	—	—
Stolberg (1), par le Grand-Central belge	—	—	459	56.50	52.50	56.50	46.50	46.50	44.50	—	—	—	—
Id., par l'État belge	242	73.75	184	60.20	60.20	60.20	60.20	60.20	60.20	215	63.20	—	—
Sarrebrück	145	56.25	394	116.30	—	116.30	—	—	—	405	117.30	—	—
Le Trooz	174	64.80	131	48.40	—	34.10	34.10	26.20	—	162	51.20	42.60	32.80
Châtelineau	204	61.40	113	46.30	—	29.40	29.40	22.60	—	110	46. »	29.10	22.40
Bascoup	229	63.90	101	45.40	—	26.30	26.30	20.20	—	86	42.20	22.90	20. »
Flénu-Central	263	66.90	116	46.60	—	30.20	30.20	23.20	—	86	42.20	22.60	20. »
Lens	363	118.20	198	91.30	—	91.30	—	—	—	445	63. »	—	—
Anzin	306	86.40	143	58.50	—	58.50	—	—	—	98	51. »	—	—

(1) L'État n'applique pas, pour ses lignes, les taxes obtenues par les lignes du Grand-Central belge, parce que, en raison de la différence de distance entre les deux routes, les prix kilométriques eussent été trop réduits.

(2) La taxe de Gelsenkirchen à Paris, pour les charbons destinés au Gaz parisien, est de fr. 161.80 c.

Tonnage, par service, des transports de houille et de cokes par le réseau de l'État belge (1879 et 1880).

INDICATION DES SERVICES ET DES PAYS.	1879. En nombre.	1879. En p. c.	1880. En nombre.	1880. En p. c.	OBSERVATIONS.
Trafic intérieur	5,020,575.5	62.1	5,634,901.2	65.5	
Trafic international. Exportation — par les ports belges et par Terneuzen.	90,841	1.1	108,840	1.2	
vers la Hollande	520	0.0	2,775	0.0	
vers l'Allemagne	[1] 5,200	0.1	[1] 9,180	0.1	(1) Transport provenant pour la plus grande partie de Trooz-Aval, en destination d'Eupen principalement.
vers le G⁴-Duché et l'Alsace-Lorraine.	206,558.9	2.6	200,605.5	2.5	
vers la France	2,218,817.8	27.5	2,570,474.5	26.7	
	2,521,557.7	31.5	2,591,872.8	30.5	
Importation — par les ports belges	16,517	0.2	26,675	0.3	
de l'Allemagne (Rühr)	[2] 197,515	2.5	[2] 199,511	2.2	(2) Ces transports ont été acheminés uniquement par voies ferrées. Il est à remarquer que nous recevons des quantités beaucoup plus considérables par les voies navigables.
de la France	[3] 7,139	0.1	[3] 15,025	0.1	
	221,171	2.8	239,209	2.6	
Trafic de transit. Allemagne (Rühr) vers le G⁴-Duché et l'Alsace.	172,790	2.1	185,225	2.1	
— (Rühr) vers la France	138,767	1.7	134,650	1.5	
— (Sarre) vers la France	2,230	0.0	920	0.0	
	313,787	3.8	320,795	3.6	(3) Ces quantités sont supérieures de 153,320 tonnes aux chiffres figurant dans le compte rendu de 1879. Cela provient de ce que les transports effectués en transit du Berg-Marche vers le Grand-Duché de Luxembourg, l'Alsace et la France n'ont pu être compris dans ce document.
TOTAUX GÉNÉRAUX	[3] 8,076,869	100.0	8,886,858	100.0	

BELGIQUE. — *Production et consommation de la houille.*

	1850.	1860.	1870.	1880.	
Production	5,820,588	9,610,895	13,697,110	16,8666,98	Tonnes métriques.
Excédent des exportations sur les importations . . .	1,977,787	3,353,297	3,767,164	4,796,586	Id.
Consommation indigène	3,842,801	6,277,598	9,929,956	12,070,132	Id.
Population	4,426,202	4,751,957	5,087,826	(*)5,586,654	Habitants.
Consommation par habitant	902	1,326	1,952	2,165	Kilogrammes.

(*) En comptant sur une augmentation de 50,000 habitants par rapport à 1879.

Production et consommation de la houille en divers pays, pendant l'année 1877.

	Belgique.	France.	Angleterre.	Allemagne.	États-Unis d'Amérique. Année 1875.	
Production	13,938,525	16,505,827	136,764,535	37,576,071	47,433,215 (dont 45 p. c. d'anthracite).	Tonnes métriques.
Excédent des exportat⁵ sur les importat⁵ .	3,650,706	»	15,604,569	5,130,965	78,989	Id.
Excédent des importat⁵ sur les exportat⁵ .	»	7,267,296	»	»	»	Id.
Consommation indigène	10,287,817	23,575,123	121,159,966	34,445,106	47,354,326	Id.
Population	5,412,731	36,905,788	52,800,000	42,750,000	58,925,598	Habitants.
Consom. par habitant (houille)	1,901	639	3,694	806	1,210	Kilogrammes.
Id. id. (houille et lignite) .	»	653	»	1,114	»	Id.